KB078090

CapCut

Stable
Diffusion

AI
영상 제작

속지 않을 자신 있나요?
숏폼부터 **딥페이크**까지

Stable
Video

ChatGPT

Pika

Midjourney

민지영
문수민
전은재
앤미디어 지음

길벗

속지 않을 자신 있나요? 숏폼부터 딥페이크까지

AI 영상 제작

———————

초판 발행 · 2024년 6월 28일
초판 3쇄 발행 · 2024년 11월 20일

지은이 · 민지영, 문수민, 전은재, 앤미디어
발행인 · 이종원
발행처 · (주)도서출판 길벗
출판사 등록일 · 1990년 12월 24일
주소 · 서울시 마포구 월드컵로 10길 56(서교동)
대표전화 · 02)332-0931 | **팩스** · 02)323-0586
홈페이지 · www.gilbut.co.kr | **이메일** · gilbut@gilbut.co.kr

기획 및 책임 편집 · 박슬기(sul3560@gilbut.co.kr)
표지 디자인 · 박상희 | **본문 디자인** · 앤미디어 | **제작** · 이준호, 손일순, 이진혁
영업 마케팅 · 전선하, 차명환, 박민영 | **유통혁신** · 한준희 | **영업관리** · 김명자 | **독자지원** · 윤정아

기획 및 편집 진행 · 앤미디어 | **전산 편집** · 앤미디어 | **CTP 출력 및 인쇄** · 영림인쇄 | **제본** · 영림제본

ISBN 979-11-407-0950-2(03000)

(길벗 도서번호 007201)

정가 25,000원

———————

독자의 1초까지 아껴주는 정성 길벗출판사

(주)도서출판 길벗 · IT교육서, IT단행본, 경제경영서, 어학&실용서, 인문교양서, 자녀교육서 ▶ www.gilbut.co.kr
길벗스쿨 · 국어학습, 수학학습, 어린이교양, 주니어 어학학습, 학습단행본 ▶ www.gilbutschool.co.kr

페이스북 · www.facebook.com/gilbutzigy
네이버 포스트 · post.naver.com/gilbutzigy

**AI를 이용한 숏폼, 딥페이크 영상
제작부터 편집까지**

AI의 혁신적인 물결이 영상 제작 방법을 어떻게 변화시키고 있는지 탐색하는 과정에 여러분을 초대합니다. 이 책은 인공지능(AI) 기술을 활용한 이미지 및 영상 제작, 그리고 숏폼 영상 제작에 대한 실용적인 가이드를 제공하며, 이러한 도구들이 우리 모두의 창의력을 어떻게 확장시키고 있는지를 보여 줍니다.

이 책은 누구나 쉽게 이해하고 실제로 적용할 수 있도록 구성되었습니다. 기술적 배경 지식이 없는 일반 독자부터 전문 창작자까지, 모두가 AI 기술을 통해 자신만의 이야기를 시각적으로 표현할 수 있는 방법을 발견할 수 있습니다. AI 기반 앱들이 제공하는 무한한 가능성을 제시하며, 이 기술이 전통적인 창작 방식에 어떤 새로운 차원을 추가하고 있는지를 다루고 있습니다. 이 책을 통해 독자들은 AI가 창의적 과정에 어떻게 통합될 수 있는지, 그리고 이것이 개인의 창작 활동뿐만 아니라 교육, 마케팅, 엔터테인먼트 분야에 어떤 혁신을 가져다줄 수 있는지에 대한 방향을 얻을 수 있을 것입니다.

책을 집필하면서 AI 기술이 단순히 새로운 도구를 제공하는 것 이상의 가치가 있다는 것을 발견하였습니다. AI는 우리가 세상을 바라보는 방식, 우리가 이야기를 전달하는 방식, 그리고 우리가 서로를 이해하는 방식에 깊은 영향을 미치고 있습니다. 따라서 이 책은 영상 제작의 사용 가이드라인을 소개하고, AI 기술이 우리의 창의성과 커뮤니케이션 방향을 제시하기도 합니다.

이 책이 제공하는 실용적인 최적의 사용 방법을 통해 독자 여러분이 자신만의 창의적인 작품을 만들어 나갈 수 있는 자신감을 얻기를 바랍니다. AI 기술을 이해하고 이를 자신의 창작 활동에 적극적으로 활용함으로써, 누구나 창작의 새로운 방식을 열어갈 수 있을 것입니다.

 **THANKS TO**

이 책이 창의적 콘텐츠 제작에 방향을 제시하는 길잡이가 되길 바라며, 여러분이 AI의 가능성을 탐색하고 자신만의 독특한 목소리로 세상에 이야기를 전할 수 있기를 기대합니다. 책이 출간되기까지 도움을 주신 길벗 출판사 박슬기 팀장님, 앤미디어 최소영, 박기은 편집자 님에게 감사를 전하며, 퇴근 후 서로의 아웃풋과 작업 방식에 대해 피드백을 하면서 원고를 집필해 주신 파트너에게 고마움을 전합니다.

AI 도구를 이용하여 누구나 쉽고 빠르게 영상 제작을 이해할 수 있도록 5개의 파트와 66개의 섹션으로 구성하였습니다.

생성형 AI 영상 이론

생성형 AI를 이용한 영상 제작의 기본과 AI 도구를 이용한 작업 패턴을 이해를 쉽게 이해할 수 있습니다.

스페셜 페이지

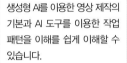

AI를 이용한 이미지나 영상 생성 시 알아두면 편리하고 쉽게 작업이 가능한 기능을 스페셜 페이지로 정리하였습니다.

예제 미리 보기

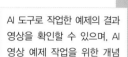

AI 도구로 작업한 예제의 결과
영상을 확인할 수 있으며, AI
영상 예제 작업을 위한 개념
및 제작 과정을 소개합니다.

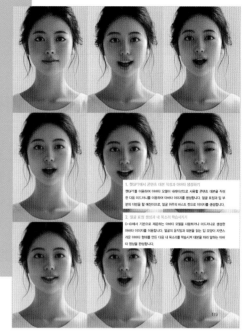

예제 따라하기

직접 AI 도구를 이용하여 따라
하면서 학습할 수 있도록 예제
파일을 제공하고 매뉴얼 설명과
작업 과정을 친절하게 설명합
니다.

* 길벗출판사에서 운영하는 홈페이지(www.gilbut.co.kr)에서는 출간 도서에 대한 정보뿐만 아니라 예제 및 완성 파일 등 학습에 필요한 자료를 제공합니다. 이 책에 사용된 모든 실습 및 완성 파일은 자료실에서 다운로드할 수 있습니다. 해당 도서 페이지 아래쪽의 〈자료실〉을 클릭해 실습 파일을 다운로드하세요. 홈페이지 회원으로 가입하지 않아도 누구나 자료를 다운로드할 수 있습니다.

IT'S SHORT TIME! AI 영상 생성하기

블로그부터 인스타그램, 유튜브 영상으로 AI 영상 생성하기

AI 유튜브 아바타부터 애니메이션 웹툰 제작하기

생성형 AI 영상을 위한 딥러닝부터 딥페이크 영상 제작까지!

PART 5

영상 실무자가 알려주는 실전 AI 영상 제작

PART 1

IT'S SHORT TIME!
AI 영상 생성하기

숏폼 콘텐츠의 인기는 스마트폰 사용의 증가와 더불어 빠르게 성장하고 있는 디지털 문화에 기인합니다. 이러한 콘텐츠는 사용자가 짧은 시간 동안 쉽게 소비할 수 있으며, 언제 어디서나 접근할 수 있는 편리함을 제공합니다. 숏폼 콘텐츠는 정보 전달, 교육, 엔터테인먼트, 광고 등 다양한 목적으로 활용됩니다.

생성형 AI는 빠르게 다양한 콘텐츠를 생성하여 숏폼 영상 제작에 필요한 아이디어를 제공합니다. 예를 들어, AI가 특정 주제에 관한 다양한 이미지나 텍스트를 생성하면, 이를 활용하여 숏폼 영상의 아이디어를 발전시킬 수 있습니다. 이번 파트에서는 숏폼 영상과 AI 영상 제작의 작업 패턴 등에 대해 알아봅니다.

숏폼과 생성형 AI 영상, 그리고 딥페이크

AI 숏폼 시대의 시작은 콘텐츠 제작과 소비의 어려움을 대폭 낮추었습니다. 이제 누구나 스마트폰이나 PC로 전문가 수준의 영상을 제작할 수 있게 되었고, 이 과정에서 AI는 강력한 도우미 역할을 하고 있습니다. AI 기반 편집 도구와 콘텐츠 생성 알고리즘은 사용자가 창의적인 아이디어를 실현하고, 개성 넘치는 숏폼 영상을 손쉽게 제작할 수 있도록 지원합니다. 짧지만 강렬한 메시지로 무장한 숏폼 영상, 숨은 제작 방법을 소개합니다.

01 짧고, 빠른 정보 전달을 위한 숏폼 콘텐츠

숏폼(Short-Form) 콘텐츠는 단순히 짧은 시간 동안에 소비할 수 있는 형식의 콘텐츠뿐만 아니라, 사용자들이 빠르게 정보를 습득하거나 오락을 즐기는 데에도 유용합니다. 이러한 형태의 콘텐츠는 흥미를 끌고, 시선을 사로잡는 기능을 갖추고 있어서 소셜 미디어 플랫폼에서 높은 인기를 얻고 있습니다.

숏폼 콘텐츠의 길이는 플랫폼이나 콘텐츠의 종류에 따라 다양합니다. 몇 초짜리 짧은 동영상부터 몇 분짜리 간편한 정보 제공까지 다양한 형태로 존재합니다. 이는 사용자들이 언제 어디서나 빠르게 콘텐츠를 소비하고 공유할 수 있도록 도와주는데 큰 역할을 합니다.

또한 숏폼 콘텐츠는 다양한 목적으로 활용됩니다. 정보 전달을 위한 짧은 강의나 팁, 교육적 콘텐츠, 엔터테인먼트를 위한 재미있는 비디오, 상품 소개를 위한 광고 등 다양한 목적으로 사용됩니다. 이러한 다양성은 사용자들이 자신의 취향과 관심사에 맞는 콘텐츠를 찾아 쉽게 접근할 수 있도록 합니다.

대표적인 숏폼 콘텐츠를 제공하는 플랫폼으로는 틱톡(TikTok), 인스타그램 릴스(Instagram Reels), 유튜브 쇼츠(YouTube Shorts) 등이 있습니다.

◀ 재미있는 숏폼을 원해? AI를 이용한 애니메이션 웹툰
(186쪽 참고)

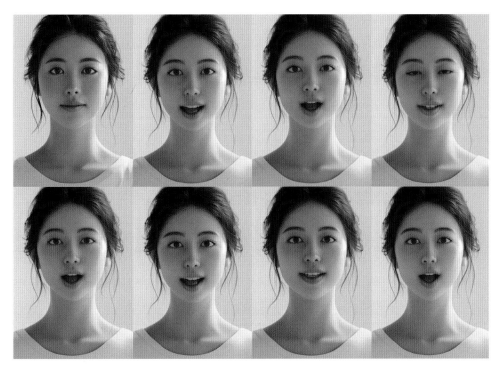

▲ 나를 대신하는 AI 숏폼 아바타 유튜버(118쪽 참고)

이러한 플랫폼은 사용자들이 직접 콘텐츠를 생성하고 공유할 수 있는 기능을 제공함으로써 창의적인 콘텐츠 생태계를 활성화시키고 있습니다. 이러한 플랫폼들은 사용자들에게 창작의 기회를 제공하고, 다양한 아이디어와 재능을 공유할 수 있는 공간을 제공함으로써 디지털 커뮤니티의 발전에 기여하고 있습니다.

숏폼 콘텐츠의 성공 요인 중 하나는 사용자 참여도와 정보 공유를 높이는 인터랙티브한 요소들입니다. 예를 들어, 여행, 요리, 챌린지, 투표, 퀴즈 등 사용자가 직접 정보를 공유하거나 참여할 수 있는 요소들이 포함되어 있습니다. 또한, 짧은 형식 덕분에 사용자들은 시간적 제약 없이 다양한 블로그나 유튜브 콘텐츠를 이용하여 새로운 트렌드의 숏폼 영상으로 빠르게 제작이 가능합니다.

이러한 숏폼 콘텐츠는 디지털 마케팅에서도 중요한 역할을 하고 있습니다. 기업들은 이를 활용하여 타겟 소비자에게 브랜드 메시지를 효과적으로 전달하고, 제품이나 서비스에 대한 관심을 유도할 수 있습니다. 짧고 강력한 메시지를 통해 브랜드 인지도를 높이고, 사용자와의 쌍방향 소통을 강화하는 것이 가능합니다. 숏폼 콘텐츠의 성장과 인기는 현대 사회에서 정보 소비의 변화를 반영합니다. 전통적인 긴 형식의 콘텐츠에 비해 숏폼 콘텐츠는 빠른 정보 전달과 즉각적인

◀ 홍보 영상도 이젠 내 손으로 직접 만드는 시대(352쪽 참고)

만족을 제공함으로써, 특히 젊은 세대 사이에서 큰 인기를 끌고 있습니다. 이는 디지털 환경에서의 소통 방식과 콘텐츠 소비 습관이 얼마나 빠르게 변화하고 있는지를 보여 줍니다.

숏폼 콘텐츠의 발전은 기술적 발전과 밀접하게 연결되어 있습니다. 인공지능(AI) 기반의 챗GPT나 다양한 AI 앱 기술들이 숏폼 콘텐츠 제작과 소비에 통합되면서, 사용자 경험을 한층 더 향상시키고 있습니다.

02 생성형 AI와 영상 제작의 만남

생성형 AI와 숏폼 영상 제작이 만나면 두 가지 핵심 요소가 상호 보완적으로 작용합니다. 첫째, 생성형 AI는 빠르게 다양한 콘텐츠를 생성하여 숏폼 영상 제작에 필요한 아이디어를 제공합니다. 예를 들어, AI가 특정 주제에 관한 다양한 이미지나 텍스트를 생성하면, 이를 활용하여 숏폼 영상의 아이디어를 발전시킬 수 있습니다.

둘째, 생성형 AI는 숏폼 영상 제작 과정에서 반복적이고 시간이 많이 소요되는 작업을 자동화할 수 있습니다. 예를 들어, AI는 특정 효과나 애니메이션을 생성하거나, 텍스트를 음성으로 변환하는 등의 작업을 빠르게 처리할 수 있습니다. 이를 통해 크리에이터는 보다 창의적인 작업에 집중할 수 있습니다.

▶ 모델, 촬영 No!
AI를 이용한 화장품
광고 영상 제작
(314쪽 참고)

생성형 AI와 숏폼 영상 제작은 서로를 보완하는 관계에 있으며, 이를 통해 콘텐츠 제작자들은 더욱 효율적으로 콘텐츠를 생산하고 다양한 아이디어를 시도할 수 있습니다. 이는 더 다양하고 흥미로운 콘텐츠를 제공하는 데 기여할 뿐만 아니라, 시간과 비용을 절약하여 보다 효율적으로 작업할 수 있는 기회를 제공합니다.

또한, 숏폼 영상은 짧은 시간 동안 강렬한 메시지를 전달하는데 효과적이며, 이는 주로 소셜 미디어 플랫폼에서 인기를 끌고 있습니다. 반면에 AI는 데이터 분석, 패턴 인식, 자연어 처리 등의 기술을 통해 다양한 작업을 자동화하고 개선합니다. 이 두 기술의 결합은 영상 콘텐츠의 개인화, 타겟팅, 자동화된 제작 및 분석 등을 가능하게 합니다. 이는 콘텐츠 제작자들에게 더 쉽게 빠른 제작 방법으로 콘텐츠를 생성하고 관리하는 기회를 제공하며, 동시에 소비자들에게는 더 맞춤화된 콘텐츠를 제공할 수 있습니다.

03 빠르고, 꾸준하게, AI 기능으로 숏폼 수익까지!

해외 역사 채널 'Stellar Sagas'가 화제가 되었습니다. 이 채널은 AI를 활용하여 역사 쇼트 영상을 빠르게 제작하고 유튜브에 업로드하여 큰 인기를 끌었습니다. 이 채널은 영상을 효율적으로 생산하여 매우 짧은 시간 내에 1억 원 넘게 수익을 창출하면서도 역사에 대한 콘텐츠를 고급스럽게 표현했습니다. 이런 방식으로 AI를 활용한 숏폼 콘텐츠는 콘텐츠 제작자들이 기술적인 제약으로부터 자유롭게 표현할 수 있도록 도와주며, 더욱 다양하고 창의적인 콘텐츠를 만들어내는 데 기여할 수 있습니다.

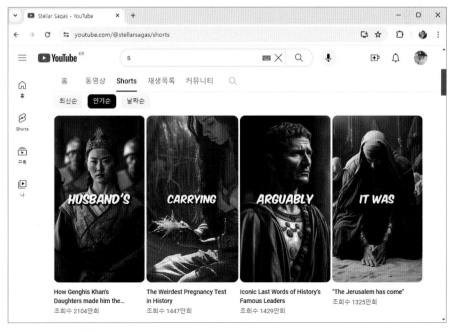

▲ Stellar Sagas 채널

인스타그램 릴스나 틱톡과 같은 플랫폼은 직접적인 조회수에 따른 수익 배분 정책이 없습니다. 후원이나 기프트와 같은 시청자나 팬들의 후원은 있지만, '조회수 몇 뷰당 얼마의 수익'과 같은 공식은 존재하지 않습니다. 현재 조회수를 수익화할 수 있는 유일한 플랫폼은 유튜브입니다.

그러나 유튜브의 경우에도 콘텐츠의 특성, 시청자의 국적, 타겟 시청층 등 여러 변수가 있기 때문에 획일적인 공식을 낼 수 없습니다. 유튜브 조회수로 수익을 내려면 기본적으로 아래의 조건을 만족해야 합니다.

현행 유튜브 조회수 수익화 자격 조건

1. 구독자 수 500명
2. 최근 90일간 공개 동영상 업로드 3건
3. 지난 1년간 총 시청 시간 3,000시간 또는 최근 90일간 쇼츠 3백만 회 달성

위의 조건을 달성하기까지 꽤 시간이 걸리는 것이 현실입니다. 또한, 아무리 숏폼의 형태로 짧고 빠르게 영상을 만들더라도 기본적으로 1일 1 영상을 업로드하고, 그 영상이 매번 20~30만 뷰 이상의 조회수가 나오고, 월급의 형태로 안정적인 수익을 받아가는 것은 이상적이고 달성하기는 쉽지 않은 목표입니다. 조회수 광고 수익은 구글이 45%, 유튜버가 55%를 배분받습니다.

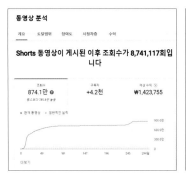

▲ 유튜브 쇼츠가 2023년 2월에 개편된 이후 조회수 수익 증가

AI를 활용한 제작 공정 축소 및 영상 품질 높이기

인스타그램 CEO 아담 모세는 이렇게 조언합니다. "'실험'을 해 보세요. 다양한 시도를 통해 나의 소비자들이 어떤 종류의 콘텐츠에 관심이 있는지를 알아내는 것이 중요합니다." 그냥 해 보는 것입니다. 플랫폼도 가리지 않고 '틱톡', '인스타그램', '유튜브' 전부 다 똑같이 올리더라도 그냥 해야 합니다. 현실적으로 실행하기 어려워보이는 꾸준한 제작 및 업로드, 콘텐츠 제공을 통해 꾸준히 활동하고 수익을 만드는 것입니다. 다만 효율적으로 기존의 제작 공정이나 기술적인 부분을 챗GPT, 미드저니, 피카, 스테이블 디퓨전과 같은 AI 도구를 활용하여 극복하고 기획에 집중하여 콘텐츠를 생성하여 주기적으로 업로드를 하는 것입니다.

현실적으로 실행하기 어려운 여러 가지 문제를 극복해야 크리에이터로서의 성장이 가능합니다. 이런 과정을 거치면 고정된 시청자층을 확보하고, 팬을 모을 수 있으며, 결국 크리에이터 자신이 하나의 브랜드로 자리매김할 수 있습니다. 이렇게 되면 자연스럽게 광고 수익도 창출되고, MCN(멀티 채널 네트워크)과 같은 대형 네트워크 제휴 제안도 받을 수 있게 됩니다. 그러나 이 모든 것은 미래에 어떻게 전개될지 확신할 수 없는 것입니다. 단지 이러한 시도와 노력을 통해 나아가는 것뿐입니다.

숏폼 콘텐츠를 기획하고 기업과 연계하여 작업하기

숏폼 콘텐츠의 발전은 실제로 기업들도 주목하기 시작했습니다. 필자의 경우에는 CG와 VFX를 활용하여 과거부터 현재까지 다양한 기업과 작업하고 있습니다. 가장 최근에 한 작업은 '이니스프리'에서 아이브 걸그룹의 '장원영'과 세븐틴 '민규'를 모델로 숏폼 광고 영상을 만드는 것이었습니다. 그 외에도 한샘, 쿠빙스, 스타벅스, 메타(Meta), 케이스티파이, 레고, 클래시 오브 클랜 등 다양한 기업과 작업하면서 항상 AI 기능이 작업의 서포터로 자리매김하고 있습니다.

다음의 이미지는 레고 코리아의 공식 계정에 올릴 CG 작업 영상입니다. 이 영상은 앵무새가 날아다니는 내용과 손으로 초밥을 회전시켜 레고 초밥으로 변하는 스토리의 숏폼 영상입니다. 이 작업에서는 AI의 도움을 받아 앵무새에 매달린 실을 제거하거나 손을 배경과 분리하는 작업을 하였습니다.

▲ 레고 숏폼 광고

영상 제작의 장벽이 줄어들면서, 우리는 이제 사람과 사람뿐만 아니라 AI와의 경쟁 시대에 진입했습니다. 이런 시대에서 살아남기 위해서는 창의성을 더 크게 발휘하고 자신만의 독특한 아이디어를 표현하는 능력이 중요합니다. 흥미롭게도, 이런 창의성의 향상에는 AI가 도움을 줄 수 있습니다. 예를 들어, 이니스프리 광고 제작 중 어려운 VFX 장면을 AI의 도움을 받아 더 빠르고 원활하게 제작하여 실무에 사용하였습니다. AI를 활용한 효율적인 숏폼 콘텐츠 제작은 크리에이터 뿐만 아니라 영상 제작자와 실무자들에게도 많은 제작 기회를 제공할 것입니다.

◀ 이니스프리 숏폼 광고 촬영과
스토리보드

◀ 이니스프리 숏폼 광고

위의 광고에서는 인물이 노트북 속에서 AI 멘토로 등장하여 제품을 소개하고 제품을 이용자에게 건네주는 콘셉트로 촬영되었습니다. 광고 제작 과정에서 AI 기술을 활용하여 정교한 트래킹을 실시하여 자연스럽게 영상을 합성할 수 있었습니다. 이 외에도 이어지지 않는 2개의 영상 장면을 연결할 때 AI를 활용하고, AI 기능으로 3D 모델링 작업으로 완성하였습니다. 이제 AI 기능은 실무의 영역으로 들어오고 있으며, 영상 분야에서 AI가 점점 실무에 접목되어 제작자들의 작업 능률을 높이고 있습니다.

현실보다 더 현실적인 영상,
딥페이크

딥페이크 기술은 AI 영상 기술의 발전에 따라 다양한 영향을 미칠 수 있으며, 그 중 일부는 긍정적인 영향을 가질 수도 있지만, 다른 부분은 부정적인 영향을 미칠 수도 있습니다. 어느 기술이나 마찬가지로 제대로 사용하면 약이되고, 잘못 사용되면 독이 되는 딥페이크에 대해 알아봅니다.

01 딥러닝+페이크

딥페이크는 심화 학습을 의미하는 딥러닝(Deep learding)과 가짜를 의미하는 페이크(Fake)의 합성어입니다. 즉, 딥러닝 기술을 이용하여 합성한 영상을 생성하는 기술을 말합니다. 넓은 의미로 보면 현실이 아닌 AI로 만든 합성물 전체를 딥페이크 영상이라고도 말할 수 있습니다.

이 기술은 주로 영상 편집 및 합성 기술 중의 하나로, 딥러닝 알고리즘을 사용하여 인물의 얼굴을 다른 영상에 삽입하거나 특정한 행동을 하는 인물로 재가공할 수 있습니다. 딥페이크는 주로 영화나 텔레비전 산업에서 사용되는 비주얼 효과 기술로 시작되었지만, 최근에는 개인용 컴퓨터와 공개적으로 사용 가능한 딥러닝 프레임워크의 발전으로 누구나 상대적으로 쉽게 제작할 수 있는 기술이 되었습니다.

딥페이크 기술은 여러 단계로 이루어집니다. 먼저, 딥러닝 알고리즘이 실제 인물의 얼굴을 인식하고 이를 학습하여 특정한 패턴을 파악합니다. 그런 다음, 이러한 학습된 정보를 기반으로 대상 영상에 얼굴을 합성하거나 움직임을 조절합니다. 마지막으로, 딥페이크 알고리즘이 생성한 합성 영상을 실제로 생성하여 결과물을 완성합니다.

최근 미국 정치인을 대상으로 딥페이크 기술이 악용되었던 사례 중 하나는 조 바이든과 트럼프 전 대통령 후보와 관련된 것입니다. 딥페이크 영상이 사용되어 대통령의 얼굴을 다른 인물의 몸에 합성하여 공격적인 내용을 가지는 가짜 영상을 만들었습니다. 이러한 딥페이크 영상은 인터넷상에서 확산되어 공격적인 선전과 불필요한 논란을 유발하는 데 사용되었습니다. 이러한 사례들은 딥페이크 기술의 악용이 정치적인 목적을 가지고 발생할 수 있음을 보여 주는 사례 중 하나입니다. 이러한 가짜 영상은 혼란을 야기하고 공격 대상의 이미지를 훼손할 수 있으며, 공격 대상에 대한 평론을 왜곡시킬 수도 있습니다.

▶ 진짜 AI 아나운서가 누구든
'콘텐츠'가 중요해진 시대
(216쪽 참고)

02 유용한 AI 영상의 발전, 딥페이크

딥페이크 기술은 주로 논란의 여지가 많지만, 이미 현실에서는 유용하게 딥페이크에 대한 활용
이 진행되고 있습니다. 특히 트렌드에 민감한 엔터테인먼트 분야에서는 가장 적극적으로 딥페이
크 기술을 사용하고 있습니다.

다양한 분야에서의 딥페이크 기술

엔터테인먼트 분야에서의 딥페이크 기술은 영화나 TV 프로그램에서 특수 효과를 만들거나, 예전 배우의 얼굴을 현재 배우와 합성하여 더욱 자연스러운 영상을 제작하는 데 사용될 수 있습니다. 또한, 내가 좋아하는 사람의 목소리, 듣고 싶은 목소리로 AI 커버곡을 만들어 음악을 즐길 수도 있습니다. 이를 통해 영화나 드라마, 음악의 품질을 향상시키고, 재미를 더해 엔터테인먼트 산업의 창의성을 증진시킬 수도 있을 것입니다.

딥페이크 기술은 교육과 의료 분야에서도 활용될 수 있습니다. 예를 들어, 역사적 인물이나 과학자의 연설을 딥페이크 기술을 사용하여 재현하거나, 언어 학습에 도움이 되는 가상 강의를 제작할 수 있습니다. 이를 통해 학생들은 보다 생생하고 흥미로운 수업을 경험할 수 있습니다. 의료 분야에서는 환자의 얼굴과 음성을 기반으로 한 가상 의사나 간호사를 만들어, 의료 교육에 활용할 수 있습니다. 또한, 환자의 얼굴을 사용하여 의료 기기의 인터페이스를 개선하거나, 의료 영상을 분석하는 데 활용될 수 있습니다.

딥페이크 기술은 예술 분야에서도 창의적으로 활용될 수 있습니다. 예술가들은 딥페이크를 사용하여 새로운 형태의 미술 작품을 만들거나, 딥페이크를 이용하여 미술 전시회를 개최할 수 있습니다. 또한, 딥페이크 기술은 음악 비디오나 무대 공연에서 가상의 가수나 댄서를 만들어내는 데도 사용될 수 있습니다.

이러한 유용한 사례들은 딥페이크 기술이 다양한 분야에서 창의적으로 활용될 수 있음을 보여 줍니다. 하지만, 이러한 활용은 항상 윤리적으로 고려되어야 하며, 최근에는 딥페이크의 악용을 방지하기 위한 대책이 마련되고 있습니다. 딥페이크 저작물에 대한 표기와 교육을 통해 딥페이크 기술의 악용을 방지하고 불법물에 대한 법적 대응력을 키우는 것이 필요합니다.

▶ 보고, 듣고, 선택하는 것만으로도
영상 편집 끝(226쪽 참고)

AI 영상 제작의
작업 패턴을 이해하라

3.

어떤 분야의 작업이든 복잡하지만 패턴이 숨어 있기 마련입니다. 아이디어 구상부터 영상 콘텐츠 제작, 영상을 강화하는 자막과 내레이션 소스 제작, 영상 편집 등 AI 영상 제작 과정을 이해하면 다양한 콘텐츠의 확장과 실무에서 필요한 AI 영상 제작이 가능합니다.

01 챗GPT를 활용한 스토리텔링과 대본 작성

키워드 또는 주제 선정 과정은 챗GPT와 함께하는 숏폼 콘텐츠 제작의 첫걸음이며, 이는 창작의 폭을 넓히고 다양한 관점에서 새로운 아이디어를 발견할 수 있는 기회를 제공합니다. 예를 들어, 챗GPT를 이용하여 '여행', '요리', '기술'과 같은 폭넓은 주제를 선택할 수 있습니다. 이러한 주제는 단순히 하나의 이야기에 국한되지 않고, 여러 하위 주제와 연결되어 무궁무진한 스토리텔링의 잠재력을 갖고 있습니다. 예를 들어, '여행'이라는 주제를 선택했다면, 이는 문화 탐험, 비밀스러운 여행지 발견, 지속 가능한 여행 팁, 가성비 높은 여행 계획 등으로 세분화할 수 있습니다.

챗GPT에게 특정 주제에 대한 짧은 이야기나 시나리오를 요청할 때, 창작자는 시청자와의 감정적 연결을 강화할 수 있는 요소들을 포함시킬 수 있습니다. '요리' 주제에 대한 콘텐츠를 제작한다면, 단순히 레시피를 소개하는 것을 넘어, 음식 만들기의 즐거움, 가족이나 친구들과의 소중한 시간, 건강한 생활을 위한 팁 등을 강조할 수 있습니다. 이는 콘텐츠에 깊이와 다양성을 더하며, 시청자가 개인적으로 연결될 수 있는 포인트를 제공합니다.

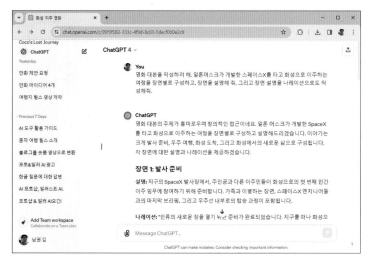

▲ 챗GPT와 함께 스토리를 구성하고 장면 묘사와 내레이션 작성

▲ 스토리에 맞게 이미지와 영상을 작성하여 사용 목적에 따른 소스 준비(146쪽 참고)

또한, '기술'과 같은 주제는 최신 트렌드, 혁신적인 발명품, 일상생활에서의 기술 활용법, 기술이 해결할 수 있는 사회적 문제 등 다양한 각도에서 접근할 수 있습니다. 이러한 접근법은 시청자에 게 정보를 제공하는 것뿐만 아니라, 기술의 진보가 개인과 사회에 미치는 영향에 대해 생각해 볼 기회를 제공합니다.

이와 같이 키워드 또는 주제 선정 단계는 숏폼 콘텐츠 제작의 기반을 마련합니다. 챗GPT는 이 과정에서 창작자가 주제를 탐색하고, 스토리의 가능성을 확장하며, 시청자와의 깊은 감정적 연 결을 구축할 수 있도록 지원합니다. 이를 통해 창작자는 풍부하고 다채로운 콘텐츠를 제작할 수 있는 기반을 마련할 수 있습니다.

대본 작성 단계는 숏폼 콘텐츠 제작 과정에서 핵심적인 역할을 합니다. 이때, 챗GPT를 활용하 면 스토리보드와 초기 아이디어를 바탕으로 한 매력적이고 간결한 대본을 생성할 수 있습니다. 숏폼 콘텐츠의 경우, 제한된 시간 내에 메시지를 전달해야 하므로 각 단어와 문장이 가지는 중요 성은 더욱 커집니다. 이러한 제약 속에서 챗GPT는 특정 키워드를 중심으로 창의적이고 타깃에 맞는 콘텐츠를 제안함으로써, 시청자의 주의를 끌고 메시지를 효과적으로 전달할 수 있는 대본 을 작성하는 데 도움을 줍니다.

숏폼 콘텐츠에서는 시각적 요소가 매우 중요합니다. 챗GPT는 시각적 아이디어 제안에도 사용 될 수 있으며, 특히 이미지나 일러스트레이션을 통해 스토리를 강화하는 데 필요한 아이디어를 제공합니다. 이는 단순히 텍스트만으로는 전달하기 어려운 감정이나 분위기를 시청자에게 전달 하는 데 큰 도움이 됩니다. 예를 들어, 특정 장면에서 사용될 수 있는 캐릭터 디자인 아이디어 또 는 감정을 전달할 수 있는 상징적인 이미지 등을 제안받을 수 있습니다.

챗GPT의 이러한 기능은 숏폼 콘텐츠 제작자가 자신의 아이디어를 보다 효과적으로 시각화하 고, 이를 대본과 시각적 요소로 구체화하는 과정에서 큰 도움이 됩니다. 콘텐츠 제작 초기 단계 에서 다양한 시각적 아이디어를 빠르게 탐색하고 실험할 수 있기 때문에 창작 과정이 보다 유연 하고 창의적으로 전개될 수 있습니다. 이 과정을 통해 제작자는 자신의 창의력을 최대한 발휘하 여, 강력한 메시지와 감동적인 시각적 스토리텔링을 결합한 숏폼 콘텐츠를 성공적으로 제작할 수 있습니다.

02 이미지와 영상 소스 제작은 이제 AI 도구로!

전통적인 이미지와 영상 소스 제작 방법은 스토리보드를 기반으로 필요한 장면을 묘사하는 이미지나 영상을 선별하거나 촬영하는 과정을 포함했습니다. 이를 위해 스마트폰이나 전문 카메라를 사용하고, 적절한 조명과 배경을 선택하여 원하는 분위기와 효과를 연출하는 것이 필수적이었습니다. 이 과정은 고도의 기술과 창의성을 요구하며, 촬영에서 후처리에 이르기까지 상당한 시간과 노력을 들여야 했습니다. 또한, 특정 장면이나 요소를 위해 스톡 이미지를 구입하는 경우에는 비용이 추가되며, 원하는 이미지를 찾는 데도 제한이 있을 수 있습니다.

▲ 원하는 세계의 장소를 배경으로 인물과 배경 제작이 가능한 AI 도구(292쪽 참고)

그러나 최근 AI 기술의 발전으로 이미지와 영상 소스 제작 방법에 혁신적인 변화가 일어나고 있습니다. AI 기반 애플리케이션을 활용함으로써, 사용자는 복잡한 촬영 절차나 시간 소모적인 편집 과정 없이도 직접 콘텐츠에 적합한 이미지나 영상을 생성할 수 있게 되었습니다. 이러한 AI 도구는 미리 학습된 데이터를 기반으로 사용자의 요구 사항을 이해하고, 특정 주제나 스타일에 맞는 시각적 콘텐츠를 신속하게 제공합니다. 예를 들어, 가상의 인물, 독특한 풍경, 복잡한 장면 구성 등을 몇 분 안에 생성할 수 있으며, 특히 창의적인 프로젝트나 독창적인 스토리텔링을 추구하는 숏폼 콘텐츠 제작에 매우 유용합니다.

▲ 인물의 표정부터 의상까지, 길거리의 사람들까지 연출된 영상(299쪽 참고)

더 나아가, AI를 통한 이미지와 영상 생성은 사용자가 직접 세밀한 설정을 조정할 수 있게 하여, 더욱 맞춤화된 콘텐츠 제작을 가능하게 합니다. 색상 조정, 특정 스타일 적용, 감정 표현 등 다양한 파라미터를 사용자가 직접 설정함으로써, 더욱 개성 있는 콘텐츠를 생성할 수 있습니다. 이는 숏폼 콘텐츠의 다양성과 창의성을 한층 더 강화하며, 시청자에게 새로운 시각적 경험을 제공합니다.

AI 기술의 도입은 콘텐츠 제작자들이 시간과 비용을 절약하면서도 품질이 뛰어난 콘텐츠를 제작할 수 있도록 지원합니다. 또한, 기술적 장벽을 낮추어 비전문가도 전문적인 수준의 콘텐츠를 쉽게 제작할 수 있게 함으로써, 더욱 많은 사람들이 창작 활동에 참여하고 자신만의 이야기를 세계와 공유할 수 있는 기회를 제공합니다.

03 음성 땄어? 자막과 내레이션 파일 제작

자막과 내레이션은 숏폼 콘텐츠의 중요한 구성 요소로, 시청자의 이해도를 높이고 접근성을 개선하는 데 핵심적인 역할을 합니다. 스마트폰 사용의 증가와 함께 사람들은 언제 어디서나 콘텐츠를 소비하고 있으며, 이는 다양한 환경에서 콘텐츠의 명확한 전달을 보장해야 한다는 것을 의미합니다. 이러한 배경에서 자막과 내레이션은 특히 중요해졌습니다. 예를 들어, 소음이 많은 환경이나 공공장소에서는 내레이션을 듣기 어려울 수 있으므로 자막이 유용합니다. 반대로 시각적 정보에만 의존할 수 없는 상황에서는 내레이션으로 콘텐츠의 이해를 돕습니다.

챗GPT와 같은 AI 기술을 활용하여 자막과 내레이션 파일을 제작하는 과정은 이전보다 훨씬 간단해지고 효율적으로 변모했습니다. 챗GPT로부터 생성된 텍스트는 음성 변환 애플리케이션을 통해 고품질의 내레이션으로 쉽게 변환될 수 있으며, 이 과정은 특별한 기술이나 장비 없이도 수행될 수 있습니다. 더불어 자동 자막 생성 기술은 음성 인식을 통해 자동으로 자막을 생성하며, 이는 효율성을 대폭 향상시킵니다. 특히 다양한 언어로 자막을 제공하고자 할 때, AI 기반의 번역과 자막 생성 기능은 콘텐츠 제작자가 글로벌 시청자에게 쉽게 다가갈 수 있게 합니다.

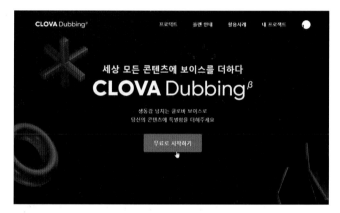

▲ 문장을 입력하면 다양한 성우의 음성 파일로 만드는 네이버 클로바 더빙(48쪽 참고)

이와 같은 AI 기능의 활용은 자막과 내레이션 작업에 소요되는 시간을 대폭 줄여주며, 제작자들이 콘텐츠의 창의적인 측면에 더 많은 시간을 투자할 수 있게 합니다. 또한, 자막과 내레이션을 통해 콘텐츠의 이해도와 접근성을 높이는 것은 시청자가 콘텐츠에 더 깊이 몰입할 수 있게 하며, 콘텐츠의 가치를 향상시킵니다. 더 나아가 AI를 통한 자막과 내레이션 제작은 장애가 있는 시청자를 포함한 더 넓은 시청자층에게 콘텐츠를 제공하는 방법을 개선하며, 모두가 콘텐츠를 즐길 수 있는 편리한 환경을 조성합니다.

AI 기반 자막과 내레이션 도구의 진화는 콘텐츠 제작자에게 매우 긍정적인 전망을 제공합니다. 예를 들어, AI는 사용자의 발음 스타일이나 선호하는 언어 톤에 맞춰 내레이션을 맞춤 설정할 수 있으며, 자막의 경우에도 다양한 디자인과 포맷을 적용하여 콘텐츠의 시각적 매력을 증가시킬 수 있습니다. 이러한 기능들은 콘텐츠의 전문성과 개성을 강화시켜 시청자들이 콘텐츠와 더 깊이 연결될 수 있도록 돕습니다.

04 영상 소스를 담는 그릇! AI 영상 편집

영상 제작의 마지막 단계인 편집 과정은 콘텐츠의 최종 품질과 시청자 경험에 결정적인 영향을 미칩니다. 이 과정에서, AI 기술을 활용한 영상 편집 도구들이 등장하며, 전통적인 고급 편집 소프트웨어의 복잡성과 고비용의 장벽을 허물고 있습니다. 이러한 AI 편집 도구들은 사용자 친화적인 인터페이스와 자동화된 편집 기능을 제공하여, 비전문가도 쉽게 전문적인 수준의 영상을 제작할 수 있게 합니다.

AI 편집 도구들은 영상 커버 선택부터 시작하여, 영상의 속도 조절, 길이 잘라내기, 색상 보정, 음악 및 효과음 추가, 음성 더빙과 같은 다양한 기능을 간단한 클릭이나 드래그 앤 드롭 방식으로 실행할 수 있게 합니다. 이는 제작자가 영상의 시각적 스토리텔링과 감정적 표현을 보다 쉽게 조절할 수 있게 합니다. 예를 들어, AI는 영상의 내용을 분석하여 가장 돋보이는 장면을 자동으로 추천하여 커버 이미지로 사용할 수 있게 하거나, 시청자의 관심을 끌기 위한 동적인 전환 효과를 제안할 수 있습니다.

▲ 값비싼 영상 편집이 필요없는 AI 편집 도구, 캡컷(136쪽 참고)

이러한 편집 도구들은 또한 영상을 다양한 소셜 미디어 플랫폼에 맞게 최적화할 수 있는 기능을 제공합니다. 각 플랫폼의 요구 사항에 맞게 영상 형식, 종횡비, 해상도를 자동으로 조정하고, 플랫폼별 최적의 업로드 시간을 추천하여, 영상의 가시성과 시청자 참여도를 높일 수 있습니다.

이렇게 AI 기술의 발전은 숏폼 콘텐츠 제작 과정을 혁신하고 있으며, 제작자와 시청자 모두에게 새로운 기회를 제공하고 있습니다. AI를 활용한 제작 방법은 콘텐츠 제작의 효율성을 극대화하면서도, 시청자 경험을 풍부하게 하는 데 중요한 역할을 합니다. 제작자는 이제 더 이상 번거로운 수동 작업에 시간을 낭비하지 않고, 콘텐츠의 창의적인 면에 집중할 수 있습니다.

뿐만 아니라, AI 기술의 발전으로 인해, 제작자들은 콘텐츠를 더욱 빠르게 대량으로 생산할 수 있게 되었습니다. 이는 특히 소셜 미디어 플랫폼에서 활동하는 숏폼 콘텐츠 제작자에게 중요한데, 지속적으로 새로운 콘텐츠를 제공해야 하는 압박이 큰 환경에서 큰 이점을 제공합니다. AI를 활용함으로써, 제작자는 더 많은 시간을 콘텐츠의 기획과 마케팅 전략에 할애할 수 있게 되어, 전반적인 콘텐츠의 퀄리티와 시청자 참여도를 높일 수 있습니다.

결론적으로, AI 기술을 활용한 영상 제작 방법은 숏폼 콘텐츠 제작의 새로운 제작 방향을 제시합니다. 이는 콘텐츠에 쉽게 접근하여 이해도를 높이며, 제작 과정의 효율성을 개선하고, 시청자와의 연결을 강화하는 다양한 방법을 제공합니다. 이러한 AI 기술의 발전은 앞으로도 계속되어 콘텐츠 제작과 소비의 방식을 혁신적으로 변화시킬 것으로 기대됩니다.

▲ 프리미어 No! 영상 커버 제작부터 영상 소스 편집도 쉽고 빠르게!(165쪽 참고)

PART 2

블로그부터 인스타그램,
유튜브 영상으로
AI 영상 생성하기

원소스 멀티-유스!(One Source Multi-Use!). 내가 블로그나 유튜브를 운영하고 있다면 간단하게 숏폼 영상으로 제작이 가능합니다. 물론 제작 소스가 부족하다면 챗GPT를 이용하여 아이디어와 콘셉트를 위한 준비 단계부터 자막, 대본, 영상의 구성까지 텍스트 기반의 스크립트를 작성할 수 있습니다.

이전에는 방대한 정보를 검색한 다음 요약하고, 해당 정보에 맞게 이미지를 제작하는 과정을 거쳤지만, 챗GPT를 이용하면 원하는 분량만큼 정보를 얻을 수 있으며, 정보에 알맞은 이미지도 바로 제작이 가능합니다. 이번 파트에서는 챗GPT를 이용하여 스크립트 작성 방법부터 블로그나 유튜브 영상을 AI 기능으로 숏폼 영상으로 제작하는 방법에 대해 알아봅니다.

SECTION

영상 제작의 시작은 챗GPT에서 시작한다

AI 영상 제작의 시작은 아이디어와 콘셉트를 위한 준비 단계부터 자막, 대본, 영상의 구성까지 텍스트 기반의 스크립트는 필수입니다. 그 시작은 챗GPT이며, 여기서는 챗GPT 기능 사용법부터 알아봅니다.

01 챗GPT 구성 알아보기

챗GPT를 사용하면 영상 제작의 시작부터 디테일한 과정, 영상 제작 후의 마케팅까지 다양한 아이디어와 제안을 받을 수 있습니다. 챗GPT를 활용하여 시나리오나 대본을 작성할 수 있으며, 원하는 장면이나 대화의 흐름에 대한 아이디어를 제공받고 캐릭터의 대사나 상황 설명을 생성할수 있습니다. 또한, 챗GPT에게 원하는 주제나 장르에 대한 아이디어를 요청하고, 창의적인 아이디어나 흥미로운 플롯을 얻을 수도 있습니다. 영상 제작의 시작, 핵심적인 챗GPT에 대해 알아보겠습니다.

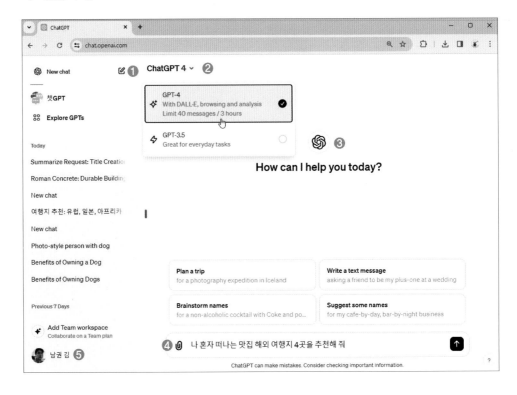

❶ **New chat** : 새로운 대화를 시작합니다. 이 옵션을 선택하면, 챗GPT와 새로운 주제로 대화를 시작할 수 있습니다.

❷ **버전 선택 창** : 사용 가능한 챗GPT 버전을 선택합니다.

❸ **ChatGPT 알림창** : 챗GPT 사용 예시와 기능 등을 제시합니다. 챗GPT를 사용하기 전에 간단하게 확인하세요.

❹ **입력창** : 챗GPT에게 질문을 입력하는 입력창입니다.

❺ **사용자 계정** : 챗GPT를 사용자 최적화를 위한 맞춤 설정을 하거나 데이터 제어 기능 설정, 로그아웃 기능을 제공합니다.

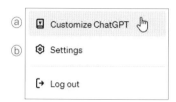

ⓐ **Customize ChatGPT** : 챗GPT를 사용자의 요구에 맞게 맞춤 설정할 수 있는 기능을 말합니다. 이 기능을 사용하면 챗GPT 모델을 더욱 특화시킬 수 있어서 사용자가 더 나은 대화 경험을 할 수 있게 됩니다.

- 더 나은 답변을 위해 알아야 할 내용을 입력합니다. 관심 있는 주제나 관심사에 대해 더 잘 이해하고 대응할 수 있습니다.
- 사용자가 선호하는 언어나 대화 스타일을 선택하고 친근하거나 전문적인, 농담 기반 등 다양한 대화 스타일을 입력할 수 있습니다.

ⓑ **Setting** : 챗GPT의 인터페이스 및 음성 보이스 선택, 데이터 제어 기능을 설정할 수 있습니다. 데이터 제어 기능을 사용하면 채팅 기록을 끄고 대화를 모델 교육에 사용할지에 대한 여부를 쉽게 선택할 수 있습니다. 또한, 챗GPT 데이터를 내보내고 계정을 영구적으로 삭제할 수 있는 옵션도 제공합니다.

 SECTION

2.

챗GPT에서 영상 구성을 위한
프롬프트 사용 원칙

질문의 범위를 명확히 설정하면 챗GPT가 적절한 정보를 제공할 수 있고, 논리적으로 질문을 구성하면 챗
GPT가 질문의 의도를 이해하고 적절한 방법으로 답변할 수 있습니다. 챗GPT에서 원하는 답변을 얻기 위
해 질문하는 요령들을 알아보겠습니다.

01 구체적이고 명확한 질문과 정보를 제공하라

모델에게 정확한 답변을 얻으려면 가능한 한 구체적이고 명확한 질문을 해야 합니다. 너무 일반
적이거나 모호한 질문은 모델이 원하는 답변을 생성하는 데 어려움을 줄 수 있습니다. 예를 들
어, '촬영하기 좋은 음식점을 소개해 줘'라는 일반적인 질문보다는 구체적이고 명확한 내용을 제
시하는 것이 좋습니다. 다음의 질문처럼 구체적인 내용을 모델에게 질문한다면, 모델이 맞춤형
정보를 제공하거나, 객관적이고 전문적인 답변을 생성하는 데 도움이 됩니다.

CHATGPT '서울 중심가에 위치한 이탈리안 레스토랑 중에서 가격대가 합리적이고 분위기가 좋아서 유튜브 영상을
촬영하기 좋은 음식점을 소개해 줘'

챗GPT가 원하는 답변을 생성하는 데 도움이 될 수 있는 추가 정보를 제공하는 것도 좋은 방법
입니다. 이는 모델이 질문의 맥락을 이해하고 적절한 답변을 생성하는 데 도움이 됩니다. 질문에
예시나 구체적인 사례를 포함시키면 모델이 더 심도있고 구체적인 답변을 생성할 수 있습니다.

02 단순하고 직접적인 언어와 주제로 질문하라

챗GPT가 이해하기 쉽고 처리하기 쉬운 단순하고 직접적인 언어를 사용하는 것이 매우 중요합
니다. 이러한 접근 방식은 모델이 주어진 입력을 효과적으로 이해하고 적절한 답변을 생성하는
데 도움이 됩니다. 반면에 복잡한 문장이나 어려운 어휘는 모델의 이해를 방해할 수 있습니다.
따라서 간단한 언어와 직접적인 표현을 사용하여 모델과의 상호 작용을 최적화하는 것이 중요합
니다.

주제를 너무 많이 다루는 대신에 하나의 주제에 집중함으로써 모델이 목표를 명확히 이해하고 관련성 높은 답변을 생성할 수 있도록 도와야 합니다. 이러한 방식으로 모델과의 대화를 개선하면 더 유익하고 의미 있는 결과를 얻을 수 있습니다.

03 출력 방식을 결정하는 가이드 문구를 사용하라

챗GPT에게 원하는 유형의 답변을 생성하는 데 도움이 될 수 있는 안내 문구를 사용합니다. 예를 들어, '요약해 주세요', '표로 작성해 주세요', '인스타그램 태그 형식으로 알려 주세요'와 같은 문구를 추가하여 챗GPT가 답변을 하는 방식을 정해주면 원하는 형식으로 결과물을 얻을 수 있습니다.

 '립스틱 광고 영상 대본을 작성하려 해. 5개의 장면 구성과 장면별로 홍보 내레이션을 표로 작성해 줘'

챗GPT의 답변 스타일은 대부분 나열식 문장 형식으로 제공됩니다. 하지만 예시처럼 항목별로 표를 작성해 달라는 가이드 문구를 입력하면, 챗GPT는 사용자가 원하는 방식으로 결과물을 출력해 제시해 줍니다.

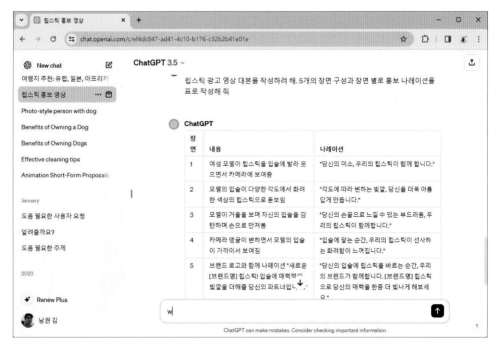

▲ 가이드 문구를 통해 표 형식으로 구성해 준 챗GPT

04 이미지 작성은 상상력으로 디테일하게 요청하라

여러 컷의 이미지를 연결하여 영상으로 제작하거나 영상의 시작과 주제를 표현하는 영상 커버 이미지를 제작할 때 챗GPT를 이용하여 간편하게 이미지 생성이 가능합니다. 챗GPT-4를 사용하여 이미지를 그리기 위한 프롬프트를 작성하는 것은 창의성을 발휘하고 다양한 시각적 요소를 포함하는 데 있어서 중요합니다.

이미지를 그리기 위한 프롬프트를 작성할 때 가능한 한 구체적이고 상세하게 설명합니다. 마치 사용자가 이미지를 그릴 때 색이나 모양, 그림 스타일 등을 떠올리듯이 사용자가 머릿속에서 생생한 이미지를 형성하여 표현하면 원하는 이미지를 얻을 수 있을 것입니다.

'다양한 색의 마카롱이 밝은 햇살이 비춰진 테이블 위에 그릇에 담겨 있는 장면을 사진 스타일로 그려 줘'

그림과 같이 머릿속에 상상한 마카롱이 있는 장면을 상상하여 묘사하여 챗GPT에게 요청하면 손쉽게 이미지를 얻을 수 있습니다. 챗GPT가 제시한 이미지가 마음에 들지 않으면, 묘사한 문장을 수정하면서 원하는 이미지가 나올 때까지 요청이 가능합니다. 마음에 드는 이미지가 생성되었다면 '다운로드' 아이콘(↓)을 클릭하여 내 PC에 이미지 파일로 저장할 수 있습니다.

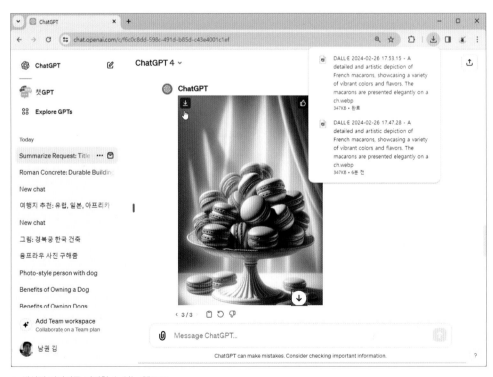

▲ 생성된 이미지를 저장할 수 있는 챗GPT

05 주제에 맞는 확장 서비스 플랫폼을 사용하라

전문가 프롬프트를 사용하여 챗GPT를 활용하면 해당 전문 분야의 지식을 바탕으로 더 정확하고 전문적인 답변을 얻을 수 있습니다. 이는 확장 프로그램이나 플랫폼 서비스를 통해 가능합니다. 이러한 서비스는 일반적인 챗GPT와 달리 특정 분야에 대한 지식을 더욱 효과적으로 활용할 수 있도록 특화되어 있습니다. 예를 들어, 영상이나 공학, 음악, 금융 등 다양한 분야의 전문가 프롬프트를 제공하여 해당 분야의 전문가들이 챗GPT를 활용할 수 있도록 도와줍니다.

가장 손쉬운 방법은 전문가가 만들어둔 프롬프트를 편리하게 사용할 수 있도록 도와주는 확장 프로그램 AIPRM for ChatGPT를 설치하는 것입니다. 이 프로그램은 필요한 주제를 검색하여 전문적인 챗GPT의 답변을 얻을 수 있는 장점이 있습니다.

▲ 크롬 웹스토어(chrome.google.com)에서
AIPRM for ChatGPT를 검색하여 설치

▲ 유튜브, 인스타그램, 틱톡의 비디오 스크립트 생성기 실행

다른 플랫폼으로는 Open AI의 GPT 스토어가 있습니다. GPT 스토어는 챗GPT 사용자들이 다양한 추가 기능과 서비스를 얻을 수 있는 플랫폼으로, 손쉽게 맞춤형 챗GPT 서비스를 사용할 수 있습니다. 사용자의 특정 요구 사항에 맞게 조정된 커스텀 언어 모델을 제공하며, 챗GPT를 더 잘 활용할 수 있도록 하는 학습 자료, 튜토리얼 및 가이드를 제공하기도 합니다. GPT 스토어를 사용하기 위해서는 유료 서비스(ChatGPT Plus 요금)를 사용해야 합니다.

▲ GPT 스토어(chat.openai.com/gpts)에서
원하는 주제를 입력하여 설치

▲ 비디오 스크립트 생성기를 이용한 Chat 실행

PROJECT

챗GPT로 정보와 이미지를 직접 그려 완성한다!
음성으로 정보를 읽어주는
AI 정보형 숏폼 영상 만들기

정보형 숏폼 영상은 짧은 시간에 꼭 필요한 정보를 핵심만 요약하여 제공하는 영상입니다. 이러한 영상을 만들려면 방대한 정보를 검색하고 요약한 다음 해당 정보에 맞게 이미지를 제작해야 합니다. 하지만 챗GPT를 이용하면 원하는 분량만큼 정보를 얻을 수 있으며, 정보에 알맞은 이미지도 바로 만들어집니다. 또 텍스트 정보는 음성 파일로 변환하여 이미지와 결합하면 정보형 숏폼 영상을 완성할 수 있습니다.

AI 기능을 이용하여 가장 기본적인 숏폼 영상을 만들기 위해 챗GPT를 사용하였습니다. 주제를 해외 맛집 여행지를 챗GPT를 이용하여 정보를 얻고, 가장 대표적인 음식을 문장 형식으로 답변을 얻습니다. 챗GPT-4일 경우에는 원하는 이미지를 챗GPT 안에서 생성할 수 있으므로, 얻은 음식 정보를 이용하여 관련 이미지를 생성합니다. 만약 챗GPT3.5 무료 버전을 사용하는 사용자일 경우에는 무료 AI 이미지 생성 프로그램인 스테이블 디퓨전을 이용하여 이미지 생성이 가능합니다.

예제에서는 챗GPT에서 파리의 에스까르고, 방콕의 팟타이, 피렌체의 트러플 파스타와 쿠알라룸푸의 스트리트 푸드를 맛집 여행지의 요리로 추천받아 이미지를 생성합니다. 챗GPT로 답변을 얻은 문장을 음성으로 변환하기 위해 네이버 클로버 더빙 프로그램을 이용합니다. 챗GPT에서 생성한 이미지와 작성된 문장을 붙여넣은 다음 이미지와 음성의 길이를 맞춰 하나의 동영상으로 결합하여 정보를 읽어주는 숏폼 영상을 완성합니다.

1. 챗GPT로 맛집 정보와 음식 이미지 생성하기

여행 영상은 여행지에 직접 방문하여 그 장면을 촬영하고, 시청자들이 간접적으로 여행 경험을 할 수 있도록 소개하는 영상입니다. 일반적으로 여행 영상은 여행지를 방문하여 촬영한 영상을 편집하여 제작합니다.

2. 클로바 더빙으로 음성 변환과 이미지 결합하기

맛집 정보는 음성 프롬프트로, 이미지는 연결하여 하나의 동영상으로 결합하여 음성형 동영상 영상을 만듭니다. 이미지를 설명하는 음성 프롬프트 길이에 맞게 이미지 클립의 길이를 맞춰 영상을 완성합니다.

SECTION

3.

정보의 시작!
프롬프트 자료 얻기

나 혼자 떠나는 맛집 여행지 정보를 얻기 위해 챗GPT를 이용합니다. 정보에 맞는 이미지를 작성하기 위해
예제에서는 챗GPT 4를 사용합니다. 질문을 할 때는 숏폼의 길이에 맞게 여행지 수를 포함하여 질문합니다.

01 웹브라우저에서 'chat.openai.
com'을 입력하여 챗GPT 사이트
에 접속하고 로그인한 다음 챗GPT에서 이
미지를 작성하기 위해 'ChatGPT 4'를 클
릭한 다음 팝업 메뉴에서 'GPT-4'를 선택
합니다.

TIP GPT-4로 업그레이드하기 위해 Upgrade
your plan에서 (Upgrade to Plus)를 클릭하
여 정보를 입력하고 구독합니다. 유료 챗GPT를
사용할 경우 매월 20불(한화 27,600원 정도)이
결제 처리됩니다.

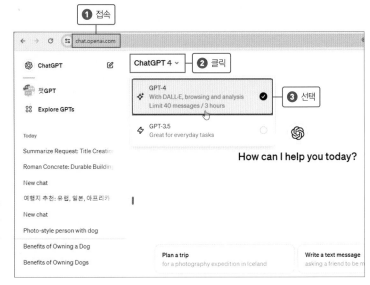

02 나 혼자 떠나는 맛집 여행지 4곳
을 추천받기 위해 챗GPT에서 '나
혼자 떠나는 맛집 해외 여행지 4곳을 추천
해 줘'라고 입력한 다음 Enter를 누릅니다.

03 그림과 같이 챗GPT가 여행지와
대표 음식을 추천합니다.

 나 혼자 떠나는 맛집 해외 여행지 4곳을 추천해 줘

CHATGPT

 혼자 떠나는 맛집 해외 여행지를 추천해 드리겠습니다. 각각의 목적지는 독특한 미식 문화와 다양한 음식 경험을 제공하며, 혼자 여행하기에도 친근하고 편안한 분위기를 가지고 있습니다.

1. **파리, 프랑스** : 파리는 세계적으로 유명한 미식 도시 중 하나입니다. 크루아상, 마카롱, 에스까르고 등 프랑스 전통 요리와 디저트를 맛볼 수 있습니다. 또한, 매력적인 카페와 비스트로에서 현지인처럼 여유로운 식사를 즐길 수 있으며, 몽마르트 언덕이나 센 강변에서는 아름다운 풍경과 함께 식사를 할 수 있습니다.

2. **방콕, 태국** : 방콕은 다채로운 길거리 음식과 현지 시장으로 유명합니다. 태국의 대표적인 음식인 팟타이, 톰양쿵, 망고 스티키 라이스 등을 경제적인 가격에 즐길 수 있습니다. 방콕의 매력적인 야시장과 푸드 코트는 혼자 여행하는 이들에게도 친근한 분위기를 제공합니다.

3. **쿠알라룸푸르, 말레이시아** : 다양한 문화가 혼합된 말레이시아의 수도에서는 말레이, 중국, 인도 요리를 한 곳에서 맛볼 수 있습니다. 스트리트 푸드와 로컬 마켓을 탐방하며 사테이, 락사, 나이 시 레막(밤에만 열리는 시장) 등 다양한 로컬 음식을 시도해 볼 수 있습니다.

4. **피렌체, 이탈리아** : 이탈리아 중부에 위치한 피렌체는 토스카나 지방의 전통 요리와 와인을 즐길 수 있는 곳입니다. 피렌체에서는 트러플 파스타, 피오렌티나 스테이크, 젤라토 등을 맛볼 수 있으며, 아름다운 르네상스 예술과 건축물을 감상하면서 식사를 할 수 있는 카페와 레스토랑이 많습니다.

이 네 곳의 여행지는 각각의 독특한 매력과 함께 다양한 미식 경험을 제공합니다. 혼자 여행하면서도 다양한 문화와 음식을 경험하기에 충분한 장소들입니다. 여행 계획을 세울 때 이러한 도시들을 고려해 보세요!

◉ 완성파일 : 02\에스까르고.jpg, 팟타이.jpg, 트러플파스타.jpg, 스트리트푸드.jpg

챗GPT에서
원하는 이미지 생성하기

챗GPT에서 얻은 정보를 이용해 관련 이미지를 제작해 보겠습니다. 챗GPT에서 이미지를 생성하기 위해서는 해당 이미지 키워드와 함께 비율과 이미지 스타일을 추가하여 요청합니다.

01 '프랑스의 에스까르고 요리를 사진 스타일로 그려 줘'라고 입력하여 챗GPT에게 대표적인 음식 이미지를 얻습니다.

TIP 챗GPT-4를 사용하지 않는 사용자의 경우에는 빙이미지 크리에이터(bing.com/images/create)를 이용하여 예제와 같이 동일한 질문 방식으로 무료로 이미지를 생성할 수 있습니다.

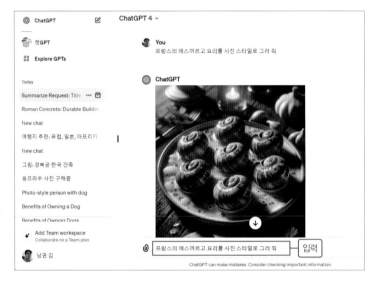

02 이미지 비율을 숏폼 비율로 얻기 위해 '프랑스의 에스까르고 요리를 사진 스타일의 숏폼 비율로 그려 줘'라고 재입력하였습니다. 그림과 같이 세로 형태의 음식 이미지를 얻을 수 있습니다.

03 이탈리아 피렌체 음식인 트러플 파스타 이미지를 얻기 위해 '피렌체의 트리플 파스타를 사진 스타일의 숏폼 비율로 그려 줘'라고 입력합니다.

04 이미지가 생성되었습니다. 생성된 이미지가 마음에 들지 않을 경우 'Regenerate' 아이콘(↻)을 클릭하여 이미지를 재생성합니다.

TIP 챗GPT는 'Regenerate' 아이콘(↻)을 클릭할 때마다 다른 형태의 이미지를 생성합니다.

05 마음에 드는 이미지가 생성되면 'Download' 아이콘(↓)을 클릭합니다.

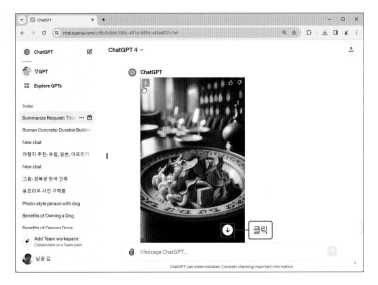

06 이미지가 내 PC에 저장되었습니다. 생성된 이미지를 더블클릭하거나 웹브라우저의 '다운로드' 아이콘(⬇)을 클릭한 다음 생성된 이미지의 '폴더' 아이콘(⬚)을 클릭합니다.

07 다운로드된 이미지는 파일 확장명이 WEBP 파일이므로, 일반적인 이미지 포맷인 JPG 파일로 저장해야 합니다. 이미지가 표시되면 '옵션' 아이콘(⋯)을 클릭한 다음 '다른 이름으로 저장'을 선택합니다.

08 다른 이름으로 저장 대화상자가 표시되면 저장할 폴더를 지정하고 파일 이름을 입력한 다음 파일 형식을 '.jpg'로 지정합니다. 〈저장(S)〉을 클릭하여 이미지를 저장합니다.

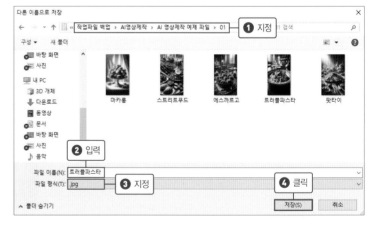

09 같은 방법으로 챗GPT에서 얻은 정보를 이용해 여행지 대표 요리 이미지 소스를 제작합니다.

▲ 파리 : 에스까르고

▲ 방콕 : 팟타이

▲ 이탈리아 : 스파게티

▲ 피렌체 : 트러플 파스타

▲ 쿠알라룸푸르 : 스트리트 푸드

▲ 쿠알라룸푸르 : 길거리 야시장

TIP 챗GPT에서 생성된 이미지는 WEBP 파일 포맷으로 저장됩니다. WEBP는 구글에서 만든 이미지 포맷으로, 웹 환경을 위해 만들어진 효율적인 이미지 포맷입니다. 구글의 서비스는 웹브라우저를 확인해서 브라우저가 WEBP를 지원하면 JPEG이나 PNG 대신 WEBP 파일 포맷으로 저장합니다.

● 예제파일 : 02\여행지.txt, 에스까르고.jpg, 팟타이.jpg, 트러플파스타.jpg   ● 완성파일 : 02\여행지요리_완성.mp4

S E C T I O N

5.

텍스트를 음성으로 변환하고
이미지와 결합하기

네이버에서 제공하는 클로바 더빙을 이용하여 챗GPT에서 얻은 정보 텍스트를 음성으로 변환해 보겠습니다.

01 웹브라우저에서 'clovadubbing.naver.com'을 입력하여 네이버 클로바 더빙에 접속한 다음 무료로 사용하기 위해 〈무료로 시작하기〉를 클릭합니다.

TIP 네이버 클로바 더빙은 TTS(Text-To-Speech) 서비스로, 문자를 음성으로 변환하는 기술을 의미합니다. 문자를 입력하면 딥러닝과 AI 기술로 자연스러운 음성으로 만듭니다.

02 클로바 더빙 앱 사용에 대한 이용 동의를 확인한 다음 〈확인〉을 클릭합니다. 네이버 클로바 더빙은 제작한 콘텐츠를 출처 표기와 함께 무료 채널에 게시할 경우, 누구나 무료로 사용할 수 있습니다.

TIP 클로바 더빙의 사용 범위와 출처를 확인하려면 https://help.naver.com/service/23823/contents/12465?lang=ko를 참조하세요.

03 새 프로젝트를 만들기 위해 〈+ 새 프로젝트〉를 클릭합니다. 새 프로젝트 만들기 대화상자에서 콘텐츠 종류를 '비디오'로 선택하고 프로젝트명을 입력한 다음 〈생성〉을 클릭합니다.

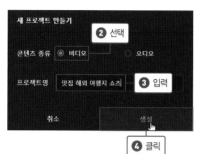

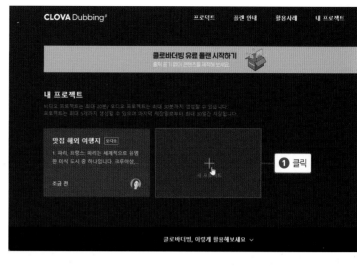

04 작업 화면이 표시되면 먼저 02 폴더에서 '에스까르고.jpg' 파일을 클로바 더빙에 드래그합니다. 〈PDF/이미지 추가〉를 클릭하여 이미지를 추가할 수도 있습니다.

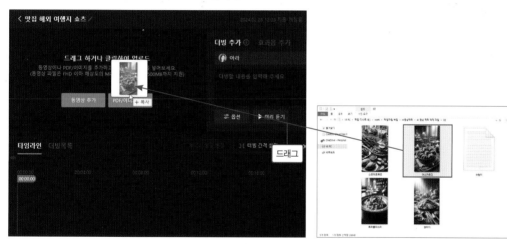

05 미리 보기 창에 이미지가 표시되면 챗GPT에서 작성한 문장을 드래그하여 블록을 지정하고 Ctrl+C를 눌러 복사하거나 마우스 오른쪽 버튼을 클릭한 다음 복사를 실행합니다. 챗GPT 화면 하단의 'Copy' 아이콘(□)을 클릭하여 복사해도 됩니다.

TIP 예제에서는 02 폴더에서 '여행지.txt' 파일을 연 다음 해당 문장을 드래그하여 복사하여 사용합니다.

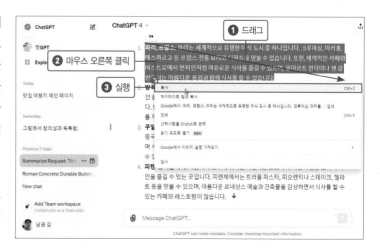

06 클로바 더빙 작업 화면에서 더빙 추가 입력창을 클릭하고 Ctrl+V를 눌러 복사한 텍스트를 붙여넣은 다음 〈+ 더빙 추가〉를 클릭합니다.

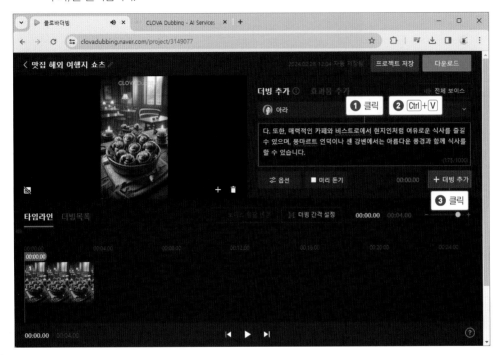

TIP 가상 더빙 성우는 '아라'로 설정되어 있으며, 〈미리 듣기〉를 클릭해 목소리로 확인할 수 있습니다. 다른 성우로 교체하기 위해서는 〈+ 더빙 추가〉를 클릭해 팝업 창에서 성우를 교체합니다.

07 작업 화면 하단의 타임라인 패널에 이미지와 프롬프트가 클립 형태로 표시됩니다. 현재는 이미지 클립과 프롬프트의 길이에 차이가 있습니다.

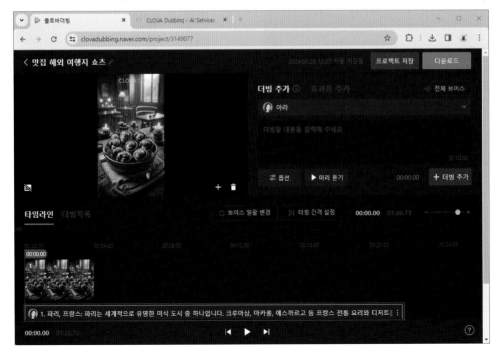

08 프롬프트 길이에 이미지 길이를 맞추기 위해 이미지 클립의 오른쪽 끝부분을 클릭한 상태로 프롬프트 클립의 끝부분까지 드래그합니다.

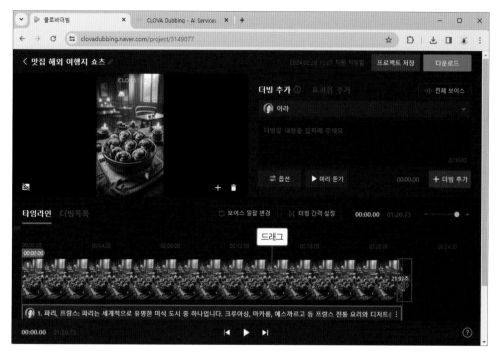

09 미리 보기 패널의 'PDF/이미지 추가' 아이콘(+)을 클릭한 다음 02 폴더에서 '팟타이.jpg' 파일을 추가합니다. 시간 표시자를 첫 번째 클립의 끝쪽으로 드래그하여 이동합니다. '여행지.txt'에서 두 번째 텍스트를 복사하고 더빙 추가 입력창을 클릭한 다음 Ctrl+V를 눌러 텍스트를 붙여넣은 후 〈+ 더빙 추가〉를 클릭합니다.

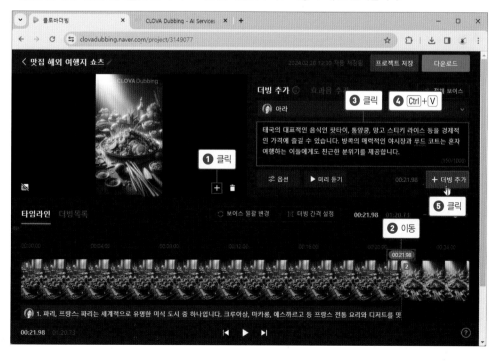

10 두 번째 프롬프트 길이에 이미지 길이를 맞추기 위해 두 번째로 추가한 이미지 클립의 오른쪽 끝부분을 클릭한 상태로 프롬프트 클립의 끝부분까지 드래그합니다.

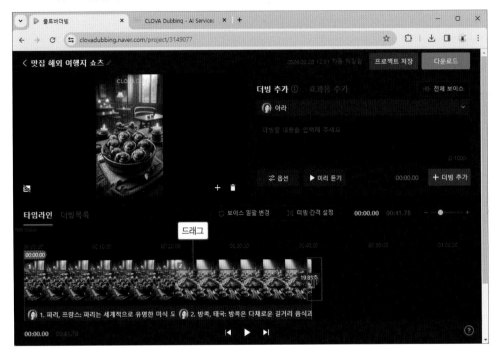

TIP 타임라인에 클립 길이가 길어서 화면에 잘 보이지 않는 경우, 타임라인 비율 슬라이더에서 축소 방향인 왼쪽으로 드래그하여 클립들을 한눈에 볼 수 있도록 조정합니다.

11 같은 방법으로 02 폴더에서 '트러플파스타.jpg' 파일과 '여행지.txt'에서 문장을 복사하여 더빙을 추가합니다. 불러온 이미지 클립과 프롬프트 클립의 길이를 맞추고 화면 하단의 '재생' 아이콘(▶)을 클릭하여 전체 영상을 확인한 다음 이상이 없다면 〈다운로드〉를 클릭합니다.

12 다운로드 대화상자가 표시되면 출력 옵션을 선택합니다. 예제에 서는 프롬프트가 음성으로 변환된 영상 파일로 저장하기 위해 '영상 파일'을 선택하였습니다.

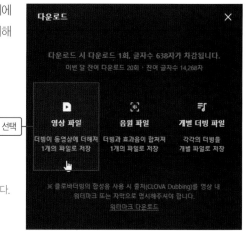

TIP 다운로드 옵션

• **영상 파일** : 이미지나 영상에 더빙이 더해져 1개의 MP4 영상 파일로 저장됩니다.
• **음원 파일** : 더빙과 효과음만 합쳐져 1개의 MP3 음원 파일로 저장됩니다.
• **개별 더빙 파일** : 각각의 더빙만으로 개별 MP3 음원 파일로 저장됩니다.

13 파일이 변환되어 저장되면 웹브라우저의 '다운로드' 아이콘(⬇)을 클릭하고 '폴더' 아이콘(🗁)을 클릭합니다. 다운로드한 폴더가 표시되면 저장한 동영상 파일을 더블클릭하여 실행합니다.

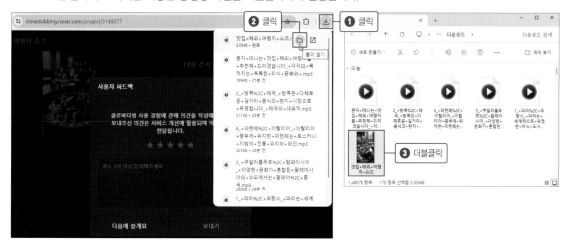

14 챗GPT로 프롬프트와 이미지를 생성한 다음 음성과 영상이 결합된 정보형 쇼츠 동영상으로 완성된 것을 미디어 플레이어를 통해 확인합니다.

무료로 텍스트 프롬프트를 음성 파일로 변환하는 방법

텍스트를 음성으로 변환하는 과정은 커뮤니케이션과 접근성을 향상시키는 데 매우 유용합니다. 이 과정은 도구를 사용하여 텍스트를 음성 파일로 쉽게 변환할 수 있습니다. 무료로 사용할 수 있는 TTSMP3와 클로바 더빙 프로그램을 사용하여 텍스트를 음성으로 변환하는 방법에 대해 자세히 알아보겠습니다.

01 간단하게! TTSMP3를 이용한 음성 파일 만들기

빠르고 간단하게 입력한 문장을 바로 음성 파일로 변환하려면 TTSMP3 서비스를 사용해 보세요. 입력하는 대로 바로 성우의 목소리를 이용하여 MP3 파일로 저장이 가능합니다.

1 웹브라우저에서 'ttsmp3.com'을 입력하여 TTSMP3 사이트로 접속합니다. 프롬프트 입력창이 표시되는 화면이 보이면 먼저 한국어로 설정하기 위해 언어 선택을 'Korean/Seoyeon'으로 지정합니다.

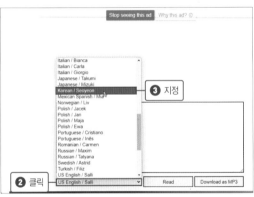

2 프롬프트 입력창에 음성 파일로 변환할 문장을 입력한 다음 〈Download as MP3〉를 클릭합니다. 음성으로 변환된 MP3 파일로 저장되는 것을 확인할 수 있습니다.

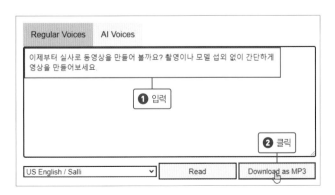

02 디테일하게! 클로바 더빙을 이용한 음성 파일 만들기

입력한 텍스트를 성우의 목소리로 음성 파일 형태로 변환하기 위해서는 네이버 클로바 더빙 사이트 (clovadubbing.naver.com)에서 프로그램을 실행한 다음 오디오 프로젝트를 선택하면 됩니다. 다양한 스타일의 성우 목소리를 선택할 수 있으며, 음성 파일은 MP3 파일 포맷으로 저장됩니다.

1 입력한 텍스트를 음성 파일인 MP3 확장자로 저장하기 위해 네이버 클로바 더빙의 〈새 프로젝트 만들기〉를 클릭합니다. 대화상자가 표시되면 '오디오'를 선택하고 프로젝트명을 입력한 다음 〈생성〉을 클릭합니다.

2 더빙 입력창에 음성으로 변환하려는 텍스트를 직접 입력하거나 복사한 텍스트를 붙여넣기한 다음 〈저장〉을 클릭합니다.

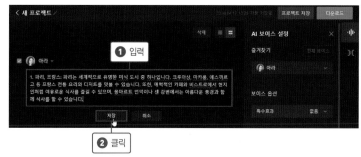

3 아래에 새로운 입력창이 표시됩니다. 같은 방법으로 추가하려는 내용을 입력하고 음성 파일로 변환하기 위해 〈다운로드〉를 클릭합니다.

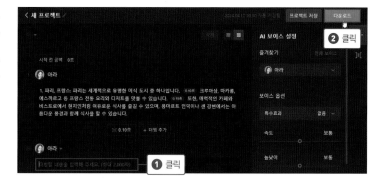

4 다운로드 대화상자가 표시되면 '전체 음원 파일'이나 '개별 문단 파일'을 선택하여 저장 방식을 선택합니다. 파일이 선택한 방식에 맞게 MP3 음성 파일로 저장되는 것을 확인할 수 있습니다.

TIP 클로바 더빙의 무료 서비스는 유료 광고, 채널 수익, 멤버십 전용 등 콘텐츠로 인한 수익이 발생하지 않는 채널 게시 용도로만 사용할 수 있으며, 상업적으로 사용할 경우에는 출처를 표시해야 합니다. 만약 출처 표기를 희망하지 않을 경우에는 유료 서비스를 사용합니다.

PROJECT

내 블로그 글을 영상으로 한 번에!
블로그를 전환하여
숏폼 영상 만들기

블로그 내용을 AI를 활용하여 숏폼 영상으로 변환하는 과정은 비디오스튜의 AI 기능을 통해 자동으로 이루어집니다. 이 과정에서 블로그 텍스트는 영상의 프롬프트로 사용되며, 사용자가 선택한 성우의 음성으로 내용이 재생되고 자막으로 제공됩니다. 또한, 자막에 맞는 영상을 자동 생성하여 숏폼 형태로 제공하며, 사용자는 이를 바탕으로 클립과 자막을 수정할 수 있습니다. 최종적으로, 수정된 영상은 렌더링되어 동영상 파일로 저장됩니다. 이는 블로그 운영자들에게 텍스트 콘텐츠를 시각적으로 풍부한 숏폼 영상으로 쉽게 전환할 수 있는 기회를 제공합니다. 이제 블로그를 운영하고 있다면 한 번에 숏폼 영상으로 제작해 보세요.

원소스 멀티유스!(One Source Multi-Use!). 블로그를 운영한다면 블로그 콘텐츠를 이용하여 영상 제작하면 작업 시간을 줄일 수 있을 뿐만 아니라, 다양한 SNS 플랫폼에 공유할 수도 있습니다. 비디오스튜(Video Stew)에서는 블로그 콘텐츠 사이트만 있다면 해당 블로그 사이트를 링크하여 별도의 프롬프트 작성을 하지 않아도 콘텐츠를 인식하여 프롬프트로 불러옵니다. 불러온 블로그 콘텐츠 문장은 성우의 내레이션 대본으로 사용되며 동영상 음성으로 재생됩니다.

블로그 콘텐츠 기반으로 이미지와 동영상을 제시하면 사용자는 주제에 맞는 영상 소스를 선택만 하면 간단하게 영상 제작이 가능합니다. 음성 내레이션뿐만 아니라 블로그 콘텐츠에서 불러온 문장은 자동으로 자막 처리가 되며, 자막의 형태나 스타일은 사용자가 원하는 대로 수정이 가능합니다. 완성된 영상은 목적에 따라 다양한 형태의 동영상으로 저장할 수 있으며, 필요에 따라 이미지 파일이나 텍스트 파일로도 저장이 가능합니다.

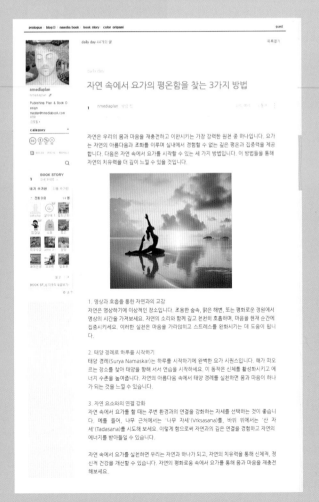

video stew

**자연 요가의
3가지 방법**

video stew

요가의 시작

원천 중 하나입니다. 요가는 자연의

더 깊이 느낄 수 있을 것입니다.

1:23

1. 블로그 콘텐츠 준비하기

블로그 사이트를 운영하고 있다면 영상으로 만들려는 블로그 콘텐츠 사이트를
링크하거나 챗GPT를 이용하여 블로그 콘텐츠를 작성합니다.

2. 음성과 자막을 위한 프롬프트로 사용하기

블로그 링크만으로 별도의 프롬프트 작성 없이 내레이션과 자막 소스로 전환됩니다.
사용자가 직접 프롬프트를 추가 또는 삭제하여 수정이 가능합니다.

3. 주제에 맞는 이미지와 영상 구성하기

블로그 콘텐츠 주제에 맞게 자동으로 영상이 구성되면 마음에 드는 영상을 교체하거
나 고정 타이틀, 자막 내용을 수정하여 완성합니다.

자연 요소와의 연결 강화

video stew

하루의 시작

video stew

자연과의 연결

하루를 시작하기에 완벽한 요가

이렇게 함으로써 자연과의 깊은

SECTION 6.

챗GPT를 이용해
블로그 만들기

기존 블로그 포스팅을 사용해도 좋지만, 블로그 포스팅이 없는 경우에는 챗GPT를 이용하여 간단하게 블로그 글을 작성할 수 있습니다. 예제에서는 자연 속에서의 요가를 주제로 블로그를 작성해 보겠습니다.

01 웹브라우저에서 'chat.openai.com'을 입력하여 챗GPT 사이트에 접속합니다. 자연 속에서의 요가 콘텐츠를 작성하기 위해 '자연에서 시작하는 요가 방법 3가지를 블로그 형식으로 작성해 줘'라고 입력해 질문합니다.

자연에서 시작하는 요가 방법 3가지를 블로그 형식으로 작성해 줘

CHATGPT

자연 속에서 요가의 평온함을 찾는 3가지 방법

자연은 우리의 몸과 마음을 재충전하고 이완시키는 가장 강력한 원천 중 하나입니다. 요가는 자연의 아름다움과 조화를 이루며 실내에서 경험할 수 없는 깊은 평온과 집중력을 제공합니다. 다음은 자연 속에서 요가를 시작할 수 있는 세 가지 방법입니다. 이 방법들을 통해 자연의 치유력을 더 깊이 느낄 수 있을 것입니다.

1. 명상과 호흡을 통한 자연과의 교감

자연은 명상하기에 이상적인 장소입니다. 조용한 숲속, 맑은 해변, 또는 평화로운 정원에서 명상의 시간을 가져보세요. 자연의 소리와 함께 깊고 천천히 호흡하며, 마음을 현재 순간에 집중시키세요. 이러한 실천은 마음을 가라앉히고 스트레스를 완화시키는 데 도움이 됩니다.

2. 태양 경례로 하루를 시작하기

태양 경례(Surya Namaskar)는 하루를 시작하기에 완벽한 요가 시퀀스입니다. 해가 떠오르는 장소를 찾아 태양을 향해 서서 연습을 시작하세요. 이 동작은 신체를 활성화시키고 에너지 수준을 높여줍니다. 자연의 아름다움 속에서 태양 경례를 실천하면 몸과 마음이 하나가 되는 것을 느낄 수 있습니다.

3. 자연 요소와의 연결 강화

자연 속에서 요가를 할 때는 주변 환경과의 연결을 강화하는 자세를 선택하는 것이 좋습니다. 예를 들어, 나무 근처에서는 '나무 자세(Vrksasana)'를, 바위 위에서는 '산 자세(Tadasana)'를 시도해 보세요. 이렇게 함으로써 자연과의 깊은 연결을 경험하고 자연의 에너지를 받아들일 수 있습니다.

자연 속에서 요가를 실천하면 우리는 자연과 하나가 되고, 자연의 치유력을 통해 신체적, 정신적 건강을 개선할 수 있습니다. 자연의 평화로움 속에서 요가를 통해 몸과 마음을 재충전해 보세요.

02 챗GPT-4일 경우 바로 연관된 이미지를 작성할 수 있습니다. 챗GPT에게 '작성된 글을 기준으로 바닷가 해변에서 요가하는 인물의 이미지를 그려 줘'라고 요청합니다. 그림과 같이 이미지를 작성한 다음 이미지에 대한 해설이 표시됩니다.

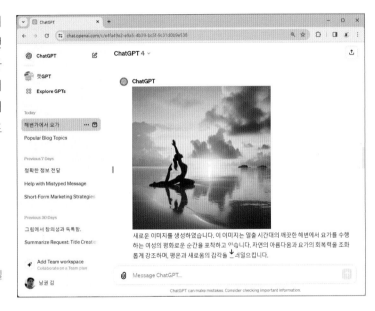

TIP 마음에 들지 않을 경우에는 동일한 질문을 반복하여 이미지 작성을 요청합니다.

03 챗GPT를 이용하여 작성한 글과 이미지를 이용하여 블로그에 작성하여 게시합니다. 예제에서는 네이버 블로그에 게시하였습니다.

SECTION 7.

블로그 콘텐츠를
숏폼 데이터로 변환하기

숏폼 영상으로 제작하려는 블로그 주소를 링크하여 데이터를 자막과 음성 대본으로 변환해 보겠습니다.

01 웹브라우저에서 'videostew. com'을 입력하여 비디오스튜 사이트에 접속한 다음 무료로 사용하기 위해 〈지금 무료로 시작하기〉를 클릭하거나 회원가입 후 로그인을 합니다. 새로운 프로젝트를 만들기 위해 〈+ 프로젝트 만들기〉를 클릭합니다.

02 위자드 모드 대화상자가 표시되면 프로젝트 제목을 지정하기 위해 입력창에 블로그 제목을 입력합니다. 예제에서는 '요가의 평온함을 찾는 3가지 방법'으로 입력하고 〈다음〉을 클릭하였습니다. 어떤 소스로 제작할 것인지 묻는 화면이 표시되면 '본문이 있는 URL'을 선택하고 〈다음〉을 클릭합니다.

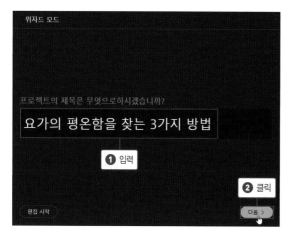

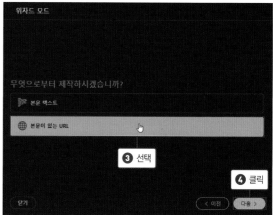

TIP 블로그가 아닌 문서나 텍스트 파일이 있다면 '본문 텍스트'를 선택하여 복사하거나 직접 입력할 수 있습니다.

03 숏폼 영상으로 변환시킬 블로그로
접속해서 주소를 복사하기 위해
게시글의 'URL 복사'를 클릭합니다.

TIP 샘플 블로그 주소로(blog.naver.com/
aisample/223433364511)로 예제를 따라해 볼
수 있습니다.

04 비디오스튜의 URL을 입력하는 입력창을 클릭하고
Ctrl+V를 눌러 복사한 블로그 주소를 붙여넣은 다
음 〈다음〉을 클릭합니다.

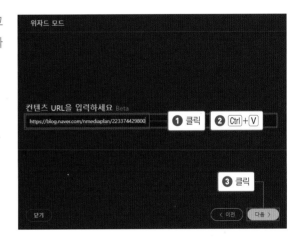

05 블로그를 인식하여 텍스트가 문장별로 프롬프트 창
에 자동으로 삽입되어 화면에 표시됩니다. 프롬프트
를 확인하면서 수정 사항이나 추가 또는 삭제할 부분이 있
는지 검토하고 〈다음〉을 클릭합니다.

TIP 비디오스튜는 AI 온라인 동영상 편집 프로그램으로, 저작권
걱정없는 AI 보이스, 배경 음악, 스톡 동영상 및 이미지를 이용하여
간편하게 영상 편집을 할 수 있습니다. 블로그 글을 자동으로 영상화
하는 TTV(Text to Video) 기능으로 초보자도 쉽게 영상 제작이 가
능합니다.

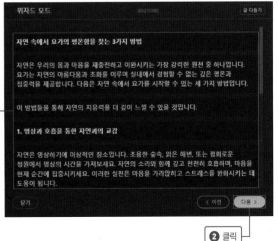

SECTION

8.

비디오스튜에서 원하는
숏폼 영상 설정하기

숏폼의 영상 크기와 배경 음악, 내레이션 선택, 비디오와 이미지 삽입 여부 등 사용자가 원하는 숏폼 영상을
설정합니다. 블로그 주제에 맞는 설정을 위해 항목별로 설정합니다.

01 영상의 크기와 배경 음악, 내레이션, 영상의 전환
효과, 텍스트를 설정하는 기타 화면이 표시됩니다.
먼저 숏폼 영상 크기를 설정하기 위해 프로젝트 크기에서
'1080x1920'(9:16)을 클릭합니다.

02 사이즈 설정 대화상자가 표시되면 영상의 크기를 선택합니다. 예제에서는
기본적으로 설정되어 있는 '1080x1920(9:16)'을 선택하고 〈확인〉을 클릭하였
습니다.

TIP 플랫폼마다 사용할 수 있는 비율

• **유튜브** : 16:9 화면 비율이 가장 일반적으로 사용됩니다. 이는 대부분의 모니터와 휴대전화에
서 잘 보이며, 전통적인 동영상 콘텐츠에 적합합니다.
• **인스타그램 피드 게시물** : 1:1(정사각형) 또는 4:5 화면 비율을 사용하는 것이 일반적입니다. 이
는 인스타그램의 피드에서 최적의 시각적 표현을 제공합니다.
• **인스타그램 스토리** : 9:16 화면 비율이 가장 적합합니다. 스토리 형식의 콘텐츠는 모바일 기기
에서 세로 방향으로 표시됩니다.
• **숏폼(예: 틱톡, 인스타그램 쇼츠)** : 주로 9:16 화면 비율을 사용합니다. 이는 모바일에서 세로
방향으로 시청할 때 최적화되어 있으며, 짧고 화려한 콘텐츠에 적합합니다.

03 블로그 내용을 음성으로 재생하기 위해 내레이션을 설정합니다. 내레이션에서 성우 이름을 클릭하면 AI 내레이션 설
정 대화상자가 표시됩니다. 원하는 음성 스타일의 성우를 선택하고 〈확인〉을 클릭합니다.

TIP '재생' 아이콘(▶)
을 클릭하여 선택한 성우의
음성을 확인할 수 있습니다.

04 블로그 내용에 맞게 영상과 이미지를 삽입하기 위해 자동 비주얼에서 '스톡 타입 : 전체'를 클릭합니다. 자동 비주얼
대화상자가 표시되면 '스톡비디오 혹은 이미지 삽입'으로 선택된 것을 확인하고 〈확인〉을 클릭합니다.

05 영상 설정이 완료되었다면 〈다음〉을 클릭하여 영상
을 편집하는 화면을 표시합니다.

SECTION

9.

타임라인과 옵션으로
숏폼 영상 편집하기

영상 설정이 완료되었다면 영상을 편집할 수 있는 작업 화면이 표시됩니다. 여기서는 타이틀 입력 및 영상 클립 수정 등 다양한 편집 기능을 제공하여 숏폼 영상을 완성합니다.

01 블로그를 기반으로 숏폼 영상이 표시되며, 하단의 타임라인에 위치한 순서대로 영상이 재생됩니다. 영상 클립을 클릭할 때마다 중앙의 영상 미리 보기 창에서 영상이 재생되는 것을 확인할 수 있습니다.

02 하단의 타임라인에서 빈 클립을 삭제하기 위해 검은색의 빈 클립의 오른쪽 상단에 위치한 '팝업' 아이콘(▲)을 클릭한 다음 〈삭제〉를 클릭합니다.

TIP 클립을 좌우로 드래그하여 영상의 순서를 변경할 수도 있습니다.

03 확대/축소 슬라이더를 오른쪽으로 드래그하여 미리 보기 화면을 확대합니다.

TIP 미리 보기 화면을 확대하여 타이틀이나 자막, 영상이 제대로 들어갔는지 확인합니다.

04 영상 상단에는 고정 타이틀이 위치하며, 중앙에는 내용과 연관된 영상이 위치해 있습니다. 하단의 텍스트는 블로그에 있는 내용이 자막으로 표시되며, 앵커에 의해 음성으로 재생됩니다.

05 AI가 작성한 클립에서 마음에 들지 않는 영상이 있다면, 미리 보기 창의 영상 박스를 클릭한 다음 왼쪽에 위치한 영상 검색창에서 '요가'라고 입력한 다음 마음에 드는 영상을 영상 박스로 드래그합니다.

06 그림과 같이 영상이 교체된 것을 확인할 수 있습니다. 같은 방법으로 변경하고 싶은 부분이 있다면 클립을 선택하고 영상을 교체합니다.

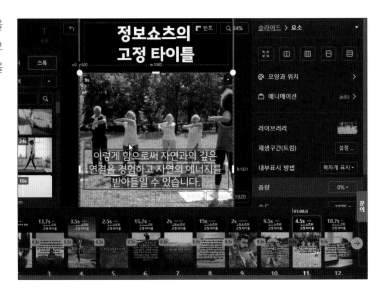

07 상단의 고정 타이틀에는 영상 타이틀을 입력합니다. 기존 문자를 드래그하여 블록으로 지정한 다음 원하는 문자를 입력합니다.

08 오른쪽 글꼴 옵션을 이용하여 입력한 문자에 원하는 형태의 글꼴을 지정하거나 색상을 변경하여 타이틀 문자를 완성합니다.

09 하단 자막 텍스트도 수정이 가능합니다. 자막 텍스트 박스를 클릭, 드래그하여 원하는 위치로 이동시킬 수 있으며, 'AI 보이스로 읽기'를 클릭하여 클립별로 음성 재생의 활성화 여부를 결정할 수 있습니다.

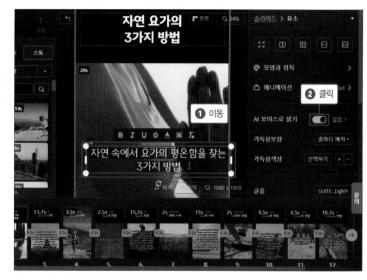

10 영상 구성이 완성되었다면 동영상 파일로 내 PC로 저장하기 위해 화면 상단의 〈저장〉을 클릭하여 작업을 저장하고 〈다운로드〉를 클릭합니다.

TIP 〈저장〉을 클릭하여 작업을 저장하지 않으면 〈다운로드〉가 활성화되지 않습니다.

11 다운로드 대화상자에서 비디오나 이미지, 텍스트 파일로 저장 가능합니다. 예제에서는 비디오의 〈렌더링〉을 클릭하여 동영상 파일로 렌더링하여 완성하였습니다. 홈 화면의 알림에서 다운로드한 영상을 재생하여 요가 숏폼 영상이 재생되는 것을 확인합니다.

PROJECT

유튜브 영상도 쇼츠 영상으로!
유튜브 콘텐츠를 변환하여
쇼츠 영상 만들기

기존 유튜브 채널의 콘텐츠를 이용하여 쇼츠 영상으로 변환 제작이 가능합니다. 유튜브 채널 영상을 다운로드하여 영상 소스를 준비하고, 챗GPT의 확장 프로그램인 YouTube Summary with ChatGPT & Claude를 이용하여 영상의 음성을 프롬프트화로 변환해 저장할 수 있습니다. 이러한 데이터를 이용하면 인스타그램이나 페이스북 등의 다양한 SNS 플랫폼으로 콘텐츠를 확장할 수 있습니다. 예제에서는 유튜브 강의 영상을 캡컷 프로그램으로 영상의 길이와 재생 속도를 조정하고 문자를 추가하여 쇼츠 영상으로 공유하는 방법까지 알아보겠습니다.

길이가 긴 정보형 유튜브 강의 영상 요즘 스마트폰에 최적인 1분 미만의 쇼츠 영상으로 제작합니다. 유튜브 영상을 다운로드한 다음 챗GPT의 확장 프로그램인 'YouTube Summary with ChatGPT & Claude'를 이용하여 영상 인물의 음성을 텍스트화하고, 다시 쇼츠 영상에 적합하도록 요약 정리시킵니다.

유튜브 영상 비율인 16:9 비율의 화면을 쇼츠 영상 비율인 9:16으로 조정하면 유튜브 영상의 배경은 대부분 삭제되고 인물 중심의 영상으로 구성됩니다. 따라서 인물의 영상의 경우 보정이 필요하면 스마트 도구로 인물의 얼굴만 인식하여 색 보정이나 메이크업 보정까지 가능합니다. 쇼츠 영상 소스가 준비되었다면, 영상의 길이를 조정하고, 재생 속도도 빠르게 설정한 다음 영상의 제목과 유튜브 원본 영상 채널을 소개하는 문구를 입력하여 쇼츠 영상을 완성합니다.

1. 유튜브 영상 저장과 음성을 요약 텍스화하기

쇼츠 영상을 만들기 전에 쇼츠 영상 소스를 준비하는 단계입니다. 영상을 다운로드한 다음 챗 GPT 확장 프로그램으로 인물의 음성을 텍스트화하고 압축 요약하여 정리합니다. 텍스트는 프롬프트화하여 다시 내레이션이나 자막으로 사용이 가능합니다.

2. 캡컷에서 영상 길이와 속도, 보정 작업 진행하기

쇼츠 영상은 1분 미만의 영상이므로, 유튜브 영상에서 꼭 필요한 부분만 보일 수 있도록 영상의 길이를 조정하고, 재생 속도도 1.2배속 빠르게 설정합니다. 영상 보정이 필요한 부분은 스마트 도구로 최적화시킵니다.

3. 쇼츠 화면 구성에 맞게 머리글과 추가글 작성하기

쇼츠 영상 상단에는 제목글, 가운데는 영상과 본문글, 하단에는 해시태그와 채널 표시를 합니다. 완성된 쇼츠 영상은 인스타그램이나 페이스북, 유튜브 등에 공유합니다.

● 예제파일 : 02\강의.txt

유튜브 영상 저장하고
텍스트 자료 정리하기

유튜브 콘텐츠에서 게시된 영상을 다운로드하여 데이터를 저장합니다. 콘텐츠 자료는 다양한 SNS 플랫폼으로 공유가 가능하기 때문에 영상뿐만 아니라 자막이나 프롬프트에 사용할 수 있는 음성 파일도 텍스트화하여 저장합니다.

01 유튜브 콘텐츠에서 동영상을 파일로 저장하기 위해 웹브라우저에서 'youtube.com'을 입력하여 유튜브 사이트에 접속하고 왼쪽에서 (내 동영상) 메뉴를 선택합니다.

02 (동영상) 메뉴에서 저장하려는 동영상 항목의 '옵션' 아이콘(⋮)을 클릭하고 '오프라인 저장'을 선택합니다. 내 PC에 유튜브 영상이 동영상 파일로 저장됩니다.

03 자막이나 텍스트 처리를 위해 챗GPT로 간단하게 텍스트화할 수 있습니다. 먼저 검색창에서 'YouTube Summary with ChatGPT & Claude'를 검색하고 Chrome 웹 스토어에서 〈Chrome에 추가〉를 클릭한 다음 〈확장 프로그램 추가〉를 클릭합니다.

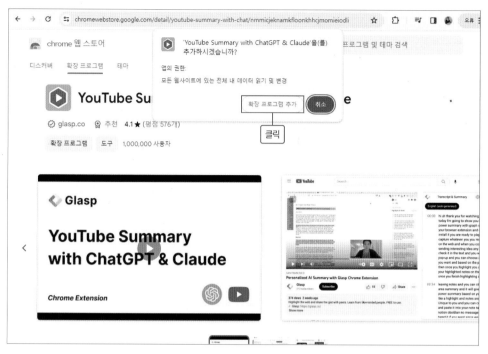

TIP 크롬 확장 프로그램은 구글 크롬 웹 브라우저에서 기능을 추가하거나 변경할 수 있는 소프트웨어입니다. 크롬 웹 스토어(chrome. google.com/webstore)로 이동한 다음 검색 창에 챗GPT 확장 프로그램 이름을 입력하여 검색할 수도 있습니다.

04 유튜브의 동영상 콘텐츠 오른쪽 화면에 〈Transcript & Summary〉가 표시되는 것을 확인하고 클릭합니다.

05 그림과 같이 영상 속의 인물 음성을 인식하여 텍스트로 표시되며, 재생 시간이 표시되는 것을 확인할 수 있습니다. 'View AI Summary' 아이콘(🖐)을 클릭합니다.

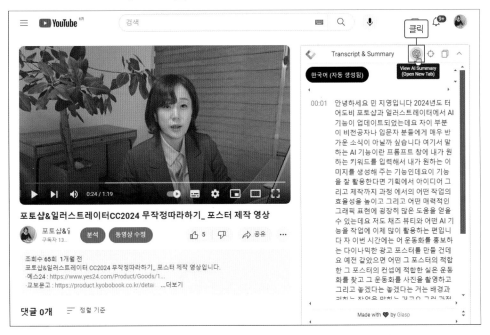

T I P 쇼츠 영상의 경우 1분 내로 영상을 만들어야 하므로 텍스트에 표시된 재생 시간을 확인할 수 있습니다.

06 챗GPT가 실행되면서 음성의 내용을 요약해서 별도의 문장으로 표시됩니다.

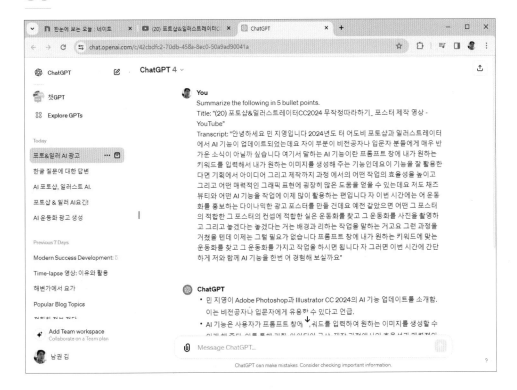

S E C T I O N
11.

유튜브 영상을
쇼츠 영상으로 구성하기

유튜브 영상을 캡컷 프로그램을 이용하여 쇼츠 영상 비율에 맞게 상단과 하단 여백, 영상 영역으로 나눠 구성해 보겠습니다.

---

01 웹브라우저에서 'capcut.com/ko-kr'을 입력하여 캡컷 사이트에 접속한 다음 회원가입을 위해 〈무료로 가입〉을 클릭합니다.

TIP 캡컷(CapCut)은 AI 기반의 올인원 크리에이티브 플랫폼으로, 브라우저나 Windows, Mac, Android, iOS에서 동영상 편집과 이미지 디자인을 지원합니다. 자세한 사용 방법은 136쪽을 참고하세요.

02 가입 방식을 선택합니다. 예제에서는 〈Google 계정으로 계속하기〉를 클릭하였습니다. 계정 선택 창이 표시되면 사용할 구글 계정을 선택합니다.

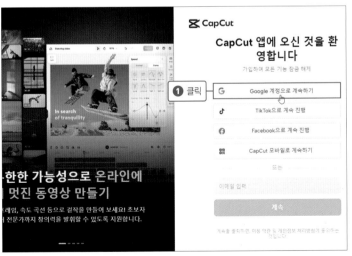

03 공간에서 시작하기 화면이 표시되면 캡컷을 실행하기 위해 〈CapCut 열기〉를 클릭합니다.

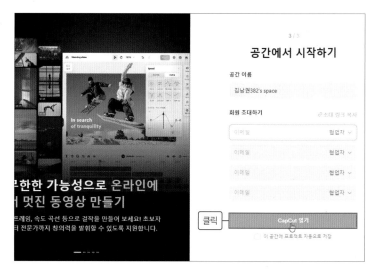

04 표시되는 시작 화면에서 〈+ 새로 만들기〉를 클릭하면 동영상 비율을 설정하는 화면이 표시됩니다. 예제에서는 유튜브 쇼츠 영상을 만들기 위해 '9:16'을 선택하였습니다.

05 작업 화면이 표시되면 〈업로드〉를 클릭하여 02 폴더에서 '강의.mp4' 파일을 불러오거나 유튜브에서 다운로드한 동영상 파일을 작업 화면으로 드래그하여 추가합니다.

06 유튜브에 사용되었던 영상이므로 가로, 세로 비율이 16:9인 것을 확인할 수 있습니다. 하지만 작업 영상 비율을 쇼츠 영상 비율인 9:16으로 선택했기에 그림과 같이 위아래로 여백 화면이 표시됩니다.

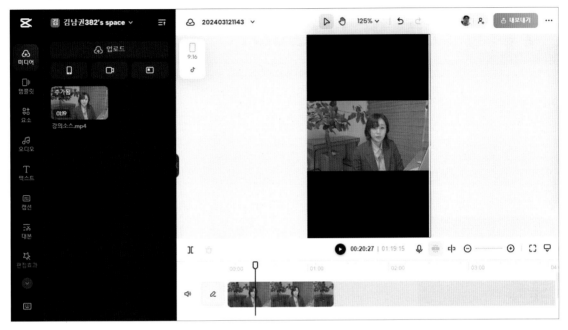

TIP 그림과 같이 타임라인에 영상 클립이 위치하며, 미리 보기 화면에서 동영상을 미리 볼 수 있습니다.

07 영상을 쇼츠 영상 비율에 맞게 조정하기 위해 미리 보기 화면의 동영상을 선택한 다음 앵커 점을 바깥쪽으로 드래그하여 확대합니다.

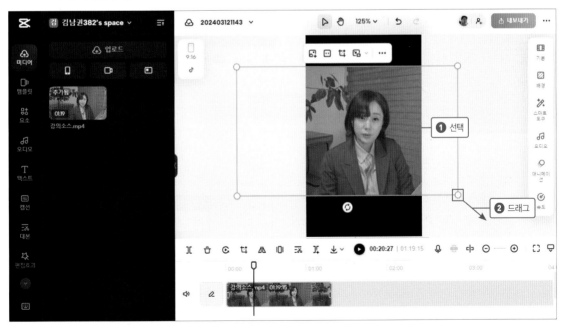

TIP 화면 상단에는 영상의 제목, 하단에는 채널 표시를 하므로, 영상 크기를 조정할 때 화면 상단과 하단에 여백을 남겨두어야 합니다.

스마트 도구로
인물 얼굴 보정하기

캡컷에서는 인물이 등장하는 영상의 경우 보정하려는 얼굴 부분을 세밀하게 메이크업하거나 얼굴 형태를 보정할 수도 있습니다. 예제에서는 인물 얼굴을 부드럽게 보정한 다음 메이크업 스타일을 적용해 보겠습니다.

01 유튜브 영상에 등장하는 인물의 얼굴만 보정하기 위해 오른쪽 메뉴에서 (스마트 도구)를 선택하고 '보정'을 선택합니다.

02 인물의 얼굴을 크게 확대해 보기 위해 화면 상단의 화면 비율을 선택한 다음 슬라이더를 오른쪽으로 드래그하여 화면을 확대합니다. 예제에서는 '190%'로 설정하였습니다.

TIP 영상을 클릭하면 오른쪽 메뉴가 표시되며, 표시된 메뉴에서 색상이나 영상, 오디오, 애니메이션 효과를 적용할 수 있습니다.

03 인물의 얼굴을 밝고 부드럽게 보정하거나 주름이나 얼굴형까지 보정이 가능합니다. 보정 슬라이더를 조절하여 인물의 얼굴을 보정해 보세요.

TIP 인물의 얼굴이 인식되었다는 표시가 나타납니다. 예제에서는 부드럽게의 옵션값을 높여 노이즈 등을 제거하여 얼굴을 부드럽게 처리한 다음 팔자주름의 옵션값을 조정하여 조명 등으로 표현된 팔자주름을 없앴습니다.

04 영상 화질이나 조명으로 인해 다소 인물 얼굴이 밋밋하게 표현될 경우 '메이크업' 아이콘(ⓠ)을 선택하고 스타일을 선택하면 자동으로 인물 얼굴을 인식하여 보정됩니다.

13.

쇼츠에 맞는
영상 길이와 속도, 머리글 지정하기

쇼츠 영상에 맞도록 영상의 길이를 조정하고, 재생 속도도 빠르게 설정합니다. 영상의 상단에 영상의 제목과
유튜브 원본 영상 채널을 소개하는 문구를 입력하여 쇼츠 영상을 완성합니다.

01 영상의 길이를 조정해 보겠습니다. 쇼츠 영상은 1분 이내이므로, 타임라인에 위치한 영상 클립의 왼쪽이나 오른쪽 끝
부분을 드래그하는 방식으로 영상 길이를 조정합니다. 예제에서는 영상 클립의 오른쪽 끝부분을 왼쪽으로 드래그하
여 길이를 줄입니다.

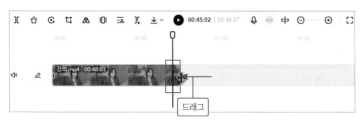

02 쇼츠 영상의 경우 재생 속도를 빠르게 조정하여 최대한 영상 재생 길이를 줄일 수도 있습니다. 오른쪽 메뉴에서 (속
도)를 선택하고 속도 슬라이더를 드래그하는 방식으로 재생 속도를 조절합니다. 예제에서는 재생 속도를 '1.2x'로 조
절하였습니다.

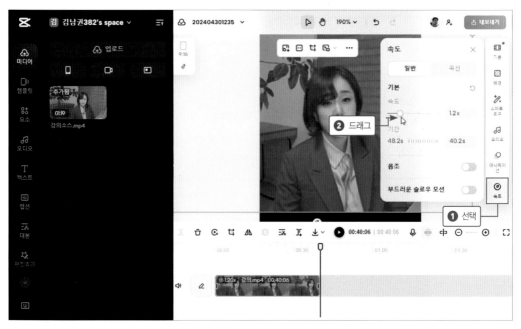

T I P '재생' 아이콘(▶)을 클릭하여 영상의 음성이 자연스럽게 들리는지 확인하면서 재생 속도를 조정합니다.

03 영상 상단에 머리글을 추가하기 위해 왼쪽 메뉴에서 시간 표시자를 영상 클립의 앞쪽에 위치시키고, (텍스트)를 선택합니다. 〈머리글 추가〉를 클릭한 다음 영상 상단으로 드래그하여 위치시킵니다.

TIP 시간 표시자를 영상 앞쪽에 위치시키는 이유는 머리글이 영상의 시작부터 표시되도록 하기 위함입니다.

04 오른쪽 메뉴에서 (기본)을 선택하고 기본 입력창에 제목글을 입력한 다음 글꼴과 글꼴 크기를 지정합니다. 예제에서는 제목글을 'AI 디자인 작업법!'으로 입력한 다음 글꼴을 '검은 고딕체', 글꼴 크기를 '20'으로 지정하였습니다.

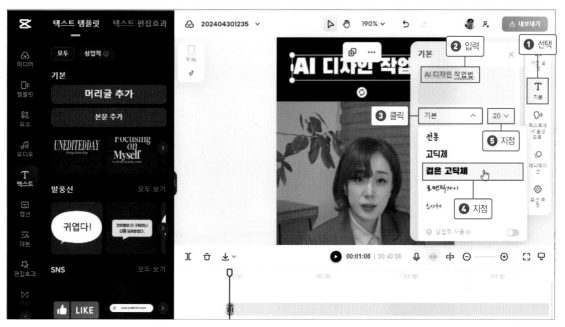

05 머리글에서 강조할 부분을 드래그하여 블록으로 지정하고 채우기의 색상 상자를 클릭하여 강조할 색상을 선택합니다. 예제에서는 '노란색(#faa700)'을 선택하였습니다.

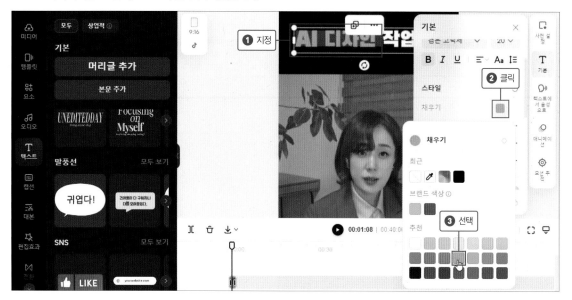

06 타임라인에서 머리글 클립의 오른쪽 끝부분을 오른쪽으로 드래그하여 강의 영상 클립의 끝부분과 동일하게 맞춥니다.

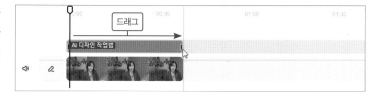

07 이번에는 [텍스트] 메뉴에서 〈본문 추가〉를 클릭하고 하단에 들어갈 문장을 입력한 다음 영상 하단으로 드래그합니다. [기본] 메뉴에서 글꼴 스타일과 글꼴 크기를 지정한 다음 본문 추가 클립의 오른쪽 끝 부분을 오른쪽으로 드래그하여 강의 영상 클립의 끝 부분과 동일하게 맞춥니다.

SECTION

14.

● 완성파일 : 02\강의_완성.mp4

CAP CUT

캡컷에서 유튜브에
쇼츠 영상 업로드하기

완성된 쇼츠 영상은 인스타그램이나 페이스북, 유튜브 등에 공유할 수 있습니다. 예제에서는 유튜브에 쇼츠
영상을 올리기 위한 설정 방법과 공유 방법을 알아보겠습니다.

01 캡컷에서 만든 영상을 유튜브 쇼
츠 영상으로 업로드하기 위해 〈내
보내기〉를 클릭합니다. 다양한 SNS 플랫
폼이 표시되면 'YouTube Shorts'를 선
택합니다.

02 동영상 이름과 해상도, 품질. 프레임 속도 및 파일 형식을 지정하는 내보내
기 설정 화면이 표시됩니다. 예제에서는 기본값으로 저장하기 위해 〈내보내
기〉를 클릭하였습니다.

TIP 내보내기 설정 살펴보기

• **이름** : 동영상 이름을 지정합니다.
• **해상도** : 동영상의 해상도를 지정합니다. 주로 720~1080픽셀을 추천합니다.
• **프레임 속도** : 영상 프레임 속도를 설정합니다. 유튜브 등 일반적인 영상의 프레임 속도는
  24fps(프레임/초) 또는 30fps로 설정됩니다. 프레임 속도는 영상의 콘텐츠와 목적에 따라 다
  를 수 있습니다.
  – 24fps : 영화에서 사용되는 표준 프레임 속도
  – 30fps : 유튜브와 같은 온라인 플랫폼에서 더 흔히 사용되는 속도
  – 60fps 이상 : 게임 플레이나 스포츠 관련 콘텐츠에서 사용되는 속도
• **형식** : 동영상 파일 포맷을 설정합니다. MP4와 MOV에서 선택이 가능합니다.

03 작업한 영상이 유튜브로 공유되기 위해
자신의 유튜브 채널로 내보내기 작업이
진행됩니다.

04 유튜브 채널 제목과 설명을 입력한 다
음 동영상의 커버로 지정할 이미지를
선택하기 위해 '선택' 아이콘(🖉)을 클릭합니다.

05 편집된 영상이 프레임 형태로 표시됩
니다. 시간 표시자를 드래그하여 커버
로 사용될 이미지를 선택한 다음 〈커버 설정〉을
클릭합니다.

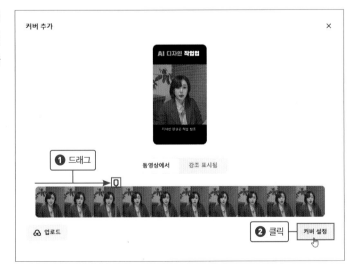

06 공개 범위를 지정한 다음 태그를 입력하여 추가하거나 삭제합니다. 영상 설정이 완료되었다면 〈공유〉를 클릭합니다.

TIP 영상을 공유하기 전에 영상의 '재생' 아이콘(▶)을 클릭하여 최종 영상이 문제없는지 확인합니다.

07 영상이 공유되면 유튜브에서 확인하기 위해 〈YouTube에서 시청〉을 클릭합니다.

08 캡컷에서 편집 작업한 쇼츠 영상이 유튜브에 게시된 것을 확인할 수 있습니다. 같은 방법으로 인스타그램이나 페이스북에 영상을 공유해 보세요.

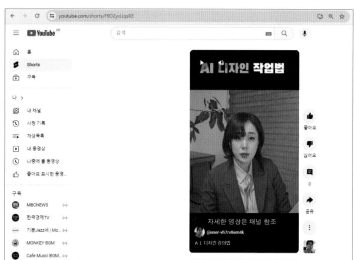

AI 템플릿을 조합하여 영상을 쉽게 만드는 캔바 사용하기

캔바는 사용자들이 영상 제작 및 편집을 위해 다양한 AI 기능을 활용할 수 있는 영상 편집 도구입니다. 이 프로그램은 컷 편집부터 다양한 템플릿을 이용한 문자 디자인, 그리고 최신 기술을 활용한 인공지능 기능을 통해 이미지 생성 및 동영상 제작까지 가능합니다.

01 캔바 활용 분야 알아보기

캔바(canva.com)의 기본 기능은 컷 편집 기능을 통해 사용자는 동영상 클립을 자르고 조합하여 원하는 시퀀스를 만들 수 있습니다. 이는 영상을 원하는 길이로 잘라내거나 다양한 효과와 전환을 추가하여 전문적인 편집을 수행할 수 있습니다. 또한, 캔바의 템플릿을 활용하면 사용자는 간편하게 다양한 텍스트 디자인 및 애니메이션 문자 디자인을 생성할 수 있습니다. 이는 제목, 자막, 표지 등 다양한 텍스트 요소에 적용됩니다. 사용자는 템플릿을 선택하고 필요에 따라 텍스트를 수정하여 자신만의 디자인을 만들 수 있습니다.

인공지능 기술을 이용한 이미지 생성 기능은 캔바의 강력한 기능 중 하나입니다. 이를 통해 사용자는 자동으로 이미지를 생성하고 수정할 수 있습니다. 예를 들어, 특정 주제나 키워드에 관련된 이미지를 자동으로 생성하거나 이미지에 텍스트를 추가하여 원하는 디자인을 만들 수 있습니다. 특히 이미지와 프롬프트를 사용하여 동영상 제작 또는 내레이션을 생성하여 영상 편집을 할 수 있습니다. 이는 단순한 이미지를 마치 영상처럼 제작이 가능하고, 음성을 입혀서 더빙 효과를 줄 수 있습니다.

▲ AI 기능을 이용하여 디자인할 수 있는 캔바

TIP 캔바는 무료로 기본적인 유용한 기능들을 사용할 수 있으며, 유료 월간 구독(월 14,000원)일 경우에는 프리미어 콘텐츠를 제한 없이 사용이 가능하여 전문가 수준의 디자인 작업이 가능합니다.

02 캔바 인터페이스 살펴보기

캔바는 누구나 쉽게 영상 편집과 음성 및 영상 구성을 할 수 있도록 직관적인 인터페이스를 제공하고 있습니다. 특히 프롬프트를 입력하여 원하는 이미지나 동영상, 디자인 요소를 다양하게 템플릿으로 제공하고 있어서 사용자가 원하는 주제의 영상 제작에 편집이나 조합하여 새로운 영상을 생성할 수 있습니다.

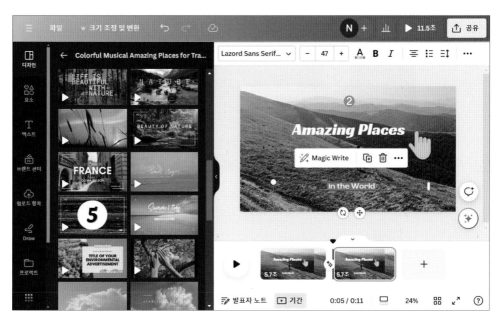

❶ **홈 메뉴** : 디자인 작업 유형을 선택할 수 있으며, 특히 동영상의 사용 목적에 따른 영상 유형을 선택합니다.

❷ **작업 화면** : 디자인 템플릿이나 AI 기능으로 이미지나 동영상 생성 또는 파일 업로드 기능을 제공합니다.

❸ **매직 미디어(Magic Media)** : 왼쪽에서 〔요소〕 메뉴를 선택하고 AI 이미지 생성기의 '나만의 이미지 생성하기'를 클릭하면 Magic Media가 표시됩니다. 〔이미지〕 탭이나 〔동영상〕 탭을 선택하고 프롬프트 입력창에 생성할 이미지나 동영상을 표현하는 키워드나 문장을 입력합니다. 마음에 드는 이미지나 영상이 생성될 때까지 〈다시 생성하기〉를 클릭할 수 있으며, 원하는 이미지를 선택하면 미리 보기 창에 바로 가져올 수 있습니다.

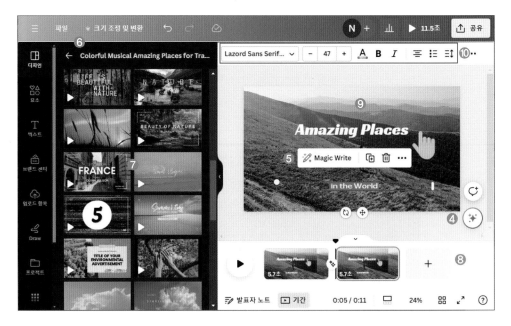

❹ **Canva 어시스턴트(◉)** : AI 추천으로 문장을 작성
하는 Magic Write 기능부터 텍스트 상자 추가, 공
유 및 디자인에 어울리는 그래픽을 제안합니다.

❺ **Magic Write(✎)** : 문장을 생성하는 AI 도구로, 주제를 입력하여 문장을 작성하거나 문장
스타일을 변경할 수 있습니다.

❻ **템플릿 검색창** : 영상에서 사용할 다양한 템플릿 키워드를 입력하여 검색합니다.

❼ **템플릿 결과창** : 주제에 맞는 동영상 템플릿을 표시합니다. 원하는 템플릿을 클릭하여 수정하
여 사용합니다.

❽ **타임라인** : 영상 클립의 위치와 길이, 클립 추가 등을 조정하여 동영상을 편집하는 영역입니다.

❾ **미리 보기 창** : 생성된 이미지나 영상, 자막, 타이틀 등의 설정과 배치 등을 미리보면서 설정합니다.

❿ **문자 설정** : 자막이나 타이틀의 글꼴부터 크기, 스타일, 정렬 형태와 효과를 지정합니다.

⓫ **프롬프트 입력창** : 〔앱〕 메뉴를 선택하고 검색창에 'D-
ID'를 입력하여 표시되는 'D-ID AI Presents' 앱을
선택하고 연결하면 인물 이미지를 불러오거나 기존 인
물 캐릭터를 선택할 수 있습니다. 이때 표시되는 AI 음
성 생성을 위해 내레이
션 문장을 입력하고 원
하는 목소리를 선택하여
사용하면 인물이 말하는
영상을 쉽게 얻을 수 있
습니다.

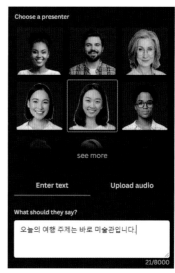

NOTE **Magic Write 사용하기**

❶ 문장 박스를 선택하고 표시되는 도구에서 'Magic Write'를
클릭한 다음 입력하거나 변경하려는 문장을 선택합니다.

❷ 팝업 메뉴에서 문장의 원하는 수정 방법을 선택합니다. 기
존 문장을 장문의 문장으로 계속 작성하기 위해 '계속 글쓰
기'를 선택합니다.

❸ 그림과 같이 기존 문장을 기준으로 상세하게 장문의 문장
이 생성된 것을 확인할 수 있습니다.

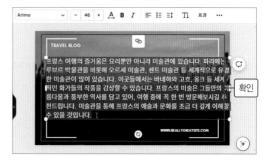

PROJECT

한 장의 스냅 사진을 더빙 영상으로,
인스타그램 릴스 영상 만들기

인스타그램은 사진뿐만 아니라 영상을 업로드할 수 있는 릴스 기능을 제공하고 있습니다. 한 장의 사진을 활용하여 음성과 얼굴의 움직임을 조합하여 동영상으로 올려보세요. 음성으로 정보를 제공하는 릴스 영상을 간단하게 제작이 가능합니다. 영상 제작을 위한 별도의 촬영이나 소스가 없어도 재미있는 영상으로 변환할 수 있습니다. 예제에서는 사진을 이용하여 간단하게 원하는 언어나 음성을 지정하고, 문자 애니메이션을 적용하여 쉽고 빠르게 여행을 소개하는 영상을 제작해 보겠습니다.

여행지에서 찍은 한 장의 스냅 사진을 이용해 마치 그곳을 여행하며 소개하는 듯한 영상을 만드는 방법에 대해 알아보겠습니다. 우선 챗GPT를 활용하여 해당 여행지에 대한 소개 대본을 작성합니다. 이 대본은 여행의 매력과 특징을 강조하여 보는 사람의 관심을 끌 수 있도록 구성됩니다. 그다음 캔바(Canva)와 같은 영상 편집 툴을 사용하여 영상의 프레임에 맞게 텍스트 스타일을 선정하고, 대본에 맞춰 사진 속 인물의 음성과 입 모양, 표정이 자연스럽게 움직이도록 동기화합니다. 이 과정에서 인물 사진의 얼굴 인식 기능을 활용하여 더욱 생동감 있는 표정 변화를 구현할 수 있습니다.

1. 영상 주제에 맞는 인스타그램 릴스 구성 선택하기

캔바에서 인스타그램의 릴스 영상을 제작하기 위해 동영상 종류를 'Instagram Reels'로 선택합니다. 영상 콘텐츠에 맞는 주제를 입력하여 영상 소스와 함께 제시하는 문자 디자인 효과를 선택합니다.

2. 프롬프트 대본 작성과 더빙 영상 만들기

인물 사진에 더빙할 프롬프트를 챗GPT로 작성하고, 인물 사진을 마치 영상처럼 대본에 맞게 얼굴 표정과 입 모양, 목소리가 동기화되도록 만듭니다.

3. 인스타그램 공유하기

상하로 각각 움직이는 문자 애니메이션을 주제에 맞게 편집되었다면 인스타그램 릴스에 공유합니다. 캔바에서 직접 공유하는 방법을 사용하거나 MP4 동영상 파일로 만들어 다운로드하여 영상을 공유합니다.

16.

주제에 맞는
인스타그램 릴스 구성 선택하기

캔바(Canva)를 이용하여 주제에 맞는 릴스 화면을 구성해 보겠습니다. 여행 주제에 맞는 릴스 화면과 글자 애니메이션을 선택합니다.

01 웹브라우저에서 'canva.com'을 입력하여 캔바 사이트로 접속합니다. 처음 사용자는 〈로그인〉을 클릭한 다음 Canva 이용 약관 화면이 표시되면 〈동의 및 계속하기〉를 클릭하여 이용 약관을 동의합니다.

02 구글을 통해 로그인하기 위해 〈Google로 계속하기〉를 클릭한 다음 사용하려는 구글 계정을 선택합니다.

03 인스타그램의 릴스 영상을 제작
하기 위해 '동영상'을 선택한 다음
'Instagram Reels'를 클릭합니다.

04 릴스 영상에 사용할 스타일을 선
택하기 위해 (디자인) 메뉴의 입력
창에 '여행'을 입력합니다. 여행을 주제로
다양한 영상 프레임을 제시되어 표시되면
원하는 템플릿을 선택합니다. 예제에서는
중앙에 단어별로 제목이 상하로 표시되는
애니메이션 영상을 선택하였습니다.

05 선택한 프레임에 포함된 페이지를
보여 줍니다. 예제에서는 중앙의
문자 애니메이션 페이지만 사용할 것이므
로, 첫 번째 페이지를 클릭합니다. 작업 화
면의 미리 보기에 선택한 페이지가 표시
됩니다.

◉ 예제파일 : 02\여행01.jpg

S E C T I O N

17.

프롬프트 대본 작성과
더빙 영상 만들기

인물 사진을 준비한 다음 인물 사진에 더빙할 프롬프트를 챗GPT로 작성하여 스냅 사진을 마치 영상처럼 대본에 맞게 얼굴 표정과 입 모양, 목소리가 동기화되도록 만들어 봅니다.

01 내 인물 사진을 표정이 살아있는 더빙 영상으로 만들기 위해 (앱) 메뉴를 선택하고 입력창에 'did'를 입력합니다. D-ID AI 앱이 검색되면 해당 앱을 클릭합니다.

02 프롬프트 입력창과 언어 선택, 목소리와 스타일 선택 화면이 표시됩니다. 먼저 D-ID AI 앱을 사용하려면 로그인을 해야 하므로 〈Sign up or Sign in〉을 클릭하고 D-ID 계정을 연결하기 위해 〈연결〉을 클릭합니다.

TIP D-ID AI 앱을 사용하기 위해 처음 사용 시 한 번만 로그인 과정을 거치면, 이후에는 별도로 로그인 과정이 필요 없습니다.

03 로그인 방식을 선택하는 화면이 표시되면 예제에서는 구글을 이용한 로그인 방식을 위해 〈Continue with Google〉
을 선택한 다음 구글 계정을 선택합니다.

04 인물 사진을 업로드하기 위해 'Upload'를 클릭합니다. 열기 대화상자가 표시되면 02 폴더에서 '여행01.jpg'를 선택하
고 〈열기〉를 클릭합니다.

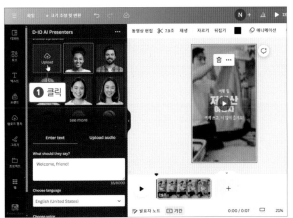

05 인물 사진이 섬네일 이미지 형태
로 표시됩니다. 불러온 인물 사진
을 선택합니다.

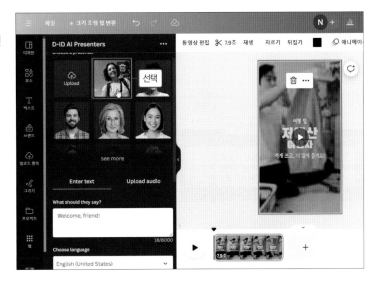

06 음성 대본을 작성하기 위해 챗 GPT에게 대본 주제에 대해 요청을 합니다. 예제에서는 여행을 주제로 인스타그램 릴스에 사용할 인트로 멘트를 요청하였습니다.

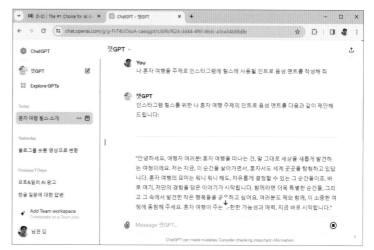

CHATGPT

나 혼자 여행을 주제로 인스타그램에 릴스에 사용될 인트로 음성 멘트를 작성해 줘

인스타그램 릴스를 위한 나 혼자 여행 주제의 인트로 음성 멘트를 다음과 같이 제안해 드립니다:

"안녕하세요, 여행자 여러분! 혼자 여행을 떠나는 건, 말 그대로 세상을 새롭게 발견하는 여정이에요. 저는 지금, 이 순간을 살아가면서, 혼자서도 세계 곳곳을 탐험하고 있답니다. 혼자 여행의 묘미는 뭐니 뭐니 해도, 자유롭게 결정할 수 있는 그 순간들이죠. 바로 여기, 저만의 경험을 담은 이야기가 시작됩니다. 함께라면 더욱 특별한 순간들, 그리고 그 속에서 발견한 작은 행복들을 공유하고 싶어요. 여러분도 제와 함께, 이 소중한 여정에 동참해 주세요. 혼자 여행이 주는 무한한 가능성과 매력, 지금 바로 시작합니다."

07 챗GPT의 답변을 드래그하여 복사한 다음 캔바의 What should they say? 프롬프트 입력창에 붙여넣습니다.

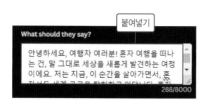

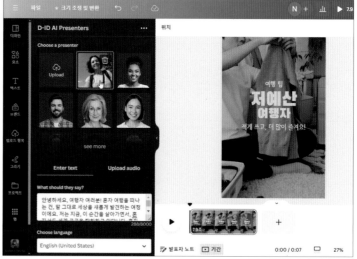

08 언어 선택을 한국어로 하기 위해 Choose language를 'Korean (Korea)'로 지정합니다.

09 목소리를 선택하기 위해 Choose voice에서 남성 또는 여성의 목소리 중에서 어울리는 목소리로 지정합니다.

TIP 음성을 고를 때는 취미나 여행이 주제일 경우에는 밝고 경쾌한 느낌의 음성을, 정보나 뉴스 풍의 주제일 경우에는 신뢰감 있는 안정된 중저음의 음성을 선택하는 것이 좋습니다.

10 인물 사진과 프롬프트 대본과 언어, 목소리 설정을 마무리하면 〈Generate persenter〉를 클릭합니다.

11 그림과 같이 인물 사진이 작업 프
레임에 추가된 것을 확인할 수 있
습니다.

TIP 기존 영상과 문자는 새로 불러온 인물
사진 밑 아래에 위치해서 화면에는 보이지 않게
됩니다.

12 릴스 영상의 크기에 맞게 인물 사
진의 크기를 조정하기 위해 이미
지 박스의 변형점을 드래그하여 인물의
크기를 키웁니다.

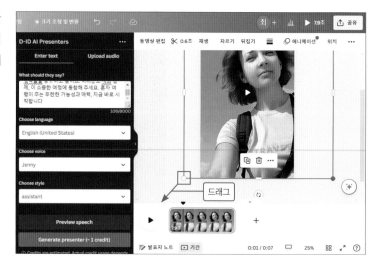

13 문자 애니메이션이 화면에 보이도
록 인물 사진을 선택하고 마우스
오른쪽 버튼을 클릭하여 표시되는 팝업
메뉴에서 **레이어 → 맨 뒤로 보내기**를 실
행합니다.

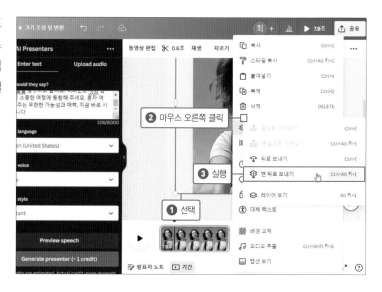

14 그림과 같이 인물 사진에 가려져 있던 애니메이션 문자가 화면에 표시됩니다. Shift를 누른 상태로 애니메이션 문자를 선택하고 원하는 위치로 드래그하여 이동한 다음 문자 부분을 클릭하여 원하는 문구를 입력합니다.

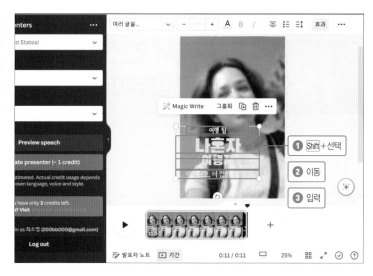

15 '재생' 아이콘(▶)을 클릭하여 영상을 확인합니다. 인물 표정과 프롬프트 대본에 맞게 더빙되는 입 모양 등을 확인합니다.

CANVA

캔바에서 인스타그램
릴스에 공유하기

상하로 각각 움직이는 문자 애니메이션을 주제에 맞게 편집되었다면 인스타그램 릴스에 공유합니다. 캔바에서 직접 공유하는 방법을 사용하거나 MP4 동영상 파일로 만들어 다운로드하여 영상을 공유합니다.

01 더빙 영상이 완성되면 인스타그램에 게시하기 위해 〈공유〉를 클릭합니다. 공유 화면에서 'Instagram'을 클릭합니다.

TIP 〈다운로드〉를 클릭하여 완성된 영상을 MP4 파일 형태의 동영상으로 저장할 수 있습니다.

02 모바일 앱에서 바로 게시할지, 데스크톱에서 게시 일정을 예약할 것인지 묻는 화면이 표시되면 모바일 앱에서 게시하기 위해 '모바일 앱에서 바로 게시'를 선택하고 〈계속〉을 클릭합니다.

03 인스타그램에 올릴 수 있는 QR 코드가 화면이 표시됩니다. 스마트폰 사진 앱으로 QR 코드를 촬영하면 캔바 앱 설치 화면이 나타나며, 앱 설치 후 캔바 앱에서 바로 인스타그램으로 공유가 가능합니다.

NOTE 완성된 영상은 동영상 파일로 다운로드가 가능합니다. 공유의 '다운로드'를 클릭하여 메뉴에서 파일 형식을 'MP4 동영상'으로 지정하고 〈다운로드〉를 클릭하여 다운로드합니다.

04 인물 사진을 이용하여 음성 더빙과 문자 애니메이션이 있는 인스타그램 릴스 영상이 완성되었습니다.

PART
3

AI 유튜브 아바타부터

애니메이션
웹툰 제작하기

유튜브 영상을 만들기 위해서는 대본 작성과 카메라를 사용한 촬영 과정이 필요했습니다. 촬영부터 인물 섭외, 영상 컷 편집까지 의외로 작업 과정과 시간을 계산하면 영상 콘텐츠 하나 작성하는 것도 상당한 시간이 소요됩니다. 이제는 AI 도구만으로도 원하는 이미지를 생성하고, 생성된 이미지에 마치 생명을 불어넣듯이 영상화 작업이 가능하게 되었습니다.

예제에서는 나와 닮은 아바타 이미지를 생성하고, 내 대본대로 나를 대신하는 AI 아바타를 만들어 유튜버로 만들어 보며, 스토리가 있는 모션 영상을 이용하여 재미있는 영상을 만들어 보겠습니다. 또한, 그림 솜씨가 없어도 재미있는 아이디어만 있다면 웹툰 전문가 뺨치는 웹툰 주인공을 그리고, 모션 기능까지 적용하여 애니메이션 웹툰까지 만들어 보겠습니다.

크리에이티브한 텍스트 to 이미지
AI 미드저니의 시작

미드저니는 혁신적인 Text-to-Image 모델로, 다양한 분야에서 창의적인 작업을 이끌어 낼 수 있습니다. 이를 통해 예술, 디자인, 광고, 영화 제작 등의 분야에서 새로운 시도와 혁신이 가능하며, 미드저니의 다양한 인터페이스와 프롬프트 작성법을 통해 사용자는 자신의 아이디어를 시각적으로 구현할 수 있습니다. 미드저니를 사용하기 위해 강력한 기능과 활용 가능성을 알아보겠습니다.

01 미드저니 활용 분야 알아보기

미드저니는 나사 출신 연구원인 데이비드 홀츠(David Holz)가 이끄는 AI 디자인 연구실에서 개발된 이미지를 생성하는 것에 특화되어 있는 생성형 AI 모델입니다. 미드저니는 개발된 특성에 맞게 이미지와 관련된 모든 작업에 활용할 수 있다는 장점이 있는데, 이는 실사 사진부터 건축 디자인, 제품 목업, 패션, 이모티콘, 웹툰, 모션 그래픽, 아트워크 등 이미지가 필요한 다양한 분야에서 활용할 수 있습니다.

▲ 3d animation

▲ 2.5d ghibli style animation

▲ 3d ghibli style animation

▲ water color style animation

▲ ghibli style animation

▲ flat ghibli style animation

프롬프트　asian woman, front view, white background

미드저니는 레퍼런스 이미지를 사용하여 얼굴과 의상을 학습하고, 그것을 활용하여 결과물을 만들어 낼 수 있습니다. 또한, 해당 이미지의 스타일을 참고하여 유사한 스타일의 결과물을 생성할 수 있습니다. 사람마다 같은 주제로 글을 쓰거나 그림을 그려도 결과물이 다르듯이, 인공지능도 같은 주제라 하더라도 항상 다른 결과물을 만들어 냅니다. 이러한 이유로 레퍼런스 이미지를 직접 학습시키면 기획한 이미지를 어느 정도 도출할 수 있습니다.

프롬프트 a cute woman takes a selfie in cafe, 2d anime style

영화 및 애니메이션

영화 제작사나 애니메이션 스튜디오들은 미드저니를 활용하여 캐릭터 디자인이나 스토리보드 작업을 지원할 수 있습니다. 이를 통해 제작 비용을 절감하고 제작 과정을 더욱 효율적으로 만들어 낼 수 있습니다.

◀ 촬영본이 없어도 영화 같은 장면을 구현하고 실제 실무에 활용 가능

프롬프트 Russian warrior with white hair and beard in armor, winter forest background, realism, holding an ax

패션 산업

패션 디자이너나 브랜드는 미드저니를 활용하여 새로운 패션 트렌드를 발견하거나 디자인 아이디어를 시각화할 수 있습니다. 또한, 소비자들은 가상으로 미드저니를 통해 다양한 스타일의 의상을 시도할 수도 있습니다. 실제로 2023년 4월 20일 세계 최초의 AI 패션 위크가 개최되기도 했습니다.

◀ 텍스트를 활용하여 옷이나 모델이 없이도 의상을 입힐 수 있는 강점

디자인 및 예술

생성형 이미지 미드저니는 디자인 및 예술 작품의 창작에 사용될 수 있습니다. 예술가들은 AI 미드저니를 활용하여 새로운 작품을 만들거나 창작 과정에서 영감을 받을 수 있습니다. 또한, 기존의 그림에 새로운 요소를 더하여 다양한 작품을 재창조할 수도 있습니다.

◀ 미드저니에서 텍스트를 활용한 모나리자 + 팝아트

02 미드저니 핵심 인터페이스 살펴보기

미드저니는 가입부터 이미지 생성부터 편집, 출력까지 모든 작업이 디스코드 서버에서 이뤄집니다. 핵심이 되는 미드저니의 인터페이스를 살펴봅시다.

❶ **대화방** : 처음 미드저니를 결제하고 디스코드에 들어오면 실질적으로 작업이 가능한 사용자 (User)끼리 모여있는 대화방입니다.

❷ **대화창** : 디스코드 대화방 내에서 대화를 볼 수 있는 공간입니다. 미드저니의 모든 결과물은 이곳에 표시됩니다.

❸ **입력창** : 디스코드 대화방 내에서 프롬프트를 입력하고 이미지를 생성할 수 있는 작업 공간입니다.

03 개인 서버에 미드저니 추가하기

디스코드의 미드저니 'newbies'와 같은 공용 서버는 전 세계 이용자들이 같이 사용하고 있어서 쾌적한 작업 환경과는 거리가 있을 수 있습니다. 이럴 때 다른 사람의 작업물을 보지 않고 나만의 작업을 진행할 수 있습니다. 디스코드에서 '서버 추가하기' 아이콘(+)을 클릭하여 표시되는 화면에서 '직접 만들기' → '개인 서버'를 선택하고 〈계속하기〉를 클릭하면 개인 서버에 미드저니 봇이 추가되어 나만의 작업 환경에서 원할한 작업을 할 수 있습니다.

04 이미지를 생성하는 미드저니 프롬프트 작성하기

미드저니는 텍스트를 입력하면 이미지를 생성하는(Text-to-Image) AI 모델로, 사용할 때 가장 중요한 것은 입력하는 텍스트입니다. 미드저니에서 필수로 알아야 하는 텍스트 프롬프트 작성법을 알아봅시다.

미드저니의 기본 텍스트 프롬프트 구조

미드저니의 기본적인 텍스트 프롬프트 구조는 '/Imagine prompt + 〈사용할 이미지 베이스 링크〉 + 〈전체 상황 설명〉, + 〈카메라 구도〉, + 〈스타일〉 + --ar (사이즈 비율)'로 구성되어 있습니다. 이렇게 프롬프트를 작성하면 이미지를 생성할 수 있는데, 상황 설명을 키워드로 자세하게 제시할수록 원하는 이미지를 구현할 확률이 높아집니다.

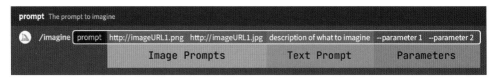

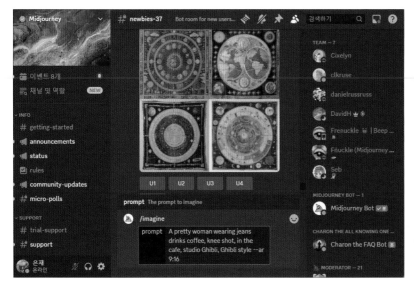

프롬프트   A pretty woman wearing jeans drinks coffee, knee shot, in the cafe, studio Ghibli, Ghibli style --ar 9:16

프롬프트의 기본적인 가이드

모든 미드저니에서의 이미지 생성 과정은 입력창에 '/Imagine prompt'를 입력하는 것으로 시작합니다. 이후에 사용할 이미지가 있다면 이미지 링크를 첨부하고 텍스트 프롬프트를 더하여 만들려는 이미지에 대한 설명을 하면 됩니다.

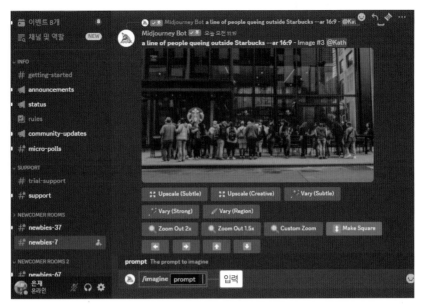

▲ 디스코드 입력창에 '/Imagine prompt'를 입력하는 것으로 생성 시작

간결하게 키워드로 작성하는 프롬프트

프롬프트는 짧고 간결하게 키워드 위주로 적고, 들어갈 내용을 최대한 빠짐없이 넣는 것이 중요합니다. '만들고자 하는 이미지', '이미지가 있는 장소', '피사체가 보고 있는 시선', '이미지의 스타일', '카메라 구도' 등을 작성할 때 형용사를 활용하여 상세하게 키워드로 적는 것이 좋습니다. 프롬프트를 적는 순서는 중요하지 않지만, 작업의 능률을 위해서는 본인만의 프롬프트 작성 요령 규칙을 정하고 작성하는 것이 좋습니다.

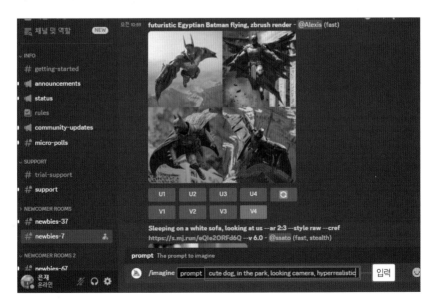

프롬프트   cute dog, in the park, looking camera, hyperrealistic

이미지의 비율을 설정하는 프롬프트

미드저니를 활용한 이미지 생성 작업에서 이미지의 비율을 지정하지 않으면 기본적으로 1:1의 정사각형 이미지가 생성됩니다. 특정한 비율로 이미지를 생성하기 위해서는 텍스트 프롬프트 끝에 크기를 규정하는 파라미터를 추가해야 합니다. 이를 위해 '--ar (비율)'을 작성하면 됩니다. 일반적으로 사용되는 가로 방향 비율은 '16:9', '5:4', '3:2'이며, 세로 방향 비율로는 '9:16', '4:5', '2:3' 등이 있습니다. 이렇게 다양한 비율의 이미지를 통해 사용자는 용도에 맞는 이미지를 손쉽게 제작할 수 있습니다.

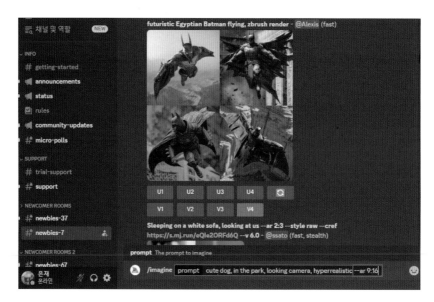

프롬프트 cute dog, in the park, looking camera, hyperrealistic --ar 9:16

프롬프트에 이미지를 첨부하는 방법

미드저니에서는 글로만 프롬프트를 작성해도 이미지가 생성되지만, 이미지 프롬프트를 활용하면 원하는 이미지에 더 가까운 결과물이 나오게 할 수 있습니다. '백문이 불여일견'이라는 속담처럼 이미지는 말로 설명하는 것보다 이해하기 쉽고 명확합니다. AI도 이해하는 사람의 관점에서, 장황한 글로만 이뤄진 프롬프트보다 이미지 프롬프트를 통해 시각적 요소나 콘셉트를 더 잘 파악하고 구현할 수 있습니다. 이러한 요소를 잘 활용한다면 특히 협업이나 프로젝트 단위에서 유용하게 원하는 작업물의 콘셉트를 보여 주어 원할한 작업 진행을 도울 수 있습니다. 때로는 글보다 이미지가 프로세스를 간소화하고 공유 및 프로젝트를 이해시키는 과정에서 효율과 능률을 높여주기도 합니다.

미드저니는 디스코드 기반의 플랫폼이므로, 이미지를 업로드하고 링크를 생성하여 사용자가 편리하게 이용할 수 있습니다. 이를 활용하면 이미지를 프롬프트로 사용하거나 '--cref', '--sref'와 같은 레퍼런스 파라미터의 소스로 사용할 수 있습니다. 프롬프트에 이미지를 첨부하는 기본적인 방법을 살펴봅시다.

입력창에서 〈+〉를 클릭하고 표시되는 창에서 '파일 업로드'를 선택하여 PC에 있는 이미지를 가져올 수 있습니다.

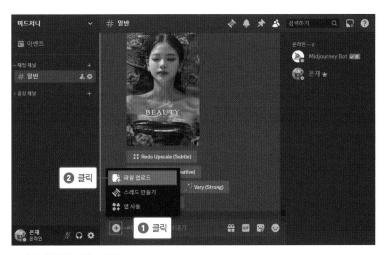

▲ 이미지를 업로드하는 과정

대화창에 표시된 이미지를 입력창으로 드래그하면 이미지를 링크 형태의 텍스트 프롬프트로 활용할 수 있습니다.

▲ 텍스트 프롬프트로 변환된 이미지

사실 프롬프트의 순서가 결과물에 미치는 영향은 없지만, 텍스트 프롬프트를 입력하기 전에 이미지 프롬프트를 업로드하는 것이 미드저니에서 제시한 올바른 사용법입니다.

▲ 미드저니에서 제시한 프롬프트 순서

05 파라미터로 결과물의 디테일 결정하기

미드저니에서 텍스트 프롬프트를 작성할 때, 가장 마지막에 작성해야 하는 것을 '파라미터 (Parameter)'라고 합니다. 이는 다양한 명령어를 통해 디테일을 관장하는 기능으로, 사이즈, 퀄리티, 속도, 변형도 등 다양한 종류의 디테일을 설정할 수 있습니다. 이러한 파라미터들의 설정을 통해 원하는 결과물에 가까운 이미지를 생성할 수 있습니다.

기본 텍스트 프롬프트 구조 정리

파라미터는 항상 텍스트 프롬프트 끝에 추가됩니다. 한 번에 여러 개의 파라미터를 추가할 수 있습니다.

미드저니에서 사용되는 파라미터 리스트

미드저니에서 사용되는 파라미터 리스트를 살펴봅니다. 주요 파라미터인 이미지의 크기, 스타일, 내용, 특징, 색상 등과 함께 다양한 기능의 파라미터들을 살펴보며 미드저니의 기능을 파악하겠습니다.

❶ Aspect Ratios

결과물의 종횡비를 결정합니다.

프롬프트	--aspect, or --ar

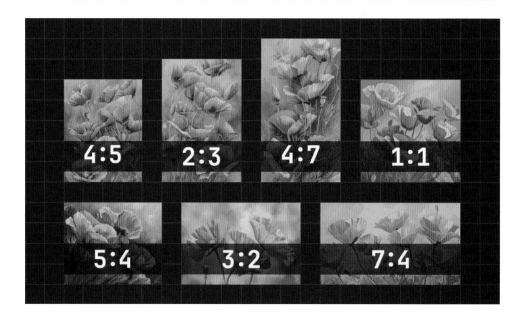

❷ Chaos

결과물이 표시되는 4장 사이의 변동 폭을 변경합니다. 값이 높을수록 특이하고 예상치 못한 결과물이 생성됩니다.

프롬프트	--chaos ⟨number 0-100⟩

▲ chaos ⟨number 0⟩　　　　　　　▲ chaos ⟨number 100⟩

❸ Fast

이미지를 빠르게 생성하는 Fast Mode를 사용하여 작업을 실행합니다. 일반적으로 특별히 입력하지 않아도 해당 모드가 적용되어 있습니다.

프롬프트	--fast

❹ Image Weight

텍스트 프롬프트보다 첨부한 이미지의 중요도를 높게하여 이미지 레퍼런스를 더 많이 반영하는 파라미터입니다. 기본값은 '1'입니다.

프롬프트	--iw ⟨0-2⟩

❺ No

특정 요소를 입력하면 요소를 배제하는 프롬프트입니다. 예를 들어, '--no plants'라고 입력하면 결과물에서 '식물을 제거'하려고 시도합니다.

프롬프트	--no

① Quality

렌더링 품질 시간을 얼마나 사용할 것인지 관장합니다. 기본값은 '1'이고 숫자가 높을수록 생성 시간이 오래 걸립니다.

프롬프트 `--quality ⟨.25, .5, or 1⟩, or --q ⟨.25, .5, or 1⟩`

② Relax

더욱 정교하고 고품질의 이미지를 생성하는 Relax Mode를 사용하여 작업을 실행합니다.

프롬프트 `--relax`

❽ Repeat

하나의 프롬프트에서 여러 작업을 생성합니다. 작업을 여러 번 빠르게 다시 실행할 때 사용하면 효율적입니다.

 `--repeat ⟨1-40⟩, or --r ⟨1-40⟩`

❾ Seed

임의로 만들어진 결과물에는 시드 번호가 부여됩니다. 주로 시드 번호를 제어할 때 사용됩니다.

`프롬프트` `--seed ⟨integer between 0-4294967295⟩`

TIP 시드 번호 확인하는 법

생성한 결과물에 마우스 오른쪽 버튼을 클릭한 다음 반응 추가하기를 실행하고 'envelop'을 검색하여 편지 이모티콘을 클릭한 다음 다이렉트 메시지에서 미드저니 봇이 보낸 메시지를 확인하면 시드 번호를 확인할 수 있습니다.

❿ Stop

이미지가 생성되는 과정에서 결과물을 만듭니다. 숫자가 낮으면 더 빨리 완료하면서 더 흐릿하고 디테일이 부족한 결과물이 생성될 수 있습니다.

`프롬프트` `--stop ⟨integer between 10-100⟩`

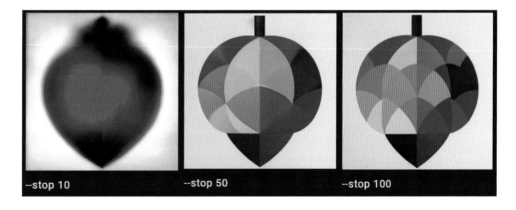

⓫ Style

학습시키는 모델을 다양화하여 다양한 스타일을 표현합니다.

`프롬프트` `--style ⟨raw⟩`
`--style ⟨4a, 4b, or 4c⟩`
`--style ⟨cute, expressive, original, or scenic⟩`

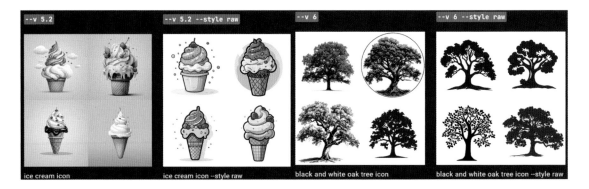

- • **--style raw** : 미드저니 고유의 화가 화풍을 쓰지 말고 프롬프트대로만 생성해 달라고 요청하는 프롬프트입니다.
- • **--style 4a, 4b, 4c** : 미드저니 고유의 화가가 3명 있다고 가정하고 각각의 화풍을 표현해 달라고 요청하는 프롬프트입니다.

- • **--style cute, expressive, original, scenic** : 스타일 뒤에 붙는 형용사 느낌의 스타일을 구현해달라고 하는 프롬프트입니다. cute의 경우에는 귀엽고 사랑스러운 스타일, expressive의 경우에는 세련된 스타일, original의 경우에는 미드저니 고유의 스타일, scenic의 경우에는 풍경화 느낌의 배경이 도드라진 스타일입니다.

⑫ Stylize

숫자가 클수록 더 풍부하고 예술적인 이미지가 생성됩니다.

| 프롬프트 | --stylize 〈number〉, or --s 〈number〉 |

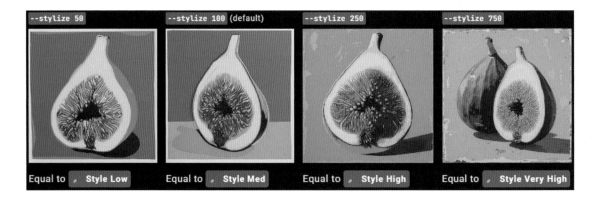

⑬ Tile

패턴이나 끊임없는 타일 형태의 모양을 표현합니다.

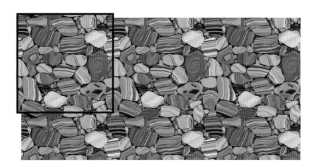

프롬프트 --tile

⑭ Turbo

Fast Mode와 Relax Mode보다 더욱 빠르고 강력한 Turbo Mode를 사용하여 작업을 실행합니다. Turbo Mode를 사용하면 더 적은 시간과 노력으로 더 많은 이미지를 생성할 수 있습니다. 하지만 이 모드는 일반적으로 이미지 생성 과정에서 일부 세부 사항을 생략할 수 있으므로, 더욱 빠른 속도를 선호하는 사용자에게만 적합합니다.

주로 시간이 제한된 프로젝트나 대량의 이미지를 생성해야 할 때 Turbo Mode가 유용하게 사용됩니다. 그러나 이미지의 퀄리티가 중요한 경우에는 Relax Mode를 사용하는 것이 좋습니다.

프롬프트 --turbo

⑮ Video

이미지가 생성되는 과정을 MP4 형식의 영상으로 다운로드할 수 있습니다.

프롬프트 --video

 미드저니에서 영상 확인하기

생성한 결과물에 마우스 오른쪽 버튼을 클릭한 다음 반응 추가하기를 실행하고 'envelop'을 검색하여 '편지' 이모티콘을 클릭한 다음 다이렉트 메시지에서 미드저니 봇이 보낸 메시지를 확인하면 영상을 확인할 수 있습니다.

⑯ Weird

숫자가 높을수록 미드저니에서 제어하는 미적인 기준에 벗어나게 결과물을 생성합니다. 3000에 가까울수록 추상적인 이미지가 생성됩니다.

프롬프트   --weird ⟨number 0-3000⟩, or --w ⟨number 0-3000⟩

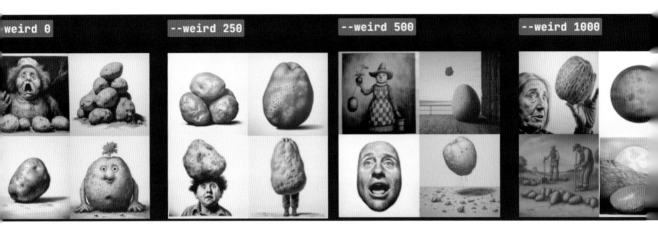

06 미드저니 프롬프트 예시 결과물 살펴보기

이미지 프롬프트를 처음부터 작성하는 것도 좋지만, 다른 사용자들이 잘 만든 결과물의 프롬프트를 참고하여 활용하는 것도 좋은 방법입니다. 몇몇 잘 만든 이미지의 프롬프트를 살펴보면서 이를 참고하고 응용하는 것이 프롬프트 작성 요령을 습득하는 데 도움이 될 것입니다.

프롬프트   a Von Gogh Starry Night style paining to show the concept that "The End of Our Course, But Just the Beginning of Your Journey. Be Curious!"

프롬프트

1: donkatsu that looks very delicious, Natural lighting, Ultra high definition, Highly detailed -- ar 9:16

2: female farmer bunny wearing red plaid dress throwing a water ballon in the background water ballon's and water pool noodles

3: a statue that resembles God, he is looking down slightly, the face is pretty rectangular with a long beard, his features are masculine and divine, authoritative yet calm, the lighting is dramatic, everything is hyper realistic

내 목소리를 학습시켜 말하는
유튜버 아바타 만들기

해외 유명 의류 브랜드에서 AI 기술을 이용해 만든 광고 영상이 최근에 화제가 되었습니다. 이 영상에서는 영화 해리포터의 출연 배우들이 발렌시아가의 옷을 입고 대사를 하는 모습이 AI로 생성되어 실제 촬영 없이 상상했던 장면을 표현했습니다. 이처럼 기술의 발달로 실제 촬영 없이도 원하는 대사를 말하는 아바타 영상을 만들 수 있는 시대가 되었습니다. 시중에 출시된 프로그램들을 잘 활용하면 스튜디오가 프로덕션 종사자가 아니더라도 일반인이나 크리에이터들도 실제로 콘텐츠에 활용할 수 있습니다. 나만의 가상 유튜버 아바타를 만든 다음 숏폼 콘텐츠로 제작해 보세요.

유튜브 영상을 만들기 위해서는 대본 작성과 카메라를 사용한 촬영 과정이 필요합니다. 그러나 얼굴 공개를 꺼리는 경우나 NG 컷을 재촬영해야 하는 상황 등으로 인해 번거로운 작업이 발생할 수 있습니다. 이런 경우에는 가상의 나를 대신할 수 있는 아바타를 활용하여 콘텐츠를 제작하는 방법이 유용합니다.

정보성 콘텐츠를 가상 아바타로 활용해 제작하는 과정에는 다양한 AI 도구가 필요합니다. 먼저, 챗GPT를 활용하여 '겨울철 피부관리' 주제에 맞는 프롬프트를 생성합니다. 그 후, 미드저니를 사용하여 나만의 가상 유튜버 아바타를 생성합니다. D-ID를 활용하여 미드저니에서 생성된 아바타에 챗GPT에서 만든 대사를 입혀 입모양과 함께 움직이는 작업을 진행합니다. 이때, 기본 제공 성우의 목소리를 사용할 수도 있고, 자신의 목소리나 다른 외부 음성을 학습시켜 사용할 수도 있습니다. 마지막으로, 브루를 사용하여 생성된 대사에 자막을 추가하여 영상을 완성합니다.

1. 챗GPT에서 콘텐츠 대본 작성과 아바타 생성하기

챗GPT를 이용하여 아바타 모델이 내레이션으로 사용할 콘텐츠 대본을 작성한 다음 미드저니를 이용하여 아바타 이미지를 생성합니다. 얼굴 표정과 입 부분의 더빙을 할 예정이므로, 얼굴 위주의 바스트 컷으로 이미지를 생성합니다.

2. 얼굴 표정 생성과 내 목소리 학습시키기

D-ID에서 기본으로 제공하는 아바타 모델을 사용하거나 미드저니로 생성한 아바타 이미지를 이용합니다. 얼굴의 움직임과 대본을 읽는 입 모양이 자연스러운 아바타 형태를 만든 다음 내 목소리를 학습시켜 대본을 따라 말하는 아바타 영상을 완성합니다.

SECTION 2.

챗GPT로 숏폼 콘텐츠 스크립트 작성하기

챗GPT를 활용하여 숏폼 크리에이터의 입장에서 콘텐츠 스크립트를 작성할 수 있습니다. 특정 분야의 지식이 부족하더라도 가능한 영역입니다. 챗GPT에서 숏폼 영상의 대본을 생성하는 방법에 대해 알아봅니다.

01 웹브라우저에서 'chat.openai. com'을 입력하여 챗GPT 사이트에 접속하고 로그인합니다.

02 스크립트를 생성하기 위해 챗GPT 입력창에 관련된 내용을 최대한 구체적으로 작성합니다. 예제에서는 '나는 쇼츠 유튜버야. 겨울철 보습 관리 방법 5가지 영상 스크립트로 활용할 거야. 1분 이내의 영상으로 만들 거야. 간략하게 알려줘.'라고 입력하였습니다.

TIP 챗GPT에게 특정 직업의 입장에서 작성해 달라고 하면 좀 더 원하는 응답이 나올 확률이 높습니다.

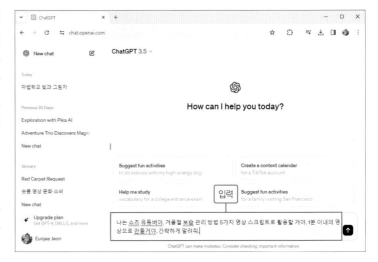

03 내용이 생성되면 해당 내용을 복사(Ctrl+C)하고 메모장이나 다른 문서 프로그램에 붙여넣기(Ctrl+V)하여 내용을 옮겨 저장합니다.

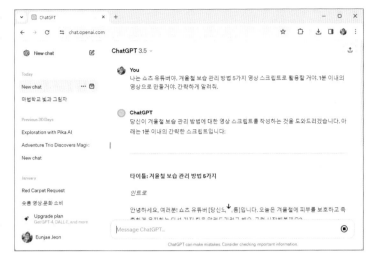

TIP 이 과정이 번거롭다면 추후에 챗GPT에 다시 접속하여 답변을 확인할 수도 있습니다.

 타이틀 : 겨울철 보습 관리 방법 5가지

인트로

안녕하세요, 여러분! 쇼츠 유튜버 [당신의 이름]입니다. 오늘은 겨울철에 피부를 보호하고 촉촉하게 유지하는 다섯 가지 팁을 알려드리려고 해요. 그럼 시작해 볼까요?

팁 1: 적절한 보습 크림 사용

첫 번째로, 겨울철에는 보습 크림을 잘 선택하는 것이 중요해요. 피부가 건조해지므로 보습력이 뛰어난 크림을 사용해야 해요. 오일 기반의 제품이나 유분이 풍부한 크림을 고르는 것이 좋아요.

팁 2: 습도 유지

두 번째로, 실내 습도를 유지하는 것이 중요해요. 난방이나 화장실에서의 긴 시간 활동은 피부를 건조하게 만들 수 있으니, 가습기를 사용하여 실내 습도를 조절해 주세요.

팁 3: 올바른 세안

세 번째로, 올바른 세안 방법을 유지해야 해요. 너무 뜨거운 물을 사용하지 않고, 온도가 적절한 미지근한 물을 사용하여 피부를 자극하지 않도록 해 주세요.

팁 4: 수분 섭취

네 번째로, 피부를 내부에서 촉촉하게 유지하기 위해 수분을 충분히 섭취하세요. 물을 많이 마시거나 수분이 풍부한 음식을 먹는 것이 좋아요.

팁 5: 보호 수단 활용

마지막으로, 외부 환경으로부터 피부를 보호하기 위해 보호 수단을 활용하세요. 외출 시 모자나 목도리로 피부를 보호하고, 자외선 차단제를 꼭 바르세요.

아웃트로

이렇게 다섯 가지 겨울철 보습 관리 방법을 알아보았어요. 이 영상이 여러분의 겨울 피부 관리에 도움이 되었으면 좋겠어요! 다음에 또 만나요!

SECTION

3.

미드저니를 활용하여
AI 아바타 생성하기

미드저니를 활용하여 내 머릿속에 있는 그림을 아바타로 구현할 수 있습니다. 텍스트를 통해 이미지를 생성하는 AI Midjourney를 통해 AI 아바타의 이미지를 표현해 봅니다.

01 AI로 이미지 생성을 하기 위해 웹 사이트에서 'www.midjourney.com'을 입력하여 미드저니 사이트에 접속합니다. 〈Join the Beta〉를 클릭하여 디스코드에 가입하거나 〈Sign In〉을 클릭하여 로그인해 미드저니 채널에 가입합니다.

TIP 베이직 버전은 매월 10불(한화 13,758원 정도), 스탠다드 버전은 매월 30불(한화 4만 원 정도), 프로 버전은 매월 60불(한화 8만 원 정도), 메가 버전은 매월 120불(한화 16만 원 정도)입니다.

02 로그인하여 미드저니 피드가 표시되면 왼쪽에서 디스코드로 이동하는 '⊕' 아이콘을 클릭합니다. 초대장이 표시되면 〈초대 수락하기〉를 클릭하여 디스코드 미드저니 채널에 가입합니다.

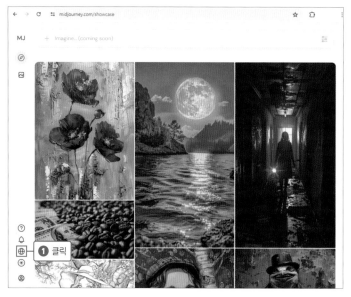

03 작업을 할 수 있는 디스코드 창이 표시됩니다. 미드저니 봇을 사용하여 이미지를 생성하기 위해서는 디스코드에서 통용되는 명령어를 입력합니다. 명령어는 '/(슬래시)+명령어' 형태로, 입력창을 클릭하고 '/(슬래시)'만 입력해도 자동완성 팝업이 표시되므로 손쉽게 이용할 수 있습니다.

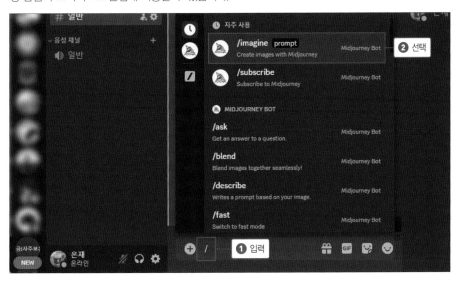

TIP 미드저니를 구독하려면 처음 화면의 〈Subscribe〉를 클릭하거나 입력창에 '/subscribe' 명령어를 입력하고 표시되는 메시지에서 〈Menage Account〉를 클릭하여 사이트에서 요금제를 선택해 구독하세요.

04 이미지를 생성하기 위해 프롬프트를 입력하고 Enter를 누릅니다. 최대한 상세히 기술하면 원하는 이미지에 가깝게 나옵니다. 예제에서는 흰색의 티셔츠를 입은 20대 여성 캐릭터를 생성하는 프롬프트를 입력하였습니다.

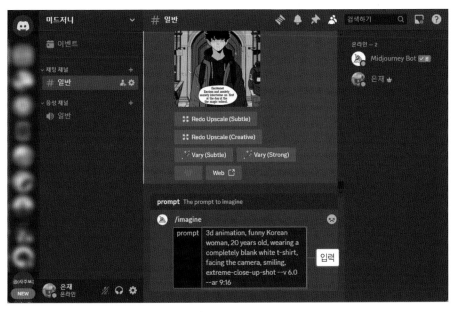

프롬프트 /imagine prompt 3d animation, funny Korean woman, 20 years old, wearing a completely blank white t-shirt, facing the camera, smiling, extreme-close-up-shot --v 6.0 --ar 9:16

TIP 숏폼 영상이므로 'ar 9:16' 프롬프트를 입력하였습니다. ar은 'aspect ratio'의 약자로 9:16 비율로 이미지를 생성하는 것을 의미합니다.

05 이미지가 생성됩니다. 생성형 AI의 특성상 한 번에 원하는 결과물이 나오지 않을 때가 있습니다. 이러한 경우에는 앞의 과정을 다시 반복합니다. 원하는 결과물이 나오면 업스케일링을 위해 원하는 사진의 번호에 맞게 사진을 선택합니다. 예제에서는 첫 번째 사진을 사용하기 위해 〈U1〉을 클릭했습니다.

TIP U와 V의 기능 살펴보기
• U : Upscale의 약자로 업스케일. 사진의 크기를 확대한다는 뜻입니다.
• V : Variation의 약자로 베리에이션. 사진을 비슷한 스타일로 다양하게 변화시킨다는 뜻입니다.

06 채팅창에 업스케일된 이미지가 생성됩니다. 〈Upscale (Creative)〉를 클릭하여 한 번 더 업스케일을 합니다. 일반적인 업스케일과 다르게 눈이나 얼굴, 표정, 전체적으로 어그러진 부분을 보정해 주는 기능입니다.

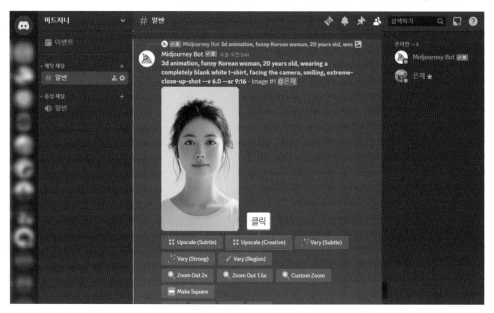

07 업스케일이 완료되면 이미지를 선
택합니다.

08 확대되어 표시된 이미지 왼쪽 하
단의 '브라우저로 열기'를 클릭합
니다.

09 새로운 창에서 이미지가 표시됩니다.
마우스 오른쪽 버튼을 클릭한 다
음 **이미지를 다른 이름으로 저장…**을 실행
하여 완성된 이미지를 저장합니다.

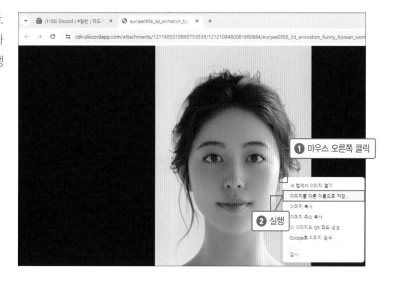

SECTION 4.

D-ID로 말하는
AI 아바타 만들기

D-ID는 AI 아바타와 함께 비디오를 생성할 수 있습니다. 사이트에서 기본적으로 제공하는 아바타도 있고, 외부에서 이미지를 가져와서 작업하는 것도 가능합니다. 미드저니로 만든 이미지를 가져와서 말하는 대사에 따라 입 모양과 얼굴의 움직임이 있는 아바타를 만들어 봅시다.

01 웹사이트에서 'd-id.com'을 입력하여 D-ID 사이트에 접속하고 〈Login〉을 클릭하여 로그인합니다.

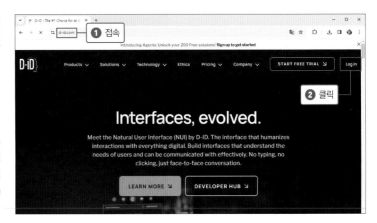

TIP D-ID의 구독은 API(개발자/기업)와 스튜디오(비개발자/개인)가 있습니다. 프로 버전을 기준으로 API는 월간 50불(한화 68,765원 정도), 스튜디오는 월간 29불(한화 39,883원 정도)입니다.

NOTE D-ID는 AI를 활용하여 이미지, 아바타, 일러스트 등 가상의 인물이 말하는 영상을 만드는 프로그램입니다. 이를 위해 제공되는 방법으로는 기본적으로 D-ID에서 제공되는 아바타 및 디지털 성우를 선택하거나, 자신의 이미지 및 음성을 업로드하는 방법이 있습니다. D-ID로 생성한 결과물을 보면, 가상 인물들의 입 모양과 대사가 매칭됩니다. 대사의 언어도 영어와 한국어 이외에도 30개 이상의 언어를 지원합니다.

02 시작 화면이 표시되면 AI 아바타 비디오를 생성하기 위해 〈+ Create〉를 클릭하고 'Video'를 선택합니다.

○3 작업 화면이 표시되면 미드저니에서 생성한 이미지를 불러오겠습니다. 'Upload'를 클릭하여 열기 대화상자가 표시되면 03 폴더에서 'aiavatar.png' 파일을 선택하고 〈열기(O)〉를 클릭합니다.

TIP D-ID에서는 외부 이미지뿐만 아니라 기본적으로 제공하는 실사 및 AI 버추얼 이미지들로 영상을 만들 수 있습니다. 사전에 준비한 이미지가 없는 경우, 제공하는 기본 제공 이미지를 사용하면 됩니다.

○4 이미지가 업로드되며 음성인식을 할 준비가 되었습니다. D-ID에는 다양한 언어 서비스를 제공합니다. 분위기와 언어 설정을 하기 위해 Emotions를 선택하고 'Zira'를 클릭합니다.

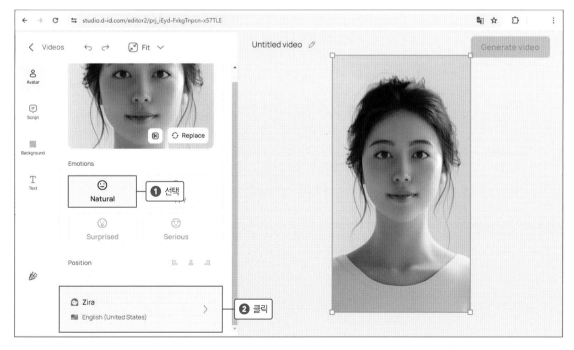

05 Select voice 대화상자가 표시
되면 언어를 'Korean (korea)'로
지정하고 성별을 지정한 다음 원하는 성
우를 선택합니다. 예제에서는 기본 제공
성우인 'YuJin'을 선택하였습니다.

TIP D-ID는 기본 제공 성우뿐만 아니라 목
소리 샘플을 이용하여 그에 맞는 음성으로 바꿀
수 있는 기능이 있습니다. 'Audio'에 음성 파일
을 업로드하여 목소리를 학습시키고 그 목소리
톤으로 대사를 말하게 하는 것도 가능합니다.

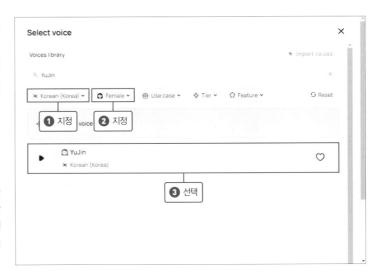

06 (Scrpt) 메뉴를 선택하고 입력창에 챗GPT에서 생성한 대본을 붙여넣습니다. 03 폴더에서 '겨울철보습관리.txt' 파일
을 열고 내용을 복사하여 입력창에 붙여넣습니다. 예제에서는 내용에 맞게 살짝 대본을 수정했습니다. 모든 작업이
끝나면 영상을 만들고 다운로드하기 위해 〈Generate video〉를 클릭합니다.

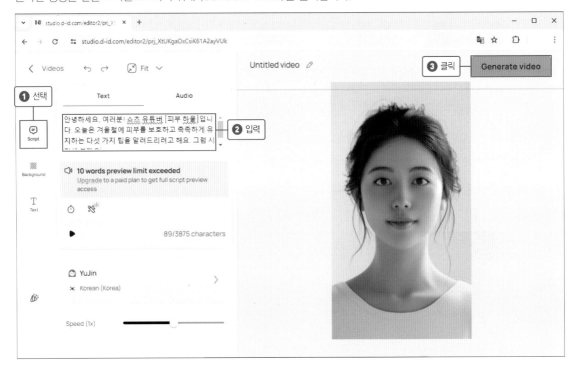

07 창이 표시되면 Video name에 파일 이름을 입력하고 〈Let's go〉를 클릭합니다.

08 비디오의 정보와 비디오를 최종적으로 만들지 물어보는 확
  인 창이 표시됩니다. 〈Generate〉를 클릭하면 최종 영상이
생성됩니다.

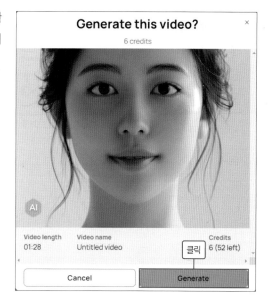

09 비디오가 생성되면 Studio 화면
  에 영상 섬네일이 표시되어 생성
된 것을 확인할 수 있습니다. 클릭하여 영
상을 재생합니다.

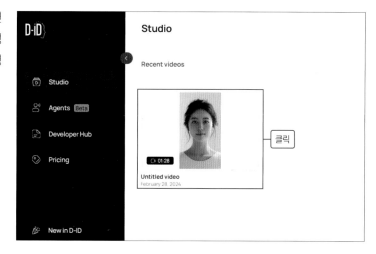

10 대사에 맞춰서 입 모양과 얼굴 움직임이 있는 아바
  타 영상이 완성되었습니다. 영상을 컴퓨터에 저장하
기 위해 〈Download〉를 클릭합니다.

TIP 무료 버전에서는 영상 출력 시 워터마크가 표시됩니다. 워터
마크가 표시되지 않은 영상을 다운로드하려면 D-ID를 구독하여 업
그레이드를 하는 것이 좋습니다.

TIP 'Export subtitles'를 클릭하면 자막만 따로 저장할 수 있습
니다. 이 파일은 추후에 유튜브에서 자막을 추가할 수 있습니다.

S E C T I O N

5.

음성 분석으로
음성 인식 자막 만들기

영상 콘텐츠는 모두 준비가 됐습니다. 이제 마지막으로 자막을 입혀 숏폼 영상을 완성하려고 합니다. 브루 (Vrew)를 활용하여 음성 인식 자동 자막 생성 방법을 알아봅니다.

01 웹사이트에서 'vrew.voyagerx. com/ko'를 입력하여 브루 사이트에 접속합니다. 〈다운로드〉를 클릭하여 브루 프로그램을 설치하고 실행한 다음 회원가입 후 브루를 실행합니다.

TIP 브루는 음성 인식으로 만든 자동 자막 기능으로 바로 자막 제작이 가능하며, 자동으로 대본을 인식하여 영상 속 자막으로 넣을 수 있습니다.

02 영상에 자막을 달기 위해 브루 프로그램을 실행합니다. [홈] 메뉴를 선택하고 [새로 만들기] 탭을 선택합니다.

03 새로 만들기 대화상자가 표시되면 'PC에서 비디오 · 오디오 불러오기'를 클릭합니다.

04 PC에서 비디오·오디오 불러오기 대화상자가 표시되면 03 폴더에서 앞서 생성한 'aiavatar.mp4' 파일을 선택하고 〈열기(O)〉를 클릭하여 해당 영상을 브루에 불러옵니다.

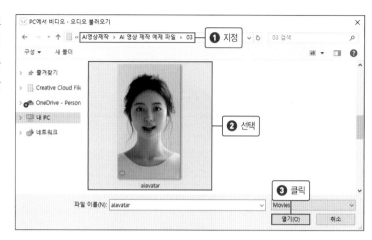

05 영상 불러오기 창이 표시되면 '음성 분석 함'을 선택하고 '한국어'가 지정되어 있는 것을 확인한 다음 〈확인〉을 클릭합니다.

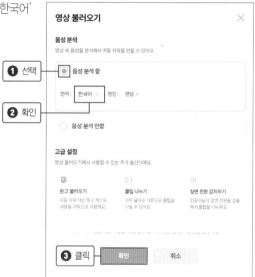

06 음성을 분석한다는 화면과 함께 분석 시간이 표시됩니다. 분석이 완료될 때까지 기다립니다.

07 음성 인식이 완료됩니다. 챗GPT에서 작성한 내용과 비교하여 오탈자 및 문법적으로 어색한 부분이 없는지 검수합니다. 예제에서는 '피부를 보호하기 위해 보호 수단을 활용하세요' 부분을 수정하였습니다.

▲ 수정 전   ▲ 수정 후

08 나머지 부분도 띄어쓰기나 오탈자 및 문법적으로 어색한 부분이 없는지 검수하여 수정을 진행합니다.

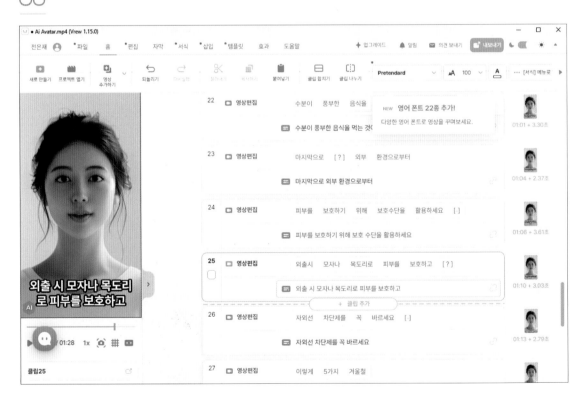

09 미리 보기 화면의 자막을 선택하면 자막의 스타일을 수정할 수 있습니다. 자막을 선택하고 글꼴 크기를 '80'으로 지정한 다음 영상을 확인하며 줄을 바꾸어 자막을 보기 좋게 만듭니다. 예제에서는 '안녕하세요 여러분 / 쇼츠 유튜버 피부하울입니다.'로 줄을 바꾸어 진행하였습니다.

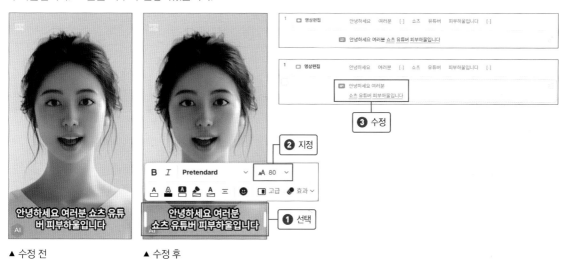

▲ 수정 전   ▲ 수정 후

10 같은 방법으로 나머지 자막도 줄을 바꾸어 진행합니다. 필요하다면 글꼴 크기도 추가로 수정합니다. 예제에서는 글꼴 크기를 '75'로 지정하여 수정하였습니다.

11 숏폼 콘텐츠 특성상 빠른 호흡이 중요합니다. 마지막으로 무음 구간의 시간을 없애 호흡을 빠르게 만들기 위해 (무음 구간 줄이기) 탭을 선택한 다음 〈조정하기〉를 클릭합니다.

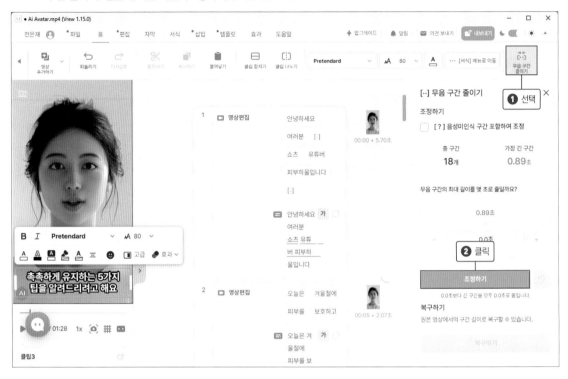

12 영상이 '1분 28초'에서 '1분 17초'로 줄어든 것을 확인할 수 있습니다. 완성된 영상을 저장하기 위해 〈내보내기〉를 클릭합니다.

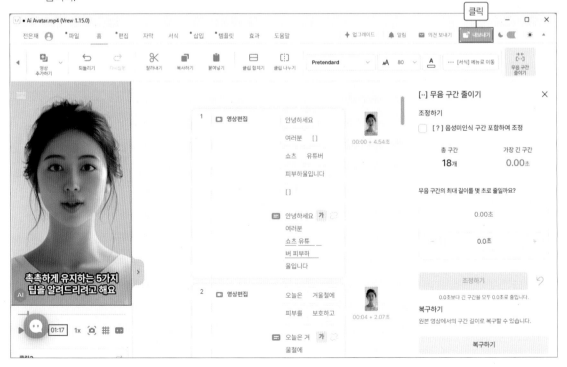

13 내보내기 형식에서 영상을 내보내기 위해 '영상 파일(mp4)'를 선택합니다. 동영상 내보내기 대화상자가 표시되면 해상도를 'FHD 수준'으로 지정한 다음 〈내보내기〉를 클릭합니다.

14 영상으로 내보내기 (mp.4) 대화상자가 표시되면 파일을 저장할 폴더 경로를 지정하고 파일 이름을 입력한 다음 〈저장(S)〉을 클릭합니다.

15 영상이 출력됩니다. 영상 출력이 완료되면 저장한 경로의 폴더에서 영상을 확인할 수 있습니다.

숏폼에 최적화된
AI 영상 편집 도구, 캡컷

AI가 영상을 만드는 시대가 왔지만, 영상을 편집하고 완성하여 출력하는 것은 사람이 해야 할 일입니다. 다양한 영상 편집 프로그램 중에서도 숏폼 영상에 최적화되어 있는 캡컷을 살펴보겠습니다.

01 캡컷의 핵심 기능 알아보기

쉽고 직관적인 인터페이스

세상에는 정말 많은 영상 편집 도구가 있습니다. 이에 따라 각각의 영상 편집 소프트웨어 회사들은 사용자들을 유치하기 위해 점점 쉽고 빠른 편집을 모토로 삼아 유용한 기능들을 개발하고 출시하고 있습니다. 그 중 캡컷은 틱톡(TikTok)의 자회사인 바이트댄스에서 개발한 영상 편집 도구입니다. 대표적인 숏폼 플랫폼 틱톡처럼 캡컷도 이와 같은 특성을 반영하여 숏폼 영상 제작에 특화된 과정을 제공하고 있습니다. 또한, 캡컷은 기능들이 한 화면에 전부 보여서 직관적이고 사용하기 쉬운 인터페이스를 가지고 있습니다. 내보내기를 제외한 모든 과정이 한 화면에서 이루어지기 때문에 사용자들에게 높은 만족도를 제공하고 있습니다.

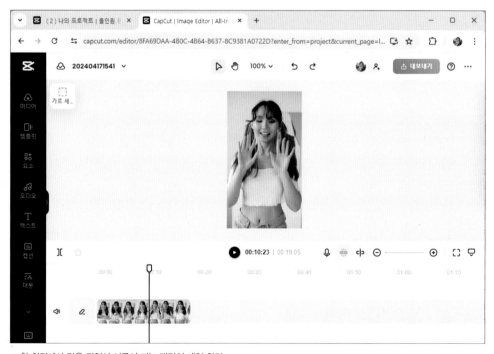

▲ 한 화면에서 많은 작업이 이루어 지는 캡컷의 메인 화면

캡컷에서 제공하는 효과 및 오디오 그리고 무료 템플릿

영상 제작에는 많은 고려사항이 있습니다. 디자인, 자막, 오디오, 화면 전환, 그리고 필요한 경우 CG/VFX까지 고려해야 합니다. 이 모든 기능을 한 곳에서 효과적으로 다룰 수 있는 툴 중하나가 바로 캡컷입니다. 캡컷은 단순히 영상 편집 효과 제공에서 그치지 않고 다양한 장르에 맞는 프로젝트까지도 제공하는데, 이를 '템플릿'이라고 합니다. 캡컷이 제공하는 템플릿을 활용하여 자신의 소스를 불러오고 템플릿에 맞게 변형하면 비전문가도 쉽게 장르에 구애받지 않고도 원하는 영상을 만들 수 있습니다. '관련 지식이 없어도 영상을 쉽게 만들 수 있다!' 이 문장이 시간이나 제작 프로세스가 생명인 숏폼 콘텐츠 제작 과정에서 캡컷을 사용해야 하는 이유가 될 것입니다.

  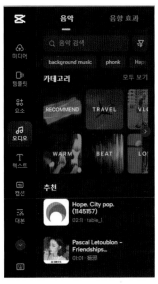

▲ 캡컷이 제공하는 편집 효과   ▲ 캡컷이 제공하는 템플릿   ▲ 캡컷이 제공하는 오디오

어디서나 사용 가능한 간편한 환경

▲ 데스크톱용 비디오 편집기 버전

캡컷은 시간과 장소 구애받지 않고 어디서든 작업할 수 있습니다. 직접 다운로드하여 사용하는 PC용 프로그램 버전도 제공하고, 온라인에서 로그인을 통해 프로그램 버전과 동일한 환경에서 편집을 진행할 수도 있으며, 스마트폰으로 캡컷 애플리케이션을 통해 편집을 진행할 수도 있습니다. 이러한 특징은 프리미어 프로나 다빈치 리졸브도 제공하지 않는 기능입니다.

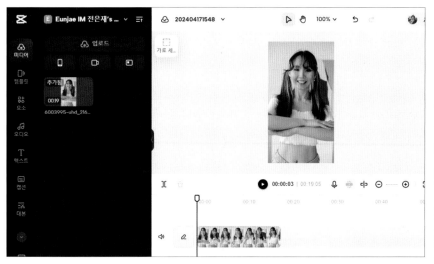

▲ PC용 웹사이트 버전 캡컷

▲ 모바일용 캡컷

TIP 버전에 따른 캡컷의 차이점

- 온라인 편집용(웹사이트 버전) : 온라인으로 접근 가능하며, 설치가 필요 없습니다. 간단한 편집 작업에 적합하며, 클라우드 저장 및 공유가 가능합니다.
- 데스크톱 버전(프로그램) : 풍부한 기능과 안정적인 성능을 제공합니다. 로컬 저장 및 백업이 가능하며, 오프라인에서도 작업할 수 있습니다.
- 모바일 애플리케이션 : 간단한 편집 및 공유에 용이하며, 데스크톱 버전에 비해 기능이 제한될 수 있습니다. 하지만 모바일 기기로 어디서든 작업할 수 있다는 편리함이 있습니다.

02 캡컷 인터페이스 살펴보기

캡컷의 인터페이스를 살펴보겠습니다. 책에서는 웹브라우저를 통해 캡컷을 사용하는 예제들을 많이 다루고 있어 PC용 웹사이트 버전 인터페이스를 알아보겠습니다.

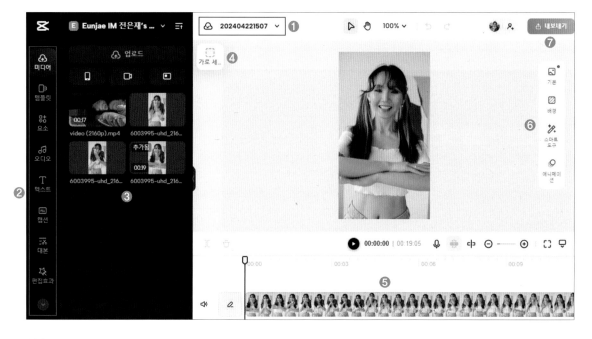

❶ **프로젝트 이름** : 프로젝트의 이름을 변경 및 경로를 이동할
수 있는 공간입니다.

ⓐ **자동 저장** : 마우스를 위치하면 프로젝트가 어디에 자동으
로 저장되는지 확인할 수 있습니다.

ⓑ **이름 변경** : 프로젝트의 이름을 변경합니다.

ⓒ **다음으로 이동** : 프로젝트의 저장 경로를 변경합니다. 온라
인상의 클라우드가 할당되므로 PC 용량과는 무관합니다.

ⓓ **다음으로 복제** : '저장' 기능으로 프로젝트를 복제하여 온라
인상의 클라우드에 저장합니다.

❷ **메뉴바** : 가져오기, 텍스트, 오디오, 화면 전환, 필터 등 영상 편집에 필요한 효과
및 기능을 아이콘 형태의 메뉴입니다.

ⓐ **미디어** : 동영상, 오디오 및 이미지와 같은 소
스를 가져오는 메뉴를 제공합니다.

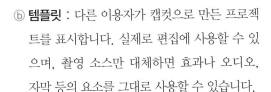

ⓑ **템플릿** : 다른 이용자가 캡컷으로 만든 프로젝
트를 표시합니다. 실제로 편집에 사용할 수 있
으며, 촬영 소스만 대체하면 효과나 오디오,
자막 등의 요소를 그대로 사용할 수 있습니다.

ⓒ **요소** : 영상 편집에 필요한 동영상 오버레이, 사
진, 스티커, 움직이는 이미지 등을 표시합니다.
영상에서 디자인적인 요소를 채우는 데 사용됩
니다.

ⓓ **오디오** : 캡컷에서 제공하는
배경 음악(BGM) 및 효과음
(SFX)을 표시합니다. 이 음악
들은 실제로 영상에 자유롭게
사용 가능합니다.

ⓔ **텍스트** : 제목이나 자막에 관련
된 옵션을 표시합니다.

ⓕ **대본** : 영상의 음성을 분석하여 자막을 생성하는 기능입니다.
캡컷의 AI가 음성을 분석하여 영상에서 말하는 자막을 받아
써서 추가합니다.

ⓖ **편집효과** : 스티커가 이미지라면 편집효과는 '영상 스티커'입니다. 화면에 영상적으로 변화를 주거나 특수 효과를 넣어 영상의 시각적인 요소를 채우는 기능입니다. 신체 효과의 경우에는 사람의 몸을 추척하여 레이저, 광선, 모자이크, 얼굴 필터 등 신체에 재밌는 보정을 해줍니다. 주로 댄스 영상에서 사용하면 좋습니다.

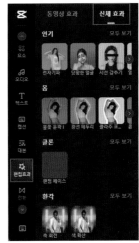

ⓗ **전환** : 화면 전환(트랜지션)과 관련된 옵션을 제공합니다. 영상과 영상 사이 발생하는 밋밋함을 시각적인 효과로 채울 때 사용합니다.

ⓘ **필터** : 색 보정과 관련된 옵션을 제공합니다. 영상의 색감을 바꿀 때 사용합니다.

ⓙ **브랜드 키트** : 캡컷과 관련된 브랜드 로고 및 음성, 자막, 필터를 제공합니다.

ⓚ **플러그인** : 외부와 연계하여 사용할 수 있는 플러그인을 표시합니다. 현재에는 에피데믹 사운드만 존재합니다. 에피데믹 사운드는 배경 음악 및 효과음 제공 사이트로 에피데믹 사운드를 결제하는 경우, 오디오 탭처럼 에피데믹 사운드의 음원을 캡컷 내에서 바로 사용할 수 있습니다.

❸ **효과창** : 메뉴바에 있는 '자료
패널 표시/숨기기' 아이콘(〈〉)을
클릭하면, 해당 메뉴에 프리셋
형태로 캡컷에서 제공하는 메
뉴에 해당하는 옵션이 표시됩
니다. 메뉴바를 확장하는 기능
입니다.

 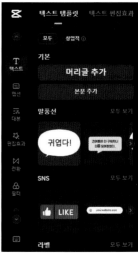

▲ 〔전환〕 메뉴를 선택하면 표시되는   ▲ 〔텍스트〕 메뉴를 선택하면 표시되
화면 전환 효과창   는 텍스트 효과창

❹ **프리뷰 모니터** : 영상 편집을 진행하면서 발생하는 과정이 실
시간으로 표시됩니다. 마지막에 표시되는 장면을 뽑으면 그것
이 결과물이 됩니다. 왼쪽의 '가로 세로 비율'을 선택하면 프로
젝트의 화면 비율을 조정할 수 있습니다.

ⓐ **16:9** : 가로형의 일반적인 영상 형태입니다.
ⓑ **4:3** : 아나모픽 사이즈로 영화 장르 형태입니다.
ⓒ **9:16** : 숏폼의 일반적인 영상 형태입니다.
ⓓ **1:1** : 정방형으로 가로세로 비율이 같은 게시물 형태입니다.

▲ 프로젝트 화면 비율

❺ **타임라인** : 영상의 편집 작업이 실질적으로 이뤄지는 공간입니다. 이곳의 시간 표시자를 드
래그하여 장면을 확인할 수 있으며, 시간 표시자가 있는 곳을 컷 편집하여 영상을 자르고 붙
일 수도 있습니다.

ⓐ **분할(ℐ, Ctrl+B)** : 선택한 레이어를 시간 표시자 기준으로 자르는 기능입니다. 선택한 레
이어가 없으면 가장 아래에 있는 레이어가 잘립니다.
ⓑ **삭제(🗑)** : 선택한 레이어를 삭제하는 기능입니다.

ⓒ **역방향(ⓒ)** : 선택한 레이어를 역재생(거꾸로 재생)하는 기능입니다.

ⓓ **자르기(ㅂ)** : 영상을 자르는 기능입니다.
비율을 선택하여 영상을 자를 수 있습니다.
한 화면에 영상을 여러 개 배치할 때 사용
하면 좋습니다.

ⓔ **가로 전환(◬)** : 영상을 좌우로 반전합니다.

ⓕ **프리즈(⫿⫿)** : 타임라인 패널의 시간 표시자가 있는 구간에서 영상을 멈춰 3초 동안 정지
화면을 만들고, 3초 뒤에는 정상적으로 영상이 재생되는 기능입니다. 특정 장면을 강조할
때 사용하면 좋은 기능입니다.

ⓖ **다운로드(↓)** : 선택한 레이어를 PC에 다운로드하는 기능입니다.

ⓗ **타임라인 축소 및 확대(◉━━◉)** : 타임라인을 시각적으로 축소 및 확대하는 기능입니다.
−에 휠이 가까울수록 축소되고 +에 휠이 가까울수록 확대됩니다.

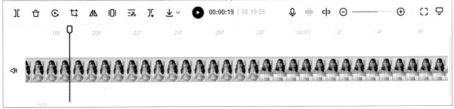

ⓘ **전체 화면(⫿⫿)** : 캡컷을 전체 화면으로 볼 수 있게 설정합니다.

❻ **세부효과** : 이 부분은 누 가지 모드로 보입니다. 첫 번째는 타임라인에 영상을 선택하지 않았을 경우에는 전체 프로젝트의 세부 정보가 표시됩니다. 두 번째는 타임라인에 영상 레이어를 선택했을 경우에는 세부 효과가 표시됩니다. 세부 효과에서는 동영상이나 자막의 위치, 크기 등을 조절할 수 있으며, 영상의 속도, 화면 전환, 배경 제거, 마스크, 색상 보정 등 레이어마다 개별적으로 적용할 수 있는 세부 효과를 적용하게 합니다.

ⓐ **기본** : 레이어의 색상 조정 및 위 아래 레이어끼리 혼합되는 오버레이 모드를 제공합니다.

ⓑ **배경** : 프로젝트의 배경색을 지정할 수 있습니다.

ⓒ **스마트 도구** : 물체와 배경을 분리하는 '배경 제거' 기능, 피부 및 피부색 보정을 위한 '보정' 기능, 동영상을 다양한 화면 비율로 바꿔주는 '자동 리프레임' 기능을 제공합니다.

ⓓ **애니메이션** : 화면 전환 효과를 처음 부분(인), 끝부분(아웃). 화면 전환(조합)에 맞게 제공합니다.

ⓔ **속도** : 레이어의 속도 관련 옵션을 제공합니다.

❼ **내보내기** : 영상을 출력할 수 있는 설정 창을 표시합니다. 출력하는 결과물의 이름과 경로, 해상도, 비트레이트, 코덱 등을 설정하여 결과물의 확장자와 품질을 결정할 수 있습니다.

ⓐ **이름** : 출력하는 영상의 이름을 설정합니다.

ⓑ **해상도** : 영상의 크기를 설정합니다.

- 480P : 가로 혹은 세로가 480px인 영상을 출력합니다.
- 780P : 가로 혹은 세로가 720px인 영상을 출력합니다. HD 화질이 해당 옵션입니다.
- 1080P : 가로 혹은 세로가 1080px인 영상을 출력합니다. FHD 화질이 해당 옵션입니다.
- 4K(PC 프로그램 버전) : 가로 혹은 세로가 2160px인 영상을 출력합니다. 4K, UHD 화질이 해당 옵션입니다.

ⓒ **품질** : 영상의 화질을 선택할 수 있습니다. 화질이 좋은 옵션일수록 영상 출력에 시간이 오래 소모됩니다.

ⓓ **프레임 속도** : 영상의 프레임 속도에 관한 옵션을 제공하는 기능입니다. 원본에 프레임을 맞추는 것이 일반적이므로 강제로 프레임을 변경할 때만 옵션을 변경합니다.

- 24fps : 영화 촬영에 주로 사용됩니다. 이는 영화관에서 자연스러운 움직임을 제공합니다.
- 25fps : PAL 텔레비전 시스템에서 사용됩니다. 유럽과 아시아의 많은 국가에서 사용됩니다.
- 30fps : NTSC 텔레비전 시스템에서 주로 사용됩니다. 주로 북미와 일부 아시아 국가에서 사용됩니다.
- 50fps : 50fps를 사용하는 경우는 거의 없습니다.
- 60fps : 고화질 비디오, 비디오 게임 및 스포츠 중계에 주로 사용됩니다. 이는 더 높은 프레임 레이트로 움직임을 더 부드럽게 만듭니다.

ⓔ **형식** : 동영상의 형식을 결정하는 옵션을 제공합니다. 고를 수 있는 옵션으로는 MP4와 MOV가 있습니다.

- MP4 : 용량이 낮은 화질 저하가 상대적으로 높은 영상입니다.
- MOV : 용량이 높은 화질 저하가 낮은 영상입니다.

ⓕ **내보내기** : 출력하는 영상의 경로를 설정합니다.

PROJECT

내레이션과 자막을 서로 다르게!
꼬리에 꼬리를 무는
스토리형 모션 영상 제작하기

과거의 역사나 가까운 미래에 대한 정보를 제공하는 스토리형 쇼츠는 독자에게 지속적인 관심을 얻을 수 있는 아이템입니다. 이러한 스토리는 챗GPT를 이용하여 손쉽게 작성이 가능합니다. 작성된 텍스트는 이미지를 생성하는 자료로 사용되기도 하고, 음성으로 변환시킨 다음 캡션 기능으로 자막 제작이 가능합니다.

스토리형 영상을 만들기 위해서는 스토리를 먼저 챗GPT를 이용하여 '화성 이주'라는 주제에 맞게 프롬프트를 생성합니다. 이때 프롬프트는 이미지를 묘사하는 프롬프트와 내레이션에 사용할 프롬프트로 나눠 생성합니다. 장면 묘사 프롬프트로 이미지를 생성한 다음 런웨이(Runway)에서 애니메이션 효과를 적용합니다. 좀 더 생동감 있는 애니메이션 효과를 적용하기 위해서는 배경과 인물을 나누거나 주변 인물과 주요 인물의 영역을 분할하여 서로 다른 모션을 적용합니다.

내레이션 프롬프트는 음성 파일로 저장한 다음 애니메이션 효과가 적용된 이미지 클립과 음성 클립의 위치를 영상 재생 순서에 맞게 위치시켜 하나의 동영상 파일로 결합합니다. 영상이 구성되면, 최종적으로 영상 커버를 마음에 드는 템플릿을 적용하여 영상을 완성합니다.

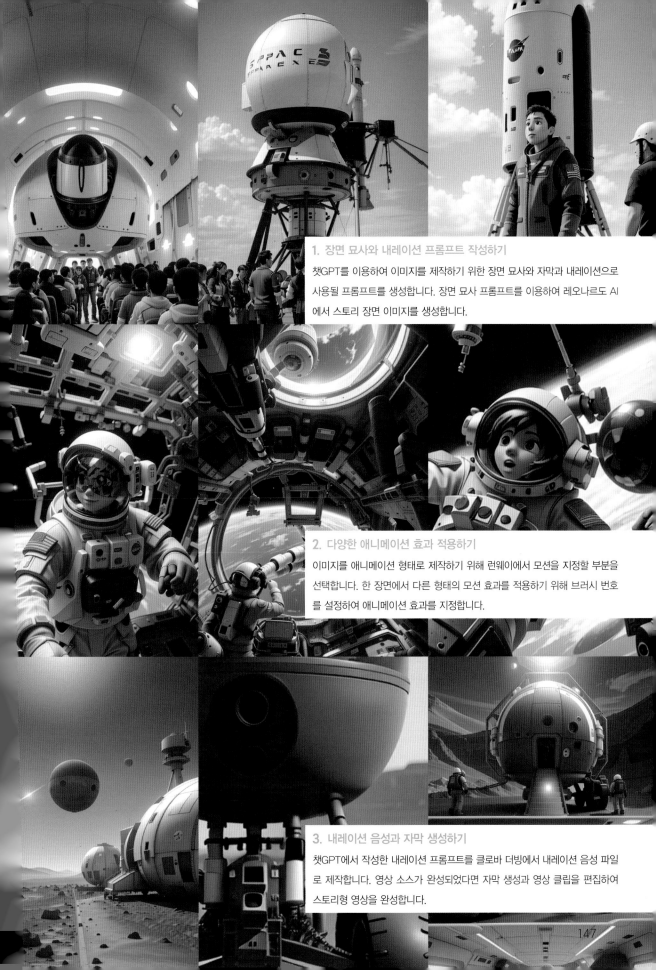

1. 장면 묘사와 내레이션 프롬프트 작성하기

챗GPT를 이용하여 이미지를 제작하기 위한 장면 묘사와 자막과 내레이션으로
사용될 프롬프트를 생성합니다. 장면 묘사 프롬프트를 이용하여 레오나르도 AI
에서 스토리 장면 이미지를 생성합니다.

2. 다양한 애니메이션 효과 적용하기

이미지를 애니메이션 형태로 제작하기 위해 런웨이에서 모션을 지정할 부분을
선택합니다. 한 장면에서 다른 형태의 모션 효과를 적용하기 위해 브러시 번호
를 설정하여 애니메이션 효과를 지정합니다.

3. 내레이션 음성과 자막 생성하기

챗GPT에서 작성한 내레이션 프롬프트를 클로바 더빙에서 내레이션 음성 파일
로 제작합니다. 영상 소스가 완성되었다면 자막 생성과 영상 클립을 편집하여
스토리형 영상을 완성합니다.

S E C T I O N

7.

챗GPT로 장면 묘사와
내레이션 작성하기

챗GPT를 이용하여 이미지를 제작하기 위한 장면 묘사를 하고, 자막과 내레이션으로 사용될 프롬프트를 생성합니다.

01 챗GPT를 이용하여 스토리를 구성하기 위해 웹브라우저에서 'chat.openai.com'을 입력하여 챗GPT 사이트에 접속합니다. 원하는 주제를 입력하여 장면 묘사와 내레이션 프롬프트를 요청합니다.

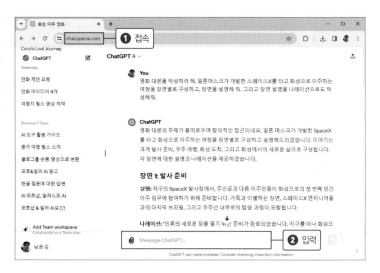

영화 대본을 작성하려 해. 일론 머스크가 개발한 스페이스X를 타고 화성으로 이주하는 여정을 장면별로 구성하고, 장면을 설명해 줘. 그리고 장면 설명을 내레이션으로도 작성해 줘.

영화 대본의 주제가 흥미로우며 창의적인 접근이네요. 일론 머스크가 개발한 SpaceX를 타고 화성으로 이주하는 여정을 장면별로 구성하고 설명해 드리겠습니다. 이야기는 크게 발사 준비, 우주여행, 화성 도착, 그리고 화성에서의 새로운 삶으로 구성됩니다. 각 장면에 대한 설명과 내레이션을 제공하겠습니다.

장면 1 : 발사 준비
설명 : 지구의 SpaceX 발사장에서, 주인공과 다른 이주민들이 화성으로의 첫 번째 민간 이주 임무에 참여하기 위해 준비합니다. 가족과 이별하는 장면, 스페이스X 엔지니어들과의 마지막 브리핑, 그리고 우주선 내부로의 탑승 과정이 포함됩니다.

내레이션 : "인류의 새로운 장을 열기 위한 준비가 완료되었습니다. 지구를 떠나 화성으로 향하는 이들 앞에는 알려지지 않은 미래가 펼쳐져 있지만, 그들의 용기는 이미 역사에 길이 남을 것입니다."

장면 2 : 우주 여행
설명 : 우주선이 지구 궤도를 벗어나 화성으로 향하는 장면, 무중력 상태에서의 일상생활, 우주선 내부에서의

상호작용, 우주의 장엄한 광경 등이 포함됩니다.

내레이션 : "우주의 깊은 공간 속을 질주하는 우주선 안에서, 이주민들은 새로운 세계로의 여정 중 일상을 공유합니다. 별들 사이로 여행하는 동안, 그들은 인간의 끝없는 호기심과 모험의 정신을 다시 한번 증명합니다."

장면 3 : 화성 도착
설명 : 화성 궤도에 진입하고 첫 번째 화성 기지에 도착하는 장면. 화성의 붉은 표면과 거대한 화성 기지의 모습이 공개됩니다. 우주선의 착륙, 이주민들의 화성 표면 첫 발자국, 환영하는 기존 화성 탐사대의 모습 등이 포함됩니다.

내레이션 : "새로운 행성, 새로운 시작. 화성의 붉은 표면에 첫 발을 내딛는 순간, 이주민들은 더 이상 지구의 주민이 아니라 화성의 첫 번째 거주민이 됩니다. 이 순간부터 그들의 도전과 모험은 새로운 세계의 역사가 됩니다."

장면 4 : 화성에서의 새로운 삶
설명 : 화성 기지 내외부에서의 생활, 화성의 탐사와 연구 그리고 새로운 화성 사회 구축의 과정이 담깁니다. 가족과 커뮤니티가 형성되는 모습, 화성에서의 첫 번째 식물 재배 그리고 화성 표면의 탐사 등이 포함됩니다.

내레이션 : "화성 위의 삶은 도전과 기회로 가득 차 있습니다."

02 장면 묘사를 하여 이미지를 생성할 경우에는 영문 프롬프트를 사용할 것이므로, 챗GPT에게 받은 답변을 영문 번역합니다.

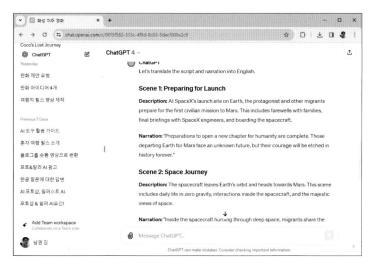

문장을 영문으로 번역해 줘.

CHATGPT

Let's translate the script and narration into English.

Scene 1 : Preparing for Launch
Description : At SpaceX's launch site on Earth, the protagonist and other migrants prepare for the first civilian mission to Mars. This includes farewells

with families, final briefings with SpaceX engineers, and boarding the spacecraft.

Narration : "Preparations to open a new chapter for humanity are complete. Those departing Earth for Mars face an unknown future, but their courage will be etched in history forever."

Scene 2 : Space Journey
Description : The spacecraft leaves Earth's orbit and heads towards Mars. This scene includes daily life in zero gravity, interactions inside the spacecraft, and the majestic views of space.

Narration : "Inside the spacecraft hurtling through deep space, migrants share the routines of their journey to a new world. Traveling among the stars, they once again prove humanity's endless curiosity and spirit of adventure."

Scene 3 : Arriving at Mars
Description : Entering Mars' orbit and arriving at the first Mars base. The red surface of Mars and the vast Mars base are revealed. The spacecraft's landing, migrants' first steps on the Martian surface, and the welcoming existing Mars expedition team are included.

Narration : "A new planet, a new beginning. The moment they set foot on the red surface of Mars, the migrants are no longer inhabitants of Earth but the first residents of Mars. From this moment, their challenges and adventures become the history of a new world."

Scene 4 : A New Life on Mars
Description : Life inside and outside the Mars base, exploration and research on Mars, and the process of building a new Martian society are shown. This includes the formation of families and communities, the first plant cultivation on Mars, and the exploration of the Martian surface.

Narration : "Life on Mars is filled with challenges and opportunities.

● 완성파일 : 03\story01~story08.jpg

S E C T I O N

8

3D 애니메이션 스타일로
장면 이미지 생성하기

LEONARDO AI

챗GPT에서 작성한 장면 묘사 프롬프트를 이용하여 3D 애니메이션 스타일로 이미지를 만들어 보겠습니다.
영상의 길이를 감안하여 이미지가 생성되면 여유분의 생성 이미지도 저장해 둡니다.

01 웹브라우저에서 'leonardo.ai'를
입력하여 레오나르도 AI 사이트에
접속합니다. 처음 사용자는 〈Create an
account〉를 클릭하여 회원가입하고 로그
인합니다.

TIP 레오나르도 AI는 이미지 생성 인공지능
플랫폼으로, 레오나르도 AI 소프트웨어는 인공
지능 기술 중 하나인 딥러닝을 이용하여 대량의
이미지, 비디오 및 3D 모델 데이터를 분석하고
이를 학습하여 새로운 디자인을 생성할 수 있습
니다.

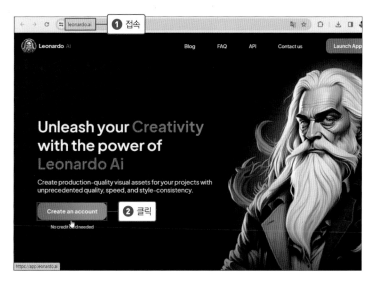

02 이미지를 생성하기 위해 〈Image
Generation〉을 클릭합니다.

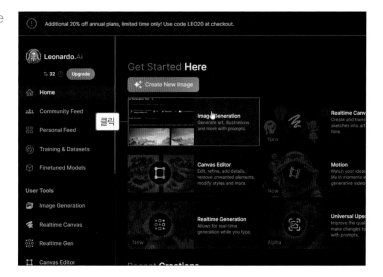

03 Advanced Controls 옵션에서 이미지 비율을 설정합니다. 숏폼 영상을 제작하기 위해 '9:16'으로 지정한 다음 이미지 스타일을 '3D Animation Style'로 선택합니다.

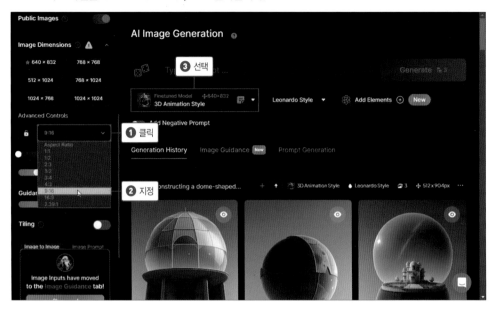

04 챗GPT에서 첫 번째 장면을 묘사한 문장을 드래그하여 블록으로 지정하고 마우스 오른쪽 버튼을 클릭한 다음 팝업 메뉴에서 **복사**를 실행합니다.

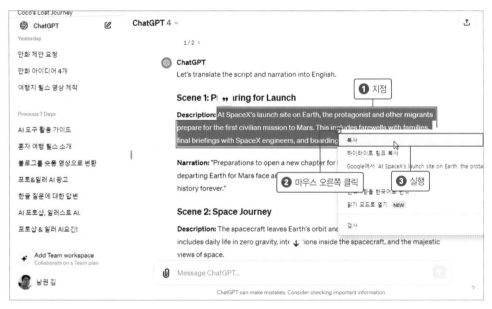

한글번역 지구의 SpaceX 발사장에서 주인공과 다른 이주민들이 화성으로의 첫 번째 민간 이주 임무에 참여하기 위해 준비합니다. 가족과 이별하는 장면, 스페이스X 엔지니어들과의 마지막 브리핑, 그리고 우주선 내부로의 탑승 과정이 포함됩니다.

05 스크립트 입력창에 이미지 장면을 표현하는 문장을 넣습니다. 한 번에 생성되는 이미지의 개수를 3으로 설정하기 위해 Number of images에서 '3'을 선택합니다.

레오나르도 AI의 프롬프트 입력창에 Ctrl+V를 눌러 장면 표현 스크립트를 붙여넣은 다음 〈Generate〉를 클릭합니다.

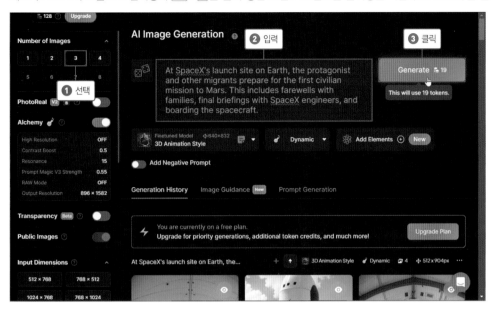

06 그림과 같이 화성으로 이주를 위한 탑승 전 장면의 이미지와 가족과 이별하는 장면, 브리핑하는 장면들이 이미지로 생성되었습니다. 이미지 하단의 'Download Image' 아이콘(📥)을 클릭합니다.

TIP 영상을 만들기 위해서는 가장 마음에 드는 A컷뿐만 아니라 영상의 길이에 필요한 B컷도 준비해 두는 것이 좋습니다.

153

07 챗GPT에서 두 번째 장면을 묘사한 문장을 드래그하여 블록으로 시정하고 마우스 오른쪽 버튼을 클릭한 다음 팝업
메뉴에서 **복사**를 실행합니다.

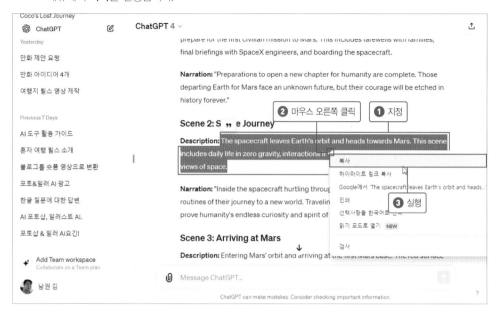

한글번역 우주선이 지구 궤도를 벗어나 화성으로 향하는 장면, 무중력 상태에서의 일상생활, 우주선 내부에서의 상호작용, 우주의 장엄한
광경 등이 포함됩니다.

08 우주선이 화성으로 가는 장면과 우주선 내부의 무중력 상태의 장면 등이 이미지로 생성되었습니다. 06번과 같은 방
법으로 이미지 하단의 〈Download Image〉를 클릭하여 다운로드합니다.

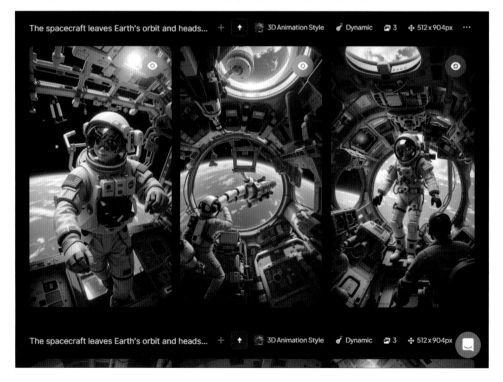

09 같은 방법으로 챗GPT로 묘사한 장면을 레오나르도 AI의 프롬프트 창에 입력하여 다음과 같은 이미지를 생성하였습니다. 묘사한 장면을 비교적 상세하게 이미지로 표현한 것을 확인할 수 있습니다.

● 예제파일 : 03\story03.jpg, story05.jpg   ● 완성파일 : 03\story03.mp4, story05.mp4

SECTION

9.

이미지를
모션 영상으로 제작하기

생성된 이미지를 애니메이션 형태로 만들어 보겠습니다. 움직임 영역을 선택 영역으로 지정한 다음 형태나
움직임 정도를 설정하여 동영상 파일로 제작합니다.

01 이미지를 영상으로 제작하기 위
해 웹브라우저에서 'runwayml.
com'을 입력하여 런웨이 사이트에 접
속합니다. 처음 시작하는 사용자는 〈Try
Runway for Free〉를 클릭합니다.

TIP 런웨이 AI

텍스트, 이미지 또는 영상 등 다양한 유형의 데
이터를 입력하면 그에 맞게 동영상을 생성하는
동영상 생성 AI입니다. 특히 텍스트 투 비디오
(Text-to-video)를 처음 구현한 생성형 동영상
AI 모델이기도 합니다.

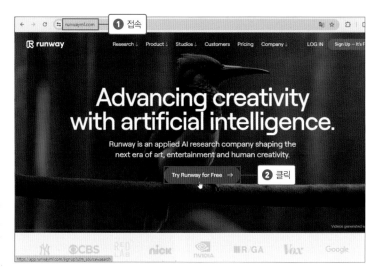

02 로그인 방식을 선택하는 화면이
표시되면 구글로 로그인하기 위해
〈Sign up with Google〉을 클릭합니다.

TIP 무료 가입은 125 크레딧을 제공하며, 4
초 영상을 만들 때마다 20 크레딧이 사용됩니다.
4초씩 최대 16초까지 영상을 추가로 생성할 수
있으며, 유료 월별 구독일 경우 12불(한화 16,510
원 정도)을 지불하면, 625 크레딧을 제공받고 고
해상도의 영상을 내보낼 수 있습니다.

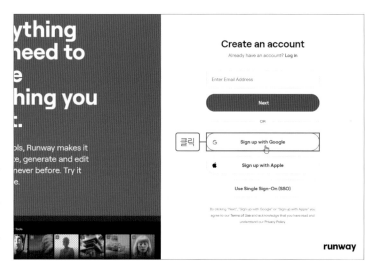

03 계정 선택 화면에서 연동할 구글 계정을 선택한 다음 Runway 서비스로 로그인하기 위해 〈계속〉을 클릭합니다.

04 이미지를 영상으로 제작하는 런웨이 홈 화면이 표시되면 마우스 휠을 돌려 화면을 아래로 내리고 'Text/Image to Video'를 클릭합니다.

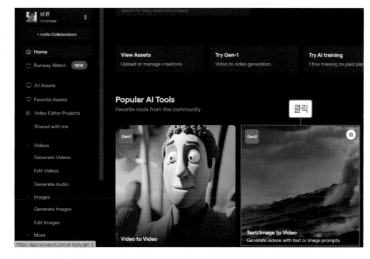

05 작업 화면이 나타나면 이미지를 불러오기 위해 03 폴더에서 'story 03.jpg' 파일을 Drag and drop an image 창으로 드래그합니다.

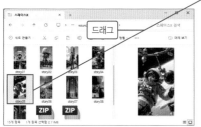
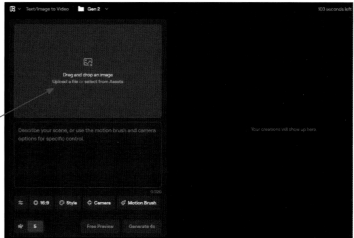

06 Drag and drop an image 창에 가져온 이미지기 표시됩니다. 인물을 배경과 구분하여 오른쪽으로 이동하는 모션 효과를 적용해 보겠습니다. 움직이는 효과를 적용하기 위해 〈Motion Brush〉를 클릭합니다.

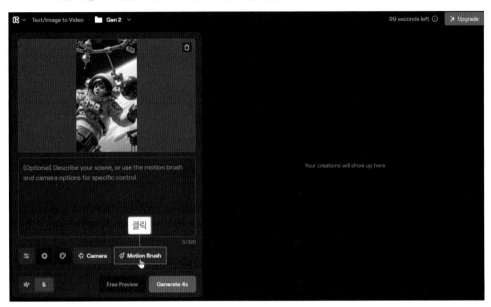

07 '브러시' 도구(🖌)를 선택하고 'Auto-detect area'를 클릭하여 비활성화한 다음 브러시 크기를 조절합니다. 그림과 같이 인물 부분을 드래그하여 선택 영역으로 지정합니다.
인물을 오른쪽으로 이동시키기 위해 Brush 1의 Horizontal 슬라이더를 오른쪽으로 드래그한 다음 〈Done〉을 클릭합니다.

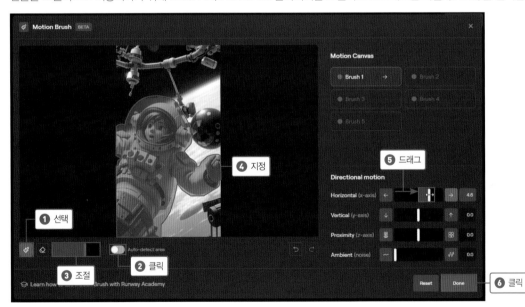

TIP 애니메이션의 변화 폭을 지나치게 높게 지정하면, 이미지가 왜곡되어 보일 수 있으므로, 수치값을 조정하면서 결과물을 확인하는 것이 좋습니다.

08 〈Generate 4s〉를 클릭하면 이미지가 모션 옵션이 적용된 동영상 파일로 렌더링됩니다. 렌더링이 완료되면 〈Download〉를 클릭하여 동영상 파일인 MP4 파일로 내 PC에 저장합니다.

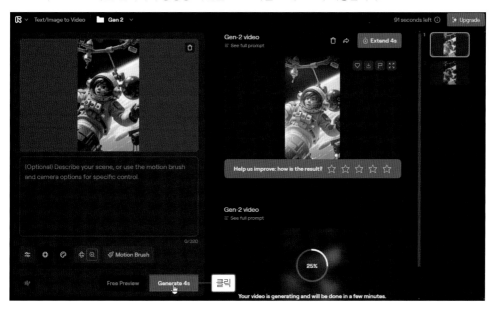

TIP 무료 버전의 경우 사용자가 많으면 영상 제작이 불가능하다는 안내가 표시될 수 있습니다. 이러한 경우 구독하여 빠르게 영상 제작을 진행하거나 잠시 후에 다시 〈Generate 4s〉를 클릭하면 영상 제작이 진행됩니다.

09 제작된 영상을 실행하면 그림과 같이 인물이 오른쪽으로 이동하면서 빛이 반사되는 장면이 연출됩니다.

10 여러 인물이 서로 다른 동작을 적용하기 위해 03 폴더에서 'story 05.jpg' 파일을 불러옵니다. 'Brush 1'이 선택된 상태에서 브러시로 모션을 적용하려는 배경 인물들을 지정한 다음 Horizontal 슬라이더를 오른쪽으로 드래그합니다.

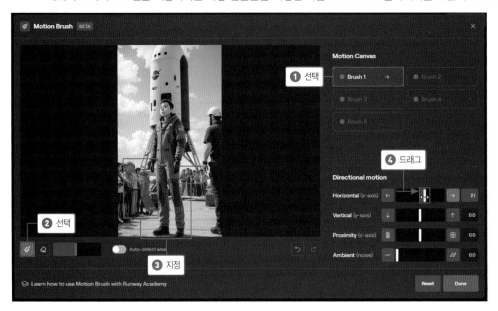

TIP 배경 인물을 오른쪽으로 살짝 모션을 적용하기 위해서는 슬라이더를 값을 작게 이미지가 왜곡되지 않습니다.

11 'Brush 2'를 선택하고 가운데 인물을 드래그하여 선택 영역으로 지정한 다음 Horizontal 슬라이더를 왼쪽으로 드래그합니다.

TIP 두 번째 브러시는 Brush 1과 구별되도록 연두색으로 브러시 선택 영역이 표시됩니다.

12 'Brush 3'을 선택하고 오른쪽 인물을 드래그하여 선택 영역으로 지정한 다음 Vertical 슬라이더를 오른쪽으로 드래그합니다.

TIP Vertical 슬라이더를 오른쪽으로 드래그하면 위쪽 방향으로 모션이 적용되며, 설정값을 크게 지정하면 왜곡 현상이 발생할 수 있습니다.

13 영상으로 변환하기 위해 〈Done〉을 클릭한 다음 〈Generate 4s〉를 클릭하면 이미지가 모션 옵션이 적용된 동영상 파일로 렌더링됩니다.

SECTION

10.

프롬프트를
음성 파일로 제작하기

네이버에서 제공하는 클로바 더빙을 이용하여 챗GPT에서 얻은 정보 텍스트를 음성으로 변환해 보겠습니다.

01 웹브라우저에서 'clovadubbing.
naver.com'을 입력하여 네이버
클로바 더빙 사이트에 접속합니다. 무료로
사용하기 위해 〈무료로 시작하기〉를 클릭
합니다.

02 내 프로젝트 화면이 표시되면 새
로운 프로젝트를 만들기 위해 '새
프로젝트'를 클릭합니다.

03 새 프로젝트 만들기 대화상자가 표시되면 콘텐츠 종류를 '오디오'로 선
택하고 프로젝트명에 '스페이스X 대모험'을 입력한 다음 〈생성〉을 클릭
합니다.

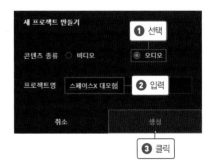

04 챗GPT 화면의 내레이션으로 제
시한 문장에서 필요한 부분을 드
래그하여 블록으로 지정한 다음 마우스
오른쪽 버튼을 클릭하여 표시되는 팝업
메뉴에서 **복사**를 실행합니다.

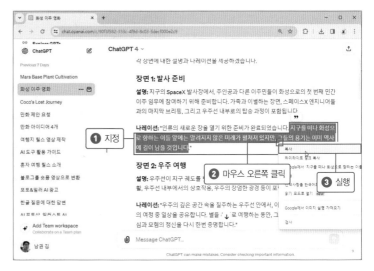

05 클로바 더빙 화면의 프롬프트 입
력창에 Ctrl+V를 눌러 복사한 내
레이션 텍스트를 붙여넣은 다음 〈저장〉을
클릭합니다.

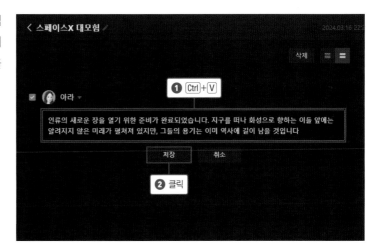

06 두 번째 장면 내레이션을 넣을 수
있는 프롬프트 입력창이 표시되면
같은 방법으로 챗GPT 화면의 두 번째 내
레이션으로 제시한 문장에서 필요한 부분
을 복사하고 클로바 더빙 화면의 프롬프트
입력창에 Ctrl+V를 눌러 내레이션 텍스
트를 붙여넣은 다음 〈저장〉을 클릭합니다.

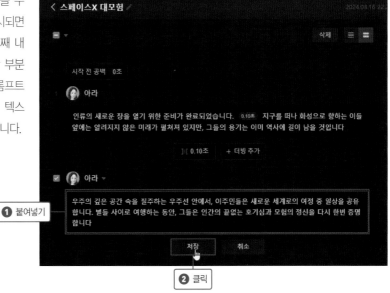

07 같은 방법으로 챗GPT에서 제시한 4개의 장면별 내레이션 텍스트에서 필요한 부분을 복사하여 클로바 더빙의 프롬프트 입력창에 붙여넣어 모든 스크립트를 작성한 다음 〈다운로드〉를 클릭합니다.

08 내레이션을 1개의 음원 파일로 만들 것인지, 문단 별로 개별 파일로 저장할 것인지 묻는 다운로드 대화상자가 표시되면 '개별 문단 파일'을 선택합니다.

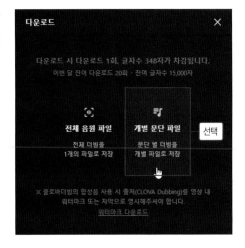

09 음원 파일을 'MP3 파일로 저장'을 선택한 다음 〈다운로드〉를 클릭합니다. 문단 별로 음성 파일이 생성되며, 여러 개의 파일은 압축되어 다운로드됩니다. 압축된 파일을 풀어 오디오 파일을 확인합니다.

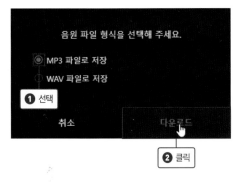

● 예제파일 : 03\story01~story08.mp4, 장면음성1~장면음성4.mp3　　● 완성파일 : 03\story_완성.mp4

SECTION 11

클립을 재생 순서에 맞게
트랙에 위치시키기

지금까지 제작하여 준비한 영상 클립과 오디오 클립을 재생 순서에 맞게 트랙에 위치시킵니다.

01 웹브라우저에서 'capcut.com'을 입력하여 캡컷 사이트에 접속합니다. 작업한 소스를 이용하여 새 영상 편집을 위해 '새 동영상'을 클릭합니다.

02 작업 화면이 표시되면 03 폴더에서 'story01~story08.mp4' 파일들을 선택한 다음 업로드 화면으로 드래그합니다.

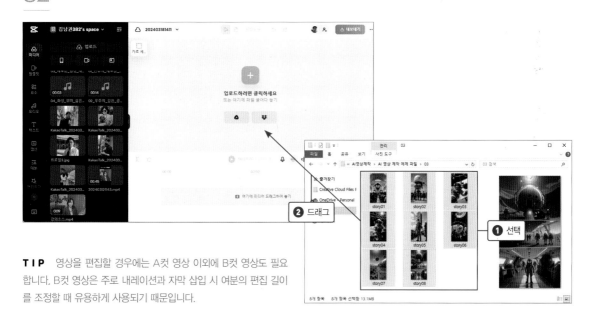

TIP 영상을 편집할 경우에는 A컷 영상 이외에 B컷 영상도 필요합니다. B컷 영상은 주로 내레이션과 자막 삽입 시 여분의 편집 길이를 조정할 때 유용하게 사용되기 때문입니다.

03 화면 하단의 타임라인에 영상 클립이 표시됩니다. 영상의 순서를 징렬하기 위해 이름 번호에 맞게 영상 클립을 클릭하여 순서를 배치합니다.

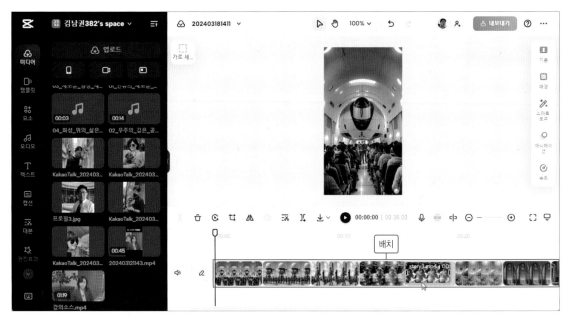

04 같은 방법으로 03 폴더에서 내레이션 음성 파일인 '장면음성1~장면음성4.mp3' 영상 파일들을 선택한 다음 업로드 화면으로 드래그합니다.

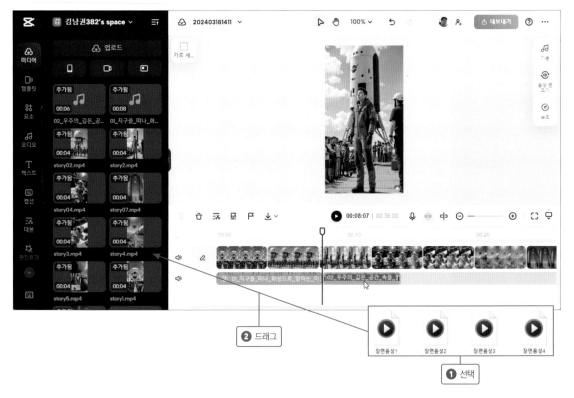

05 내레이션 음성 파일도 제목 번호 순서에 맞게 클릭하여 그림과 같이 영상 클립 하단에 배치시킵니다. 영상 커버를 만들기 위해 트랙 앞부분의 〈커버 추가〉를 클릭합니다.

06 커버 미리보기 창을 보면서 시간 표시자를 드래그하여 원하는 커버 이미지에 위치시킨 다음 〈커버 편집〉을 클릭합니다.

07 화면 왼쪽에 동영상 커버 화면 (템플릿) 메뉴가 표시되면 템플릿을 클릭합니다. 커버 이미지에 선택한 템플릿이 적용되는 것을 확인할 수 있습니다.

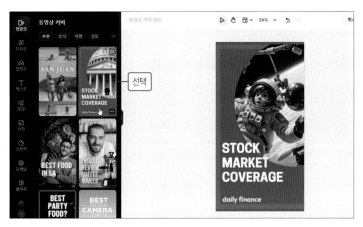

08 마음에 드는 템플릿 디자인을 선택하였다면 작업 화면에서 템플릿 문자를 클릭한 다음 드래그하여 블록으로 지정합니다.

TIP 커버 이미지를 처음부터 포토샵이나 이미지 편집 도구로 만들기보다는 템플릿을 이용하면 문자 디자인을 사용할 수 있는 장점이 있습니다. 문구나 글꼴 크기, 위치 등은 이미지 구조에 맞게 수정하여 사용하면 편리합니다.

09 동영상 커버에 어울릴 제목을 입력합니다. 예제에서는 'SPACE-X ADVENTURE'라고 입력한 다음 획과 글로우 옵션의 '+' 아이콘을 클릭하여 문자의 테두리와 문자 주변에 발광하는 효과를 적용한 다음 〈커버 설정〉을 클릭하였습니다.

SECTION

12.

음성을 인식하여
자막 넣기

트랙에 오디오 클립을 위치시키면 자동으로 음성을 인식하여 영상에 자막을 넣을 수 있습니다. 오탈자나 내용을 확인한 다음 자막 스타일을 선택하여 영상을 완성합니다.

01 영상에 자막을 넣기 위해 화면 왼쪽 메뉴의 (캡션)을 선택합니다. 동영상에서 음성을 자동으로 인식하여 자막이 생성되도록 〈자동 캡션〉을 클릭합니다.

02 동영상에 사용되는 언어를 '한국어'로 지정하고 〈생성〉을 클릭합니다.

03 화면 왼쪽에 동영상을 인식하여 자막 프롬프트기 생성되었습니다. 프롬프트를 검토하면서 오탈자가 있으면 클릭하여 수정하고 '재생' 아이콘(▶)을 클릭하여 화면의 자막을 확인합니다.

04 자막을 선택하면 표시되는 오른쪽 메뉴에서 (사전 설정)을 선택하고 원하는 자막 스타일을 클릭하여 전체 자막 스타일을 변경합니다. 예제에서는 검은색 박스 안의 흰색 문자 스타일을 선택하였습니다.

TIP 자막을 넣을 경우에는 가독성을 우선적으로 생각해야 합니다. 영상은 화면의 변화와 피사체의 움직임이 있기 때문에 주로 박스 안에 문자를 표현하여 자막 가독성을 높입니다.

05 영상 편집 작업이 완료되면 〈내보내기〉를 클릭하여 바로 SNS 채널로 업로드가 가능합니다. 예제에서는 동영상 파일로 다운로드하기 위해 〈다운로드〉를 클릭하였습니다.

06 내보내기 설정에서 동영상 이름을 입력하고 해상도와 품질, 형식을 지정한 다음 〈내보내기〉를 클릭합니다. 예제에서는 해상도를 '720p', 품질을 '추천 품질', 형식을 'MP4'로 지정하였습니다.

07 스토리형 숏폼 영상이 완성되었습니다.

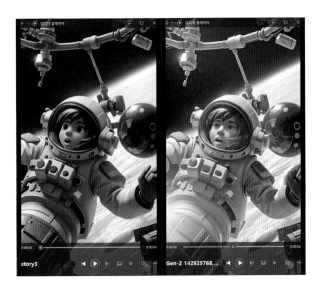

숏폼 스타일로 세로로 긴 영역에 커버 이미지를 생성하여 채우려면?

가로 형태의 이미지를 숏폼에 사용하기 위해서는 세로 비율로 수정해야 할 경우가 많습니다. 이러한 경우 포토샵의 AI 기능인 채우기 기능을 이용하면, 영역이 확장된 부분에 AI가 잘린 이미지를 예측하고 생성하고 채워 완성된 이미지를 생성합니다. 완성된 이미지는 다양한 형태로 제시되며, 사용자는 이 중에서 원하는 이미지를 선택만 하면 되어 원하는 비율의 이미지를 얻을 수 있는 편리한 기능입니다. 예제에서는 가로 형태의 이미지를 포토샵 AI 기능을 이용하여 위와 아래의 잘린 이미지를 생성해 보겠습니다.

◉ **예제파일** : 03\woman.png ◉ **완성파일** : 03\woman_완성.png

Before

After

1 포토샵을 실행하고 03 폴더에서 가로 형태의 이미지인 'woman.png' 파일을 불러옵니다. 이미지를 확장하기 위해 레이어 패널의 '자물쇠' 아이콘(🔒)을 클릭하여 해제합니다.

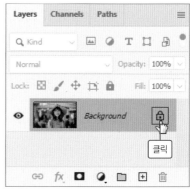

TIP 포토샵 CC 2024 버전부터 문자를 입력하여 이미지를 생성하는 AI 프롬프트 입력창을 제공하며, 채우기 기능으로 이미지 생성이 가능합니다.

2 이미지의 위와 아래 영역을 늘려 세로로 긴 이미지를 만들어 봅니다. '자르기' 도구(🔲)를 선택하면 이미지 경계 영역에 바운딩 박스가 표시됩니다.

3 바운딩 박스의 상단 중앙의 변환점과 하단 중앙의 변환점을 각각 위와 아래로 드래그하면 그림과 같이 영역이 확장되는 것을 볼 수 있습니다. 확장된 영역에 이미지를 생성하기 위해 〈Generative Expand〉를 클릭합니다.

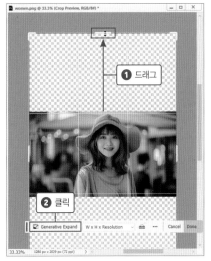

4 프롬프트 입력창에 위치한 〈Generate〉 버튼을 클릭합니다. 포토샵이 이미지를 예측하여 빈 영역에 이미지를 생성합니다.

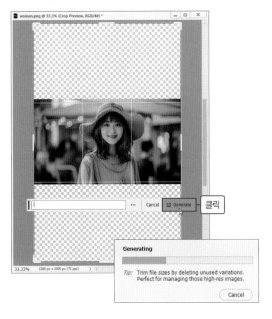

5 그림과 같이 이미지의 상단과 하단에 이미지를 생성하여 채웁니다. 속성 패널에서 다양한 형태의 생성된 이미지를 선택할 수도 있습니다. 마음에 들지 않는다면 〈Generate〉를 클릭하여 연속적으로 이미지를 생성해 이미지를 완성합니다.

173

애니메이션 웹툰에 최적화된 생성형 AI 피카

피카는 실사 영상 분야뿐만 아니라 웹툰, 일러스트, 카툰 애니메이션 제작에 특화된 생성형 AI 모델입니다. 피카에서 생성한 애니메이션 결과물은 프레임끼리의 연결이 부드럽고, AI의 고질적인 문제인 변형과 뭉개지는 현상이 상대적으로 적어서 움직이는 웹툰이나 일러스트를 만드는 데에 적합합니다.

01 피카 활용 분야 알아보기

피카는 AI를 활용한 음향 효과 생성, 음성 해설, 영상 생성 등 모든 작업을 수행하는 최초의 '올인원' 모델로 스테이블 비디오와 다르게 정식으로 오픈되어 있는 생성형 AI 모델입니다. 피카는 텍스트를 입력하면 비디오를 생성하는 Text-to Video 모델뿐만 아니라 이미지를 첨부하면 비디오로 변경해 주는 Image-to-Video 모델, 비디오를 다른 스타일로 변경해 주는 Video-to-Video 모델 서비스를 제공하고 있습니다. 피카는 일러스트나 웹툰, 카툰 기반의 움직이는 애니메이션 제작에 어려움을 겪고 있는 사람들이 다용도로 활용하기 좋습니다.

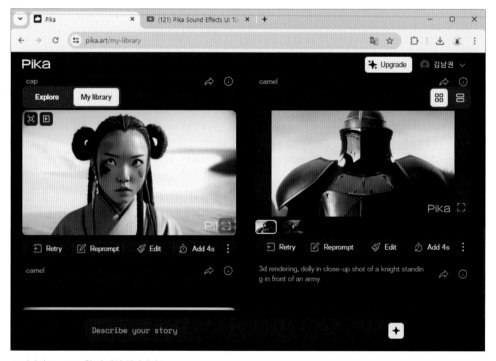

▲ 피카의 Explore 창 및 메인 인터페이스

다양한 형태의 애니메이션

피카는 프롬프트와 카메라 설정에 따라 이미지를 부드럽게 움직이며, 현재 존재하는 AI 중에서 최고 수준의 결과물을 자랑합니다. 2D, 3D, 만화, 애니메이션 등 스타일에 관계없이 다양한 형태의 애니메이션을 매우 자연스럽게 구현할 수 있는데, 이는 피카의 특징 중 하나입니다. 또한, 다른 AI 모델들과 비교했을 때, 영상 생성 시 왜곡 및 변형이 적은 편이라는 점도 주목할 만합니다. 이러한 특성 덕분에 피카를 활용하면 상대적으로 퀄리티 높은 애니메이션을 만들어 낼 수 있습니다.

> **프롬프트** cinematic, dolly tracking shot of Joan of Arc in armor, holding a fleur de lis banner, facing camera

사운드가 필요한 영상

피카는 2024년 3월 12일에 AI가 영상을 분석하고 상황에 맞는 사운드 효과를 자동으로 만들어 추가하는 Sound effects 기능이 추가되었습니다. 이 Sound effects 기능을 활성화하면, 음향 효과 생성, 음성 해설 등 사운드 효과가 필요한 영상이나 짧은 영상에 사운드 효과를 추가할 때 매우 유용합니다. 생성형 AI 모델 중에서 사운드를 즉각적으로 추가할 수 있는 모델은 현 시점에서 피카가 유일합니다.

▲ 자연 영상으로 강가의 환경음 생성

▲ 불꽃놀이 영상으로 폭죽이 터지는 효과음 생성

영상 합성 및 애니메이션 크기 확장

피카는 '캔버스 확장'과 '영역 수정' 기능을 제공합니다. '캔버스 확장'은 AI가 영상을 확장하여 채워주는 기능으로 단순한 크롭이 아닌 실제 요소를 채워 넣는 것입니다. Expand Canvas 기능을 활용하여 자유롭게 캔버스 비율을 16:9에서 1:1로 변경할 수 있는 등 다양한 비율을 이질감 없이 처리할 수 있습니다. '영역 수정'은 특정 부분을 선택하여 수정하는 기능으로, Modify region 기능을 활용하여 안경을 쓰지 않고 있는 사람에게 안경을 추가하여 씌울 수 있습니다.

이러한 기능들을 통해 피카는 영상 및 이미지 합성에 유용하게 활용될 수 있습니다.

▲ 원본

▲ Expand Canvas 기능(9:16)

▲ Expand Canvas 기능(4:3)

▲ Modify region 기능

▲ Modify region 기능으로 머리에 모자를 씌운 장면

 프롬프트   cap

크리에이터 및 숏폼 콘텐츠

피카는 가로형부터 세로형 영상까지 다양한 크기와 형식의 결과물을 만들어 제작할 수 있어 유튜버나 숏폼 크리에이터들이 B컷이나 시각적인 자료 화면을 직접 만들기 어려운 경우에 피카를 활용하여 원하는 결과물을 얻을 수 있습니다. 또한, 스톡 비디오뿐만 아니라 웹툰 이미지, 애니메이션 장면 등을 생성하여 참고 자료로 큰 도움을 줄 수 있으며, 가지고 있는 이미지를 움직이게 만들어 활용할 때 피카에서 움직임 예시를 참고하여 문제를 해결할 수도 있습니다.

02 피카 핵심 인터페이스 살펴보기

피카는 가입부터 영상 생성부터 편집, 출력까지 모든 작업이 웹 페이지에서 이뤄집니다. 핵심이 되는 피카의 인터페이스를 살펴봅니다.

❶ Explore/My library

ⓐ **Explore** : 다른 유저가 만든 결과물 및 입력한 텍스트 프롬프트를 볼 수 있는 공간입니다.

ⓑ **My library** : 프롬프트 입력하거나 해당 모드를 선택하면 표시되는 창으로, 내가 작업한 영상의 과정이나 결과물을 볼 수 있는 공간입니다.

❷ 보기 모드

ⓐ **바둑판식 배열(▦)** : 한 줄에 2개, 3개, 4개로 배열하여 많이 확인할 수 있는 보기 방식입니다.

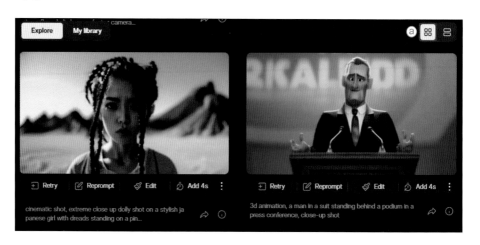

ⓑ **목록형 배열(☰)** : 한 줄에 1개씩 배열하여 크게 넓게 확인할 수 있는 보기 방식입니다.

❸ **Text Prompt** : 텍스트 프롬프트를 입력하는 공간입니다. 텍스트 입력을 통해 영상을 생성할 수 있습니다.

❹ **Image or video** : 이미지나 비디오를 업로드하는 창이 표시됩니다.

❺ **Sound effects** : 자동으로 결과물에 효과음을 입혀주는 기능입니다.

❻ **Video options** : 결과물의 사이즈와 영상의 프레임을 설정하는 기능입니다.

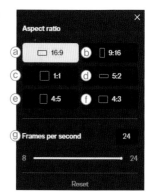

ⓐ **16:9** : 영상을 16:9의 가로형으로 생성합니다.

ⓑ **9:16** : 영상을 9:16의 세로형(숏폼)으로 생성합니다.

ⓒ **1:1** : 영상을 1:1의 정방형으로 생성합니다.

ⓓ **5:2** : 영상을 5:2의 아나모픽 영상 형태로 생성합니다.

ⓔ **4:5** : 영상을 4:5의 좁은 세로형으로 생성합니다.

ⓕ **4:3** : 영상을 4:3의 좁은 가로형으로 생성합니다.

ⓖ **Frames per second** : 영상의 프레임을 설정합니다. 1초를 몇 장의 이미지로 구성하는지에 관한 설정으로, 8~24 프레임으로 조절할 수 있습니다. 숫자가 낮을수록 끊기는 느낌이 강해집니다.

❼ **Motion control** : 카메라의 움직임을 제어하는 기능입니다. 복수 선택이 가능합니다.

ⓐ **Pan** : 카메라을 좌/우로 움직이게 하는 기능입니다. 선택한 방향으로 카메라가 움직입니다.

ⓑ **Tilt** : 카메라를 상/하로 움직이게 하는 기능입니다. 선택한 방향으로 카메라가 움직입니다.

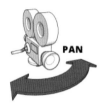

ⓒ **Rotate** : 카메라를 회전하는 기능입니다. 선택한 방향으로 카메라가 회전합니다.

ⓓ **Zoom** : 카메라가 앞뒤로 움직이며 줌 인/줌 아웃하는 기능입니다. +는 줌 인을 의미하며, −는 줌 아웃을 의미합니다.

ⓔ **Strength of motion** : 카메라 및 피사체의 움직의 강도를 조절합니다. '0'에 가까울수록 움직임이 적고 부드러우며, '4'에 가까울수록 움직임이 많고 역동적입니다.

❽ **Advanced options** : 부정적인 프롬프트 배제 및 텍스트 프롬프트에 얼마나 충실하게 따르는 지를 수치로 조절하는 기능입니다. 특별한 경우가 아니라면 해당 수치는 기본값인 '12'에 두는 것이 좋습니다.

03 무에서 유를 창조하는 Text-to-Video 워크플로

피카에서 제공하는 모델 중에서도 텍스트를 입력하면 AI가 분석하고 비디오를 생성하는 Text-to-Video 모델의 작업 방식을 살펴보겠습니다.

텍스트 프롬프트 입력 및 사운드 효과 적용

피카에서 텍스트 프롬프트(Text Prompt) 입력창에 프롬프트를 입력합니다. 'Advanced options' 아이콘(▣)을 클릭하여 옵션을 표시하고 Negative prompt에 부정적인 요소를 입력하여 배제한 다음 'Sound effects'를 클릭하여 활성화해 사운드를 생성합니다.

프롬프트 woman pirate with pink hair, on the ship, bright, Anime

영상의 사이즈를 조정하는 Video options

영상의 비율은 Video options에서 조절할 수 있습니다. 영상에 최적화된 16:9 비율부터 9:16, 1:1, 4:5 등 다양한 비율을 선택할 수 있습니다. 일반적으로 16:9나 9:16을 선택하지만, 사용하고자 하는 기획 의도와 업로드할 플랫폼에 맞게 선택하는 것이 좋습니다.

영상의 역동성을 좌우하는 Motion control

카메라를 들고 촬영하는 가정을 하여 '내가 카메라 감독이라면 어떻게 찍을까?'를 생각한 상태로 피카에서 제공하는 카메라 옵션을 설정하고, Strength of motion의 수치를 조절합니다. 설정값의 수치가 높을수록 결과물에 움직임이 많아지지만, 그만큼 변형이 심하며 뭉개지는 현상이 생깁니다. 반대로 설정값의 수치가 낮다면 영상의 움직임은 적어지지만, 변형이 덜하며 높은 퀄리티가 나올 확률이 증가합니다. Strength of motion은 기본적으로 '1'로 설정되어 있으며, 모든 설정이 끝나고 '생성' 아이콘(✦)을 클릭하면 영상이 생성됩니다.

영상 수정과 업스케일

입력한 프롬프트와 카메라 설정에 맞추어 영상이 표시됩니다. AI 콘텐츠는 한 번에 원하는 결과물이 나오는 경우가 드물기 때문에 〈Retry〉를 클릭하여 동일한 조건으로 다시 생성하거나 〈Reprompt〉를 클릭하여 같은 조건에서 카메라 설정이나 파라미터, 크기 등 세부 설정을 변경할 수 있습니다. 만족스러운 결과물이 나왔다면 '더보기' 아이콘(█)을 클릭하고 'Upscale'을 선택하여 업스케일 작업을 진행합니다. 업스케일은 단순하게 크기만 키워주는 것이 아니라 세부적인 부분도 보정해 주므로 작업으로 결과물로 사용할 수 있게 하는 퀄리티 향상 작업이라고 볼 수 있습니다.

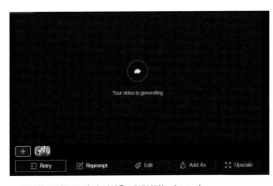

▲ 동일한 조건으로 다시 영상을 재생성하는 〈Retry〉

▲ 세부 설정을 변경할 수 있는 〈Reprompt〉

▲ 크기를 키우고 퀄리티를 향상시키는 〈Upscale〉

영상 다운로드

업스케일이 완료된 영상은 섬네일에 'Upscaled'가 표시됩니다. 이제 이 영상을 다운로드하기 위해 섬네일에 마우스를 위치시켜 '다운로드' 아이콘(⬇)이 표시되면 클릭하여 영상을 다운로드 합니다.

▲ 왼쪽 상단에 표시된 'Upscaled' 표시

> **NOTE** 기본 요금제의 사용자는 비디오를 확장하거나 업그레이드 할 수 없다는 창이 표시됩니다. 좀 더 확장하고 퀄리티 높은 영상을 다운하기 위해서는 요금제에 가입하고, 그렇지 않은 경우에는 업스케일되지 않은 영상을 바로 다운로드합니다. 스탠다드 버전은 월 8불(한화 11,016원 정도), 언리미티드 버전은 28불(한화 38,556원 정도), 프로 버전은 58불 (한화 79,866원 정도)입니다.

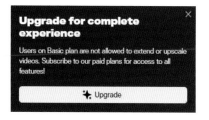

04 이미지를 움직이는 Image-to-Video 워크플로

Image-to-Video 모델의 워크플로를 살펴봅니다. Text-to-Video 모델의 워크플로와 비슷하지만, 생성하는 영상의 방향성이 다르다는 점에서 차이점이 있습니다.

▶ 원본 이미지

이미지 업로드 및 프롬프트 입력

피카에서 텍스트 프롬프트(Text Prompt) 입력창에 프롬프트를 입력합니다. 'Advanced options' 아이콘(⊶)을 클릭하여 옵션을 표시하고 Negative prompt에 부정적인 요소를 입력하여 배제한 다음 'Sound effects'를 클릭하여 활성화해 사운드를 생성합니다.

모든 설정이 끝나면 '생성' 아이콘(✦)을 클릭하여 영상을 생성합니다. 생성이 완료되면 Text-to-Video 워크플로와 같은 방법으로 영상을 수정 및 업스케일을 진행합니다. 업스케일이 완료된 후에는 PC에 다운로드를 진행합니다.

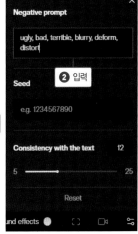

프롬프트 slow motion, stylish, realistic

영상의 역동성을 좌우하는 카메라

Text-to-Video 모델과 같은 카메라 설정입니다. 여기에서는 Zoom을 축소(–)되는 것으로 선택하고 Strength of motion을 '2'로 설정한 다음 '생성' 아이콘(✦)을 클릭하여 영상을 만들었습니다.

NOTE 'Image-to-Video'의 비율 변경하기

이미지를 영상으로 만드는 과정에서 만들어지는 영상은 기본적으로 이미지의 사이즈에 맞게 비율이 설정되기 때문에 처음 과정에서는 영상의 비율과 사이즈를 수정할 수 없습니다. 하지만 프롬프트를 입력하고 영상 수정과 업스케일 과정 전에 〈Edit〉을 클릭하여 활성화되는 〈Expand canvas〉를 클릭하면 영상의 크기를 확대할 수 있는 설정창이 표시됩니다. 캔버스 크기에 맞게 화면 비율을 설정하고 '생성' 아이콘(✦)을 클릭하면 확장된 비율의 영상이 생성됩니다. 영상의 크기 확장이 목적이라면 텍스트 프롬프트는 기본으로 설정한 상태로 진행하는 것이 좋으며, 크기를 확장하고 그다음에 수정하거나 추가를 하는 것이 좋습니다.

▲ 1:1 비율 영상

▲ 9:16 비율로 변경한 영상

05 비디오의 스타일을 변경하는 Video-to-Video 워크플로

비디오를 업로드하면 기본 비디오의 형태를 최대한 유지하면서 다양한 스타일이나 입력한 프롬 프트가 반영된 변화된 결과물을 생성할 수 있습니다. 기존 비디오의 스타일을 변경하는 Video-to-Video 워크플로를 살펴봅니다.

▲ 원본 비디오

비디오 업로드 및 프롬프트 입력

피카에서 'Image or video'를 클릭하여 영상 파일을 소스로 불러오고 텍스트 프롬프트 입력창 에 프롬프트를 입력합니다. 'Advanced options' 아이콘(⬚)을 클릭하여 옵션을 표시하고 Negative prompt에 부정적인 요소를 입력하여 배제합니다. 모든 설정이 끝나면 '생성' 아이콘 (✦)을 클릭하면 영상이 생성됩니다. 비디오의 스타일을 변경하는 과정에서는 Motion control 이 비활성화됩니다. 생성이 완료되면 Text-to-Video 워크플로와 같은 방법으로 영상을 수정 및 업스케일을 진행합니다. 업스케일이 완료된 후에는 PC에 다운로드를 진행합니다.

프롬프트 woman with blue hair, castle, Anime

185

PROJECT

그림부터 움직이는 효과까지,
AI로 만드는
애니메이션 웹툰 제작하기

AI 기술의 발전은 예술 분야 전반에 혁신을 가져오고 있습니다. 특히 그림과 애니메이션 분야에서는 이러한 혁신이 두드러지게 나타나고 있습니다. 이는 구체적인 스토리가 없거나 그림 실력이 부족한 사람들도 AI를 활용하여 창의적인 작업을 할 수 있는 시대가 도래했기 때문입니다. 이번 예제에서는 다양한 AI 도구를 활용하여 스토리를 구성하고, 해당 스토리에 맞는 그림을 생성한 후, 짧은 형식의 애니메이션 작업을 진행해 보겠습니다.

웹툰 영상 콘텐츠를 제작하기 위해서 먼저 챗GPT를 활용하여 웹툰 스토리를 구성해야 합니다. 이때 주의해야 할 점은 장면마다 신을 나누어 프롬프트를 생성해야 하며, 웹툰으로 구성하는 것이므로 캐릭터가 장면마다 일관되게 유지되어야 합니다.

이를 손쉽게 구현할 수 있는 스카이릴스(SkyReels)를 활용하여 생성된 프롬프트를 입력하고 연속된 캐릭터와 스토리에 맞는 장면(원화)를 생성합니다. 이렇게 만든 장면들을 피카 AI(Pika AI)를 활용하여 애니메이션화합니다. 구체적인 텍스트 프롬프트를 통해 어떻게 움직이고, 어떤 효과를 삽입하여 애니메이션 장면을 구현할지 생각하며 입력합니다. 피카는 카메라 제어 옵션을 통해 줌 인, 줌 아웃 등 다양한 카메라 애니메이션 작업이 가능합니다. 마지막으로 피카에서 구현한 애니메이션을 브루로 가져와 디자인 자막을 추가해 숏폼 웹툰 영상을 완성합니다.

1. 챗GPT에서 콘텐츠 대본 작성 웹툰 등장인물 생성하기

챗GPT를 활용하여 웹툰의 스토리를 작성한 후, 스카이릴스를 이용하여 일관된 등장인물 이미지와 스토리에 맞는 장면을 생성합니다. 이 과정을 통해 생성된 이미지는 애니메이션의 뼈대가 됩니다.

2. 피카 AI를 활용하여 장면 애니메이팅하기

이미지를 애니메이션 형태로 제작하기 위해 피카 AI를 활용합니다. 텍스트 프롬프트 입력과 카메라 모션을 제어합니다. 원하는 효과를 구현하기 위해 구체적인 프롬프트 입력과 장면에 어울리는 카메라 제어 옵션을 설정합니다. 특수 효과를 적용하여 이미지를 역동적으로 움직일 수 있으며, 캔버스 확장을 통해 이미지의 사이즈를 조절할 수도 있습니다.

3. 브루를 활용하여 숏폼 영상 완성하기

애니메이션을 숏폼 콘텐츠로 제작할 때 필요한 가독성 있는 자막을 삽입합니다. 이를 위해 폰트 및 디자인을 하나하나 설정하는 것이 아니라, 프리셋 형태로 제공되는 디자인 자막을 활용하여 웹툰 숏폼 영상에 자막을 추가하여 영상을 완성합니다.

S E C T I O N

14. 챗GPT를 활용하여 웹툰 스토리 작성하기

만들고자 하는 분야의 지식이 부족하더라도 챗GPT를 활용하면 구체적인 스토리 아이디어를 만들 수 있습니다. 챗GPT를 활용하여 웹툰 작가의 시각에서 웹툰 스토리를 만들어 보겠습니다.

01 웹브라우저에서 'chat.openai.com'을 입력하여 챗GPT 사이트에 접속하고 로그인합니다.

02 입력창에 웹툰 작가 시각에서의 내용을 최대한 구체적으로 입력합니다.

TIP 특정 직업의 입장에서 적어달라고 하면 좀 더 원하는 응답이 나올 확률이 높습니다.

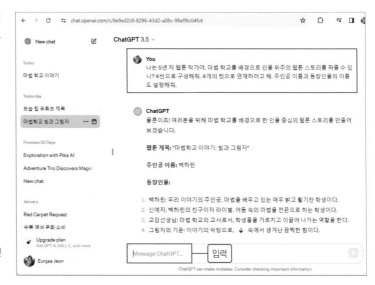

나는 5년 차 웹툰 작가야. 마법학교를 배경으로 인물 위주의 웹툰 스토리를 짜줄 수 있니? 4신으로 구성해 줘. 4개의 컷으로 연재하려고 해. 주인공 이름과 등장인물의 이름도 설정해 줘.

물론이죠! 여러분을 위해 마법학교를 배경으로 한 인물 중심의 웹툰 스토리를 만들어 보겠습니다.

웹툰 제목 : "마법학교 이야기: 빛과 그림자"

주인공 이름 : 백하린

등장인물 :

1. 백하린 : 우리 이야기의 주인공으로, 마법을 배우고 있는 매우 밝고 활기찬 학생이다.

2. 신예지 : 백하린의 친구이자 라이벌로, 어둠 속성의 마법을 전문으로 하는 학생이다.

3. 교감 선생님 : 마법학교의 교사로서, 학생들을 가르치고 이끌어 나가는 역할을 한다.

4. 그림자의 기운 : 이야기의 악당으로, 어둠 속에서 생겨난 끔찍한 힘이다.

스토리 :

컷 1 : 백하린이 마법학교의 교실에서 수업을 받고 있다. 교감 선생님은 학생들에게 새로운 주제인 "빛과 그림자의 조화"에 대해 설명하고 있다. 백하린은 기대와 호기심으로 가득 차 있어 보인다.

컷 2 : 신예지는 백하린에게 도전장을 내민다. 그녀는 어둠 속의 마법을 연구하고 있는데, 백하린과의 경쟁에서 밀리기 싫어한다. 백하린은 신예지의 도전을 받아들이고, 서로의 마법 능력을 겨루기로 한다.

컷 3 : 백하린과 신예지는 마법학교의 마법 실에서 대결을 벌인다. 백하린은 빛의 마법을 발휘하며 아름다운 빛을 펼치고, 신예지는 그림자의 힘을 사용하여 어둠을 조종한다. 두 사람의 격렬한 대결이 펼쳐진다.

컷 4 : 하지만 대결 중, 그림자의 기운이 갑자기 나타나 백하린과 신예지를 위협한다. 두 사람은 합심하여 그림자의 기운을 물리치기 위해 협력해야 한다. 마침내 그들은 단합하여 빛과 그림자를 조화롭게 사용하여 그림자의 기운을 물리치고, 마법학교를 구하는 데 성공한다.

이렇게 4개의 컷으로 이야기를 진행할 수 있을 것 같습니다. 이 스토리를 토대로 웹툰을 연재해 보세요!

NOTE 스카이릴스의 스토리 템플릿

챗GPT를 과정이 없어도 스카이릴스에 최근 스토리를 생성해 주는 기능이 업데이트되었습니다. 스카이릴스에서 아이디어를 활용하여 웹툰의 스토리를 생성해 보세요.

◉ 예제파일 : 03\외형묘사.txt, 웹툰스토리.txt, 웹툰장면.txt　◉ 완성파일 : 03\웹툰1〜웹툰4.jpg

캐릭터와 등장인물로
웹툰 장면 생성하기

웹툰을 제작하기 위해서는 스토리에 맞게 각 장면에 나오는 캐릭터를 일관적으로 설정해야 합니다. 각 장면마다 캐릭터를 설정하여 자세나 장면을 묘사할 수 있어 웹툰 제작에 최적화된 스카이릴스에서 이미지를 제작해 보겠습니다.

01 웹브라우저에서 'skyreels.ai'를 입력하여 스카이릴스 사이트에 접속합니다. 로그인을 하고 표시되는 화면에서 〈작성시작〉을 클릭합니다.

TIP 스카이릴스에 처음 가입하여 아이디를 만들면 체험판 개념으로 '1200 마나'를 제공합니다. 마나는 스카이릴스에서 사용 가능한 크레딧으로 스토리를 활용하여 캐릭터 및 웹툰 장면을 생성할 때 마나가 소모됩니다. 마나가 전부 소모되면 구매를 통해 마나를 충전해야 합니다.

02 만화정보 창이 표시되면 제작할 형태의 그림 스타일을 선택하고 〈다음〉을 클릭합니다. 예제에서는 '유니버설 스타일'을 선택하였습니다.

03 스토리 입력 화면이 표시됩니다. 예제에서는 챗GPT로 스토리를 만들었으므로 스토리를 입력하겠습니다. '∧' 아이콘
을 클릭하여 스토리 창을 표시하고 03 폴더에서 '웹툰스토리.txt' 파일을 열어 스토리를 복사한 다음 입력창에 붙여넣
은 후 〈다음〉을 클릭합니다.

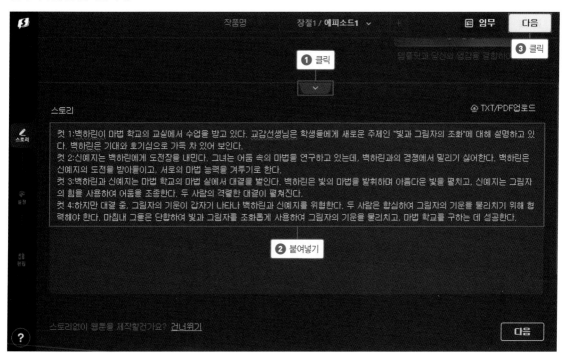

NOTE 스토리 템플릿에서 원하는 장르를 선택하고 아이디어 편집에 키워드를 입력한 다음 〈생성하기〉를 클릭하면 AI가 키워드 기반으
로 스토리를 생성해 주므로 내용을 작성하지 않아도 쉽게 이야기를 구성할 수 있습니다.

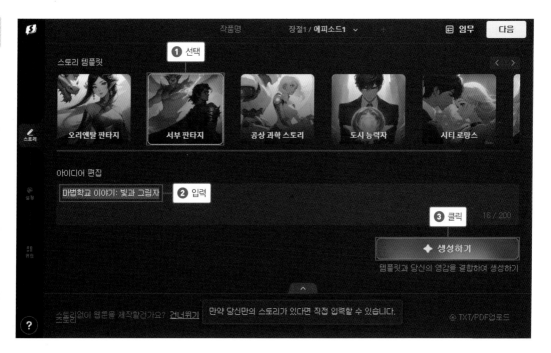

04 캐릭터 디자인 화면이 표시되면서 스토리에 입력한 등장인물이 캐릭터 외형 묘사와 그림으로 표시됩니다. 외형 묘사에서 인물의 설정을 수정하고 다시 생성할 수 있습니다. 외형묘사에서 캐릭터의 외형 묘사를 새로 작성한 다음 〈다시 생성〉을 클릭합니다.

TIP 외형묘사를 혼자서 생각하고 적기 어려운 경우, 이에 대한 묘사를 챗GPT에 물어보는 것도 방법입니다.

 성별 : 남자

머리색 : 붉은 머리

피부색 : 그림자 기운의 피부는 어둡고 차가운 톤을 지니고 있습니다. 마치 달이 비추는 밤하늘과 같은 색감을 가지고 있어 피부 자체가 어둡고 음침한 느낌을 줍니다.

눈 색깔 : 눈은 주로 깊고 어둡게 그을린 갈색 또는 검은색을 가지고 있습니다. 눈동자는 매우 깊고 어둡게 반짝이며, 시선이 어둠 속으로 빠져 들어가는 듯한 느낌을 줍니다.

인상착의 : 그림자 기운의 얼굴은 사악하고 음침한 인상을 주는데, 뾰족한 코와 예리한 입술이 그 특징입니다. 얼굴 윤곽은 날카로워 보이며, 깊은 주름이 흉흉하게 그려져 있습니다. 또한, 얼굴 전체적으로 그을린 듯한 그림자가 감돌며, 상대방에게 불안과 공포를 느끼게 합니다.

의상 : 그림자 기운은 어둠과 잔혹함을 상징하는 의상을 입고 다닙니다. 주로 검은색 망토나 망토 형태의 의상을 착용하고, 몸을 감싸는 것처럼 어둠이 스며든 듯한 느낌을 주는 소재로 만들어져 있습니다. 또한, 그림자 기운이 나타날 때마다 어둠이 진하게 뒤섞인 효과로 의상이 변화하는 것처럼 보입니다.

05 입력한 외형 묘사에 맞게 캐릭터가 변경된 것을 확인할 수 있습니다. 다른 등장인물도 같은 방법으로 변경하고 〈다음〉을 클릭합니다. 예제에서는 챗GPT에 질문하여 각 등장인물의 인상착의, 의상, 머리색, 인상에 대한 답을 얻어서 캐릭터를 디자인했습니다.

TIP 예제와 같은 스토리의 캐릭터를 생성하려면 03 폴더에서 '외형묘사.txt' 파일을 열어 각 캐릭터마다의 외형을 복사하고 붙여넣어 생성합니다.

06 편집 화면이 표시됩니다. 최종적으로 4컷의 그림이 필요하므로 〈+ 뉴 패널〉을 클릭하여 4개의 편집 장면을 추가하고 첫 번째 위치의 '편집'을 선택합니다.

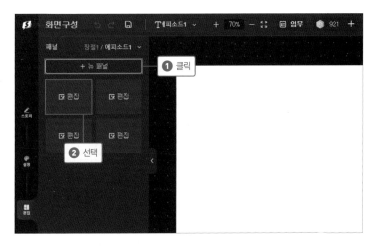

07 세부적으로 원하는 장면을 만들 수 있는 화면이 표시됩니다. 03 폴더에서 '웹툰장면.txt' 파일을 열고 각 장면을 참조
하겠습니다. 등장할 캐릭터를 선택하고 첫 번째 장면의 이미지 묘사를 입력한 다음 〈다시 생성〉을 클릭합니다. 원하
는 이미지가 생성되면 〈저장〉을 클릭합니다.

TIP 결과물이 마음에 들지 않는다면, 이미지 묘사를 좀 더 상세하게 작성하고 〈다시 생성〉을 클릭하면 원하는 결과물에 근접하게 생성할 수 있습니다.

프롬프트 백하린이 마법학교의 교실에서 앉아서 수업을 받고 있다. 교감 선생님은 학생들에게 새로운 주제인 "빛과 그림자의 조화"에 대해 설명하고 있다. 백하린은 기대와 호기심으로 가득 차 있어 보인다. 인물 모두 놀라는 표정.

08 같은 방법으로 두 번째 위치의 '편집'을 선택하고 스토리에 맞게 이미지 묘사를 수정합니다. 예제에서는 챗GPT의 두
번째 스토리를 입력하고 '백하린'과 '신예지'를 선택하였습니다.

프롬프트 신예지는 백하린에게 도전장을 내민다. 그녀는 어둠 속의 마법을 연구하고 있는데, 백하린과의 경쟁에서 밀리기 싫어한다. 백하린은 신예지의 도전을 받아들이고, 서로의 마법 능력을 겨루기로 한다. 배경은 학교 옥상, 시간은 낮

09 같은 방법으로 세 번째 장면과 네 번째 장면도 스토리에 맞게 4컷 웹툰 구성을 합니다. 이미지 묘사 및 캐릭터 선택
을 활용하여 구도와 결과물을 다르게 만들 수 있습니다.

▲ 수정 후 화면 3

▲ 수정 후 화면 4

프롬프트 　3 : 마법 학교의 마법 교실에서 대결을 벌인다. 백하린은 빛의 마법을 발휘하여 아름다운 빛을 펼치고, 신예지는 그림자의 힘을
　　　　 사용하여 어둠을 조종한다. 두 사람의 격렬한 대결이 펼쳐진다.

　　　　 4 : 그림자의 기운이 갑자기 나타나 백하린과 신예지를 위협한다. 화난 표정, 클로즈업 샷

10 생성한 장면들이 각 편집 화면에 표시됩니다. 웹툰처럼 컷을 배치할 수 있어 용이하지만 예제에서는 영상으로 만들기
위해 웹툰 이미지를 컴퓨터에 저장하기 위한 작업을 진행하겠습니다.

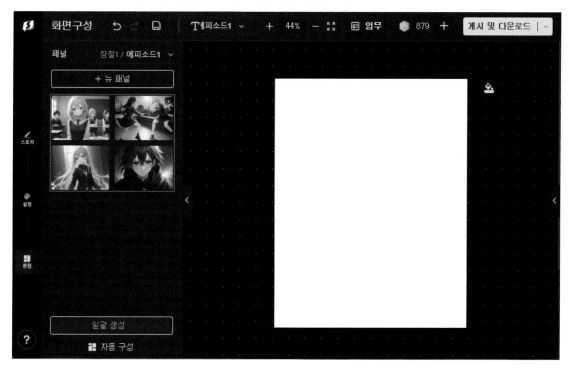

11 세 번째 장면 이미지를 선택하여 작업 하면에 이미지를 불러옵니다.

12 가장자리 부분을 드래그하여 페이지에 꽉 차게 배치합니다. 이미지를 저장하기 위해 〈게시 및 다운로드〉를 클릭하고 각 그림의 높이를 '1000'으로 설정한 다음 〈게시 및 다운로드 (1)〉을 클릭합니다.

TIP 숏폼 영상은 9:16 비율의 영상이지만 웹툰 AI는 4:5의 비율로만 이미지의 크기를 제공합니다. 이후에 캔버스를 늘려서 작업할 예정이므로 여기서는 4:5 비율의 이미지를 얻겠습니다.

13 같은 방법으로 다른 장면도 선택하고 배치한 다음 다운로드합니다. 에피소드1에 한 장씩 그림을 덮어서 저장하는 방식입니다. 다운로드한 웹툰 그림 파일을 압축 해제한 다음 하나의 폴더에 모아서 저장합니다.

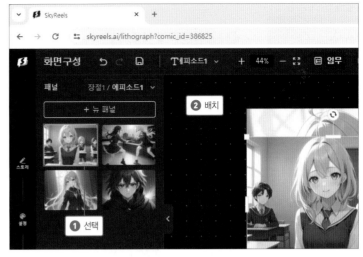

NOTE 스카이릴스는 웹툰을 만들 때 최적화된 AI입니다. 예제에서는 숏폼 웹툰 영상을 만들기 위해 한 장면당 한 페이지의 형태로 배치했지만, 일반적으로 에피소드는 한 페이지에 여러 개의 그림을 추가하여 웹툰을 구성하는 형태로 사용됩니다.

1 페이지

2 페이지

S E C T I O N

16.

임펙트 모션!
웹툰 애니메이션 생성하기

스카이릴스를 사용하여 만든 웹툰 이미지를 피카 AI로 이미지를 첨부하고 프롬프트를 이용해 정적인 웹툰 이미지를 동적인 숏폼 애니메이션 콘텐츠로 변환하는 방법을 알아보겠습니다.

01　웹브라우저에서 'pika.art'를 입력하여 피카 AI 사이트에 접속합니다. 로그인하여 메인 화면이 표시되면 'Image or video'를 클릭합니다.

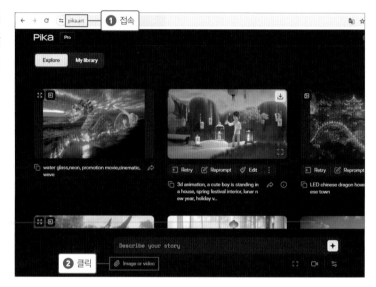

NOTE　피카에 처음 가입하여 아이디를 만들면 체험판 개념으로 250 크레딧을 제공합니다. 처음 크레딧을 전부 소모한 시점부터는 매일 30 크레딧이 충전됩니다. 영상 하나 제작에 10 크레딧이 소모되므로, 하루 3개의 영상까지 무료로 생성 가능합니다.

02　열기 대화상자가 표시되면 03 폴더나 스카이릴스에서 만든 이미지를 저장한 폴더에서 '웹툰3.jpg' 파일을 선택하고 〈열기(O)〉를 클릭하여 피카에 불러옵니다.

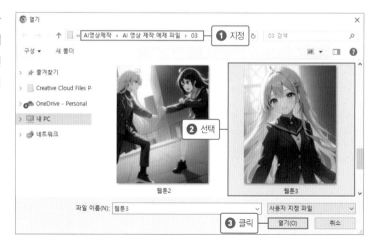

03 Describe your story 부분에 이미지를 어떻게 움직일지 최대한 상세하게 키워드 위주로 작성하고, 작성이 완료되면 '확인' 아이콘(✦)을 클릭합니다.

프롬프트

fighting, battle, magic spell, blink eyes, fluttering hair, lightening effect, effect, angry, best quality, magic circle

TIP 예제와 같은 프롬프트를 사용하려면 03 폴더에서 '장면프롬프트.txt' 파일의 내용을 복사하고 붙여넣습니다.

04 프롬프트 요청대로 이미지의 애니메이션 작업이 진행됩니다. 이미지를 크게 보기 위해 배치를 한 줄에 하나씩 보이게 하는 '배치 설정' 아이콘(🮔)을 클릭하여 보기 형식을 변경합니다.

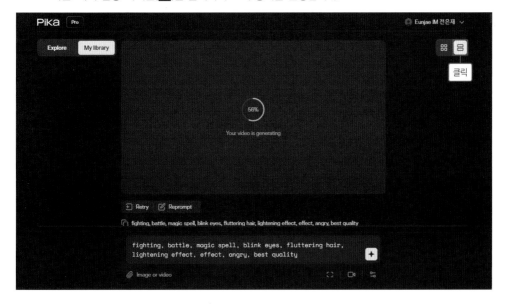

05 입력한 프롬프트에 기반하여 애니메이션이 적용됩니다. 부정적인 요소를 배제하기 위해 'Negative prompt' 아이콘 (⚙️)을 클릭하고 Negative prompt에 'Ugly, bad, terrible'을 입력한 다음 '확인' 아이콘(➕)을 클릭합니다.

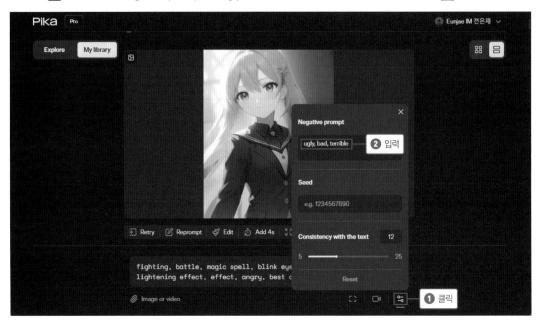

TIP AI의 특성상 한 번에 원하는 결과물이 나올 수 있지만, 그렇지 않은 경우가 더 많습니다. 다시 결과물을 얻기 위해 〈Retry〉를 클릭하여 다시 생성을 시도할 수 있습니다.

06 계속 변경해도 결과물이 마음에 들지 않을 수 있습니다. 동작의 강도를 조절하여 변화를 주기 위해 'Strength of motion' 아이콘(📹)을 클릭하여 Strength of motion을 '2'로 설정한 다음 '확인' 아이콘(➕)을 클릭합니다.

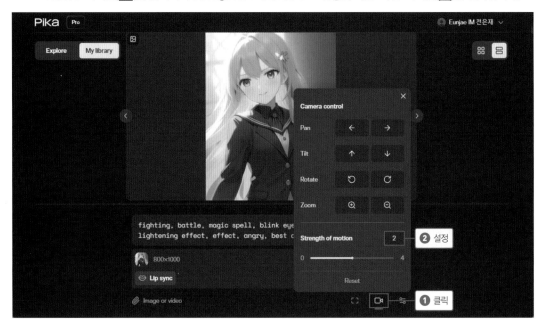

TIP 원하는 결과물이 나올 때까지 앞의 과정을 반복하고 필요하다면 프롬프트를 수정하고 설정을 변경하며 진행합니다. 내가 원하는 콘텐츠는 인내와 반복이 수반되어야 원하는 결과물에 가깝게 도출할 수 있습니다.

O7 캐릭터의 얼굴과 머리카락이 움직이는 애니메이션이 만들어졌습니다. 원하는 결과물이 나오면 〈Edit〉을 클릭하고
비율을 변경하기 위해 〈Expand canvas〉를 클릭합니다.

O8 '9:16'을 선택하여 비율을 설정하고 '확인' 아이콘(✦)을 클릭한 다음 '닫기' 아이콘(✕)을 클릭합니다.

TIP 비율 설정 창을 닫았을 때 비율에 맞는 영상 생성이 진행되며, 생성 시간이 소요됩니다.

09 9:16 비율의 영상으로 변경되었습니다. 결과물이
좋게 나왔다면 〈Upscale〉을 클릭하여 업스케일
을 진행합니다.

TIP 원하는 결과물이 나오지 않는다면 〈Expand Canvas〉
를 다시 클릭하고 동일한 과정을 반복하면 됩니다.

10 업스케일이 된 영상은 왼쪽 상단에 'Upscaled'
라고 표시됩니다. '다운로드' 아이콘(⬇)을 클릭
하여 영상을 다운로드합니다.

11 이번에는 2명이 나오는 장면을 애니메이션화합니다. 'Image or video' 클릭하여 열기 대화상자가 표시되면 03 폴더
에서 '웹툰2.jpg' 파일을 선택한 다음 〈열기(O)〉를 클릭해 이미지를 피카에 불러옵니다.

12 Describe your story에 이미지를 어떻게 움직일지 최대한 상세하게 키워드 위주로 작성하고 '확인' 아이콘(➕)을 클릭합니다. 특히 액션 위주의 동작을 많이 추가합니다.

프롬프트

> battle scene, battle dramatically, magic battle, finger animation, fight, punch, best quality, anime

NOTE Negative prompt와 Camera control, Strength of motion도 설정하여 내가 원하는 동작이랑 가깝게 나올 수 있게 AI를 설정합니다.

- Negative prompt에 입력하면 결과 영상의 퀄리티가 높아지는 단어

  ugly, bad, terrible, noisy, bad quality, distorted, poorly drawn, blurry, grainy, low resolution, oversaturated, lack of detail, inconsistent lighting

13 캐릭터의 액션 애니메이션이 생성되었습니다. 원하는 결과물이 나오면 〈Edit〉을 클릭하고 비율을 변경하기 위해 〈Expand canvas〉를 클릭합니다.

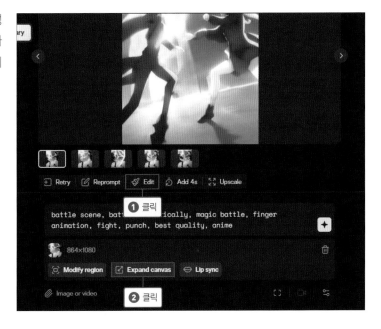

14 '9:16'을 선택하여 비율을 설정하고 '확인' 아이콘(✦)을 클릭한 다음 '닫기' 아이콘(✕)을 클릭합니다.

15 9:16 비율의 영상으로 변경되었습니다. 결과물이 마음에 들게 나왔다면 〈Upscale〉을 클릭하여 업스케일을 진행합니다.

16 업스케일이 된 영상은 왼쪽 상단에 'Upscaled'라고 표시됩니다. '다운로드' 아이콘(⬇)을 클릭하여 영상을 다운로드합니다.

17 '웹툰1.jpg', '웹툰4.jpg' 이미지 파일도 같은 방법으로 애니메이션화합니다. 원하는 결과물이 나올 때까지 시간을 들이는 것이 중요합니다.

▲ 웹툰1.jpg

▲ 웹툰4.jpg

> **프롬프트**
>
> 웹툰1.jpg: talking, tilt neck, moving, move characters naturally, eyes blink, study
>
> 웹툰4.jpg: fighting, battle, magic spell, blink eyes, swirling hAlr, red lightening effect, effect, fire, angry

18 다운로드한 영상을 하나의 폴더에 모아서 장면별로 저장합니다.

SECTION

17.

웹툰 스타일의
자막 만들기

자막을 입혀 숏폼 애니메이션 영상을 완성합니다. 브루를 활용하여 웹툰 스타일의 말풍선 및 독백 자막을 적용합니다.

01　영상에 자막을 달기 위해 브루 프로그램을 실행합니다. 〔홈〕 메뉴를 선택하고 〔새로 만들기〕 탭을 선택합니다. 새로 만들기 대화상자가 표시되면 'PC에서 비디오 · 오디오 불러오기'를 클릭합니다.

02　PC에서 비디오 · 오디오 불러오기 대화상자가 표시되면 03 폴더에서 '웹툰1~웹툰4.mp4' 파일을 모두 선택하고 〈열기(O)〉를 클릭합니다.

03 브루에 불러올 영상의 순서 정하기 대화상
자가 표시됩니다. 순서를 확인하고 〈영상
불러오기〉를 클릭합니다.

TIP 마우스로 각각의 항목을 위아래로 드래그하면
순서를 배치할 수 있습니다. 위에서부터 순서대로 영상이
배열되므로, '웹툰1.mp4' 파일을 가장 위로 배치하고 '웹
툰4.mp4' 파일을 가장 아래에 배치하도록 합니다.

04 영상 불러오기 대화상자가 표시되면 '음성 분석 안함'을 선택하고
〈확인〉을 클릭합니다.

05 영상들이 브루의 작업 화면에 표
시됩니다.

06 디자인 자막을 추가하기 위해 [삽입] 메뉴를 선택하고 [디자인 텍스트] 탭을 선택한 다음 그림과 같이 디자인의 자막을 선택합니다. 미리 보기 화면에 자막이 추가되면 선택하고 '우리 학교가 위험해?'라는 문구를 입력합니다.

07 자막의 왼쪽과 오른쪽 부분을 드래그하면 줄을 바꿀 수 있습니다. 드래그하여 줄을 바꾸고 글꼴 크기를 '100'으로 지정한 다음 자막을 드래그하여 화면의 중앙에 배치합니다.

08 같은 방법으로 '씬 #2'를 선택하고 같은 스타일의 디자인 자막 형태를 선택합니다.

09 '우린 영원한 라이벌이야'라는 자막을 입력합니다. 자막 지정 상자를 드래그하여 줄을 바꾸고 글꼴 크기를 '100'으로 지정한 다음 자막을 드래그하여 화면의 중앙에 배치합니다.

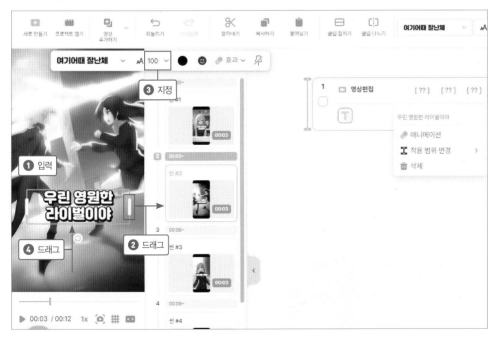

10 자막에 애니메이션을 적용하기 위해 '애니메이션'을 클릭하여 애니메이션 패널을 표시합니다. 애니메이션 패널의 모든 효과에서 '등장/퇴장', '페이드'를 선택하면 자막에 페이드 효과가 적용됩니다.

NOTE 자막의 시작과 끝에 적용되는 애니메이션 종류

현재 브루에서는 다음과 같은 종류의 애니메이션을 제공하고 있습니다. 마우스 커서를 'text' 글자가 적혀있는 섬네일에 위치시키면 해당 애니메이션을 미리 볼 수 있습니다.

11 같은 방법으로 남은 장면에도 디자인 자막을 적용합니다. 해당 예제에서는 '씬 #3'에는 '학교를 위해', '씬 #4'에는 '각오해라'라는 자막을 삽입하였습니다.

12 '재생' 아이콘(▶)을 클릭하여 자막이 잘 적용되었는지 확인합니다. 확인 후에 이상이 없다면 〈내보내기〉를 클릭하고 '영상 파일(mp4)'을 선택합니다.

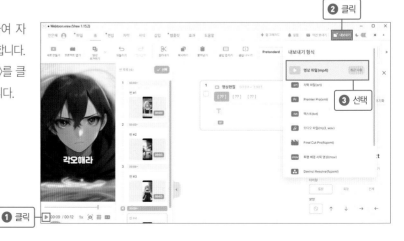

13 동영상 내보내기 대화상자가 표시
되면 해상도를 'FHD 수준'으로 지
정하고, 화질을 '최고화질'로 지정한 다음
〈내보내기〉를 클릭합니다.

TIP 화질 설정을 변경하면 영상 출력 시간
이 좀 더 소요되지만, 동영상의 최종 화질이 좋
아집니다.

14 영상으로 내보내기 (mp.4) 대화상
자가 표시되면 영상 파일 경로를
지정하고 파일 이름을 입력한 다음 〈저장
(S)〉을 클릭합니다.

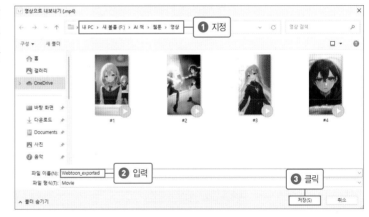

15 영상이 출력됩니다. 영상 출력이 완료되
면 저장한 경로의 폴더에서 영상을 확인
할 수 있습니다.

SPECIAL PAGE 03 — 포토샵 AI 생성 기능으로 이미지를 수정하려면?

이미지 소스에서 특정 부분의 이미지를 수정하거나 생성할 경우 포토샵의 AI 생성 기능을 이용하면 별도의 이미지 합성이나 드로잉 작업 없이 수정 가능합니다. 예제에서는 포토샵의 AI 생성 기능으로 집 안에서 뛰어노는 아이의 모습을 수영장에서 튜브를 가지고 점프하는 이미지로 수정해 보겠습니다.

◉ **예제파일** : 03\캐릭터.jpg **완성파일** : 03\캐릭터_완성.jpg

Before

After

1 포토샵을 실행한 다음 03 폴더에서 집안에서 뛰어노는 아이 이미지인 '캐릭터.png' 파일을 불러옵니다. '사각 선택' 도구(▥)를 선택하고 침대 부분을 드래그하여 선택 영역으로 지정합니다.

TIP 포토샵 CC 2024부터는 단어나 문장으로 이미지를 생성할 수 있는 AI 기능을 제공합니다. 새롭게 추가된 프롬프트 입력창으로 원하는 이미지를 생성해 보세요.

2 프롬프트 입력창에 '수영장'이라고 입력한 다음 〈Generate〉를 클릭합니다. 침대 이미지가 수영장 이미지로 변경되어 생성된 것을 확인할 수 있습니다.

3 인물의 의상을 수영복으로 변경하기 위해 '올가미' 도구(🔾)를 선택하고 인물의 의상이 포함되도록 드래그하여 선택 영역으로 지정합니다.

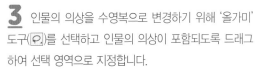

4 프롬프트 입력창에 '수영복'이라고 입력한 다음 〈Generate〉를 클릭합니다.
인물의 의상이 수영복으로 변경된 것을 확인할 수 있습니다. 속성 패널의 〈Generate〉를 클릭하여 원하는 수영복을 생성하고 선택할 수 있습니다.

5 '사각 선택' 도구(▢)로 인물의 오른쪽 팔 부분을 드래그하여 선택 영역으로 지정합니다. 프롬프트 입력창에 '수영튜브'라고 입력하여 수영장에서 수영복을 입고 수영튜브를 든 아이의 이미지를 완성합니다.

생성형 AI 영상을 위한

딥러닝부터 딥페이크
영상 제작까지!

딥페이크 기술은 이미 현실에서는 유용하게 딥페이크에 대한 활용되고 있습니다. 영화나 TV 프로그램에서 특수 효과를 만들거나, 예전 배우의 얼굴을 현재 배우와 합성하여 더욱 자연스러운 영상을 제작하는 데 사용될 수 있습니다. 영화나 드라마, 음악의 품질을 향상시키고, 재미를 더해 상상 속에서 표현할 수 있는 영상을 특히 엔터테인먼트 분야에서 쉽게 표현할 수 있게 되었습니다.

예제에서는 인공지능의 딥러닝 기술을 이용하여 영상에서 특정 인물의 얼굴을 다른 인물의 얼굴로 교체 방법을 알아보고, 깃허브에서 AI 모델을 다운로드하고 목소리를 학습시켜 AI 커버곡 영상까지 만들어 보겠습니다. 이러한 딥페이크 기능을 이용하면 원하는 형태의 영상을 자유자재로 제작하는 방법을 학습할 수 있습니다.

PROJECT

속지않을 자신 있어?
딥페이크 영상 만들기

가장 대중적으로 알려진 인공지능 분야 중 하나는 바로 딥페이크(Deepfake)입니다. 이 기술은 딥러닝과 인공지능 기술을 이용하여 인물의 얼굴을 합성하거나 조작하는 것을 의미합니다. 딥페이크는 주로 영상이나 사진에서 특정 인물을 다른 인물의 얼굴로 교체되는 데 사용되는 기술로, 언론이나 미디어에서 자주 다루어지며, 과거부터 AI라고 언급될 때 가장 먼저 떠오르는 기술 중 하나입니다. 이번 예제에서는 스왑페이스(Swapface)를 활용하여 쉽고 빠르게 딥페이크 구현을 살펴볼 것입니다.

딥페이크 기술은 현재 AI 기술이 가장 주목받는 분야 중 하나입니다. AI가 본격적으로 주목받기 이전부터 딥페이크와 관련된 다양한 프로그램들이 등장했으며, 그 중에는 FaceApp, Reface, DeepFaceLab, DeepArtEffects 등이 있습니다. 예제에서 사용하는 스왑페이스(Swapface)를 활용하면 전문 지식이나 기술이 필요 없이도 간단하게 딥페이크를 구현할 수 있습니다.

뉴스 앵커의 얼굴을 모델의 얼굴로 교체하여 자연스러운 딥페이크 영상을 만들어 봅니다. 프로그램을 다운로드하고 실행하는 과정을 거쳐, 사용자는 소스로 사용할 원본 영상을 선택하고, 이후에는 대상으로 사용할 이미지를 프로그램에 업로드합니다. 이렇게 선택된 이미지는 딥러닝 알고리즘을 통해 원본 영상에 적용됩니다. 이러한 과정을 통해 숏폼 딥페이크 영상을 완성합니다.

Real

1. 스왑페이스 프로그램 사용하기

스왑페이스는 웹 기반의 프로그램이 아닌 PC에 설치하고 프로그램을 실행해서 사용하는 프로그램입니다. 프로그램을 설치하여 딥페이크 적용을 위한 사전 준비를 완료합니다.

2. 얼굴 교체 및 영상 출력하기

스왑페이스 프로그램을 실행하여 딥페이크를 적용합니다. 원본 영상과 교체하고자 하는 모델의 이미지를 불러옵니다. 프로그램은 선택한 이미지를 기반으로 딥러닝 알고리즘을 사용하여 얼굴을 교체합니다. 딥페이크가 적용된 결과물을 확인한 후, 최종 딥페이크 영상을 출력합니다.

Fake

S E C T I O N

⊙ 예제파일 : 04\news.mp4, womanface.jpg

스왑페이스에서
딥페이크를 적용할 영상 불러오기

스왑페이스를 사용하여 딥페이크를 적용할 영상과 소스를 업로드하겠습니다. 이 프로그램은 사용자 인터페이스가 깔끔하고 직관적이어서 사용하기가 매우 편리합니다. 또한, 따라하기에 큰 어려움이 없으므로 사용자들이 빠르게 익숙해질 수 있을 것입니다.

01 웹브라우저에서 'swapface.org'
를 입력하여 스왑페이스 사이트에
접속합니다. 프로그램을 다운로드하기 위
해 〈Download for Windows〉를 클릭합
니다.

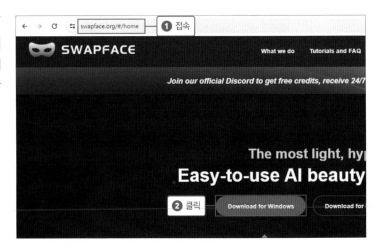

TIP 스왑페이스 시스템 요구 사항
- 운영 체제 : Windows 10 1주년 업데이트 이상
- 최소 하드웨어 : 인텔 코어 i5 9400(Intel Core i5 9400) 또는 어드밴스드 마이크로 디바이시스 라이젠 5 2600(AMD Ryzen 5 2600, 8GB RAM 포함)/엔비디아 지포스 1060(NVIDIA Geforce 1060) 또는 라데온 RX 580(Radeon RX 580)
- 권장 하드웨어 : 인텔 코어 i5 11400(Intel Core i5 14400) 또는 어드밴스드 마이크로 디바이시스 라이젠 5 3600(AMD Ryzen 5 3600, 16GB RAM 포함)/엔비디아 지포스 2070(NVIDIA Geforce 2070) 또는 라데온 RX 5700(Radeon RX 5700)

02 다운로드 창이 표시되면 하단의
〈다운로드〉를 클릭하고 '일반 다운
로드'를 선택하여 스왑페이스 프로그램을
설치합니다.

03 다운로드한 폴더에서 'Swapface_setup_v1.6.1.exe' 파일을 더블클릭하여 설치하고 설치한 폴더에서 'Swapface' 파일을 더블클릭하여 스왑페이스를 실행합니다.

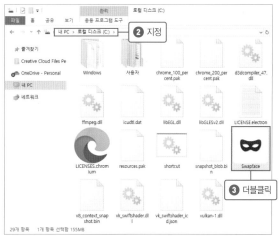

04 스왑페이스가 실행되면 이메일 주소와 비밀번호를 입력하고 〈Go〉를 클릭하여 로그인합니다.

NOTE 스왑페이스를 처음 이용하는 사용자라면 'Sign up'을 클릭하여 회원가입부터 진행합니다.

05 스왑페이스 프로그램의 메인 화면이 표시되면 메뉴에서 (Video Faceswap) 탭을 선택하여 모드를 변경하고 소스를 불러오기 위해 〈Select Videos or Gif〉를 클릭합니다.

06 열기 대화상자가 표시되면 04 폴더에서 'news.mp4' 파일을 선택하고 〈열기(O)〉를 클릭하여 딥페이크를 적용할 소스를 스왑페이스에 불러옵니다.

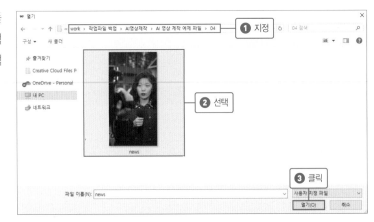

07 Replace 창이 표시됩니다. 영상 소스에서 자동으로 얼굴을 분석하여 섬네일 형태로 얼굴 사진을 표시합니다. 얼굴 사진을 선택하고 〈Choose〉를 클릭합니다.

TIP 사람이 여러 명인 영상에서는 여러 장의 섬네일 형태로 얼굴 사진이 표시됩니다.

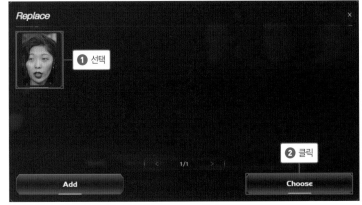

08 이번에는 얼굴을 대체할 사진 소스를 불러오기 위해 Step2 Choose the Models의 〈Upload〉를 클릭합니다.

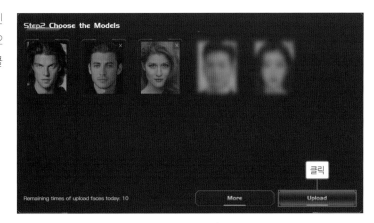

09 열기 대화상자가 표시되면 04 폴더에서 'wamanface.jpg' 파일을 선택하고 〈열기(O)〉를 클릭하여 적용할 얼굴 소스를 스왑페이스에 불러옵니다.

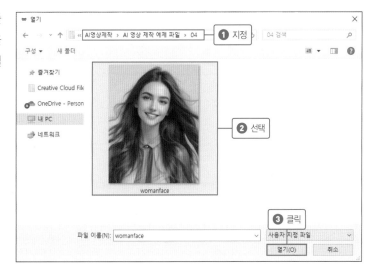

10 Step2 Choose the Models에 불러왔던 얼굴 사진이 섬네일 형태로 표시됩니다.

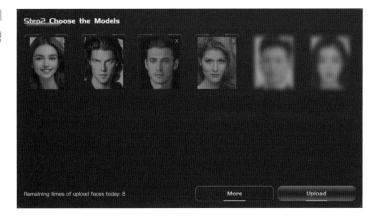

S E C T I O N

2.

인물의 얼굴 교체하고
영상 출력하기

뉴스 앵커의 얼굴을 변경하겠습니다. 스왑페이스를 사용하면 간단한 클릭만으로 사람의 얼굴을 손쉽게 변경
할 수 있습니다.

---

01 Step2 Choose the Models에 있는 'womanface' 사진을 선택하면 People Recognized에서 영상 소스의 얼굴
이 변경된다는 표시가 나타납니다.

02 딥페이크의 다양한 모드를 선택
할 수 있습니다. 기본 설정은 Fast
Mode로 되어 있습니다. 해당 예제에서는
'Pro Mode'로 지정하여 변경하고 딥페이
크를 적용하겠습니다.

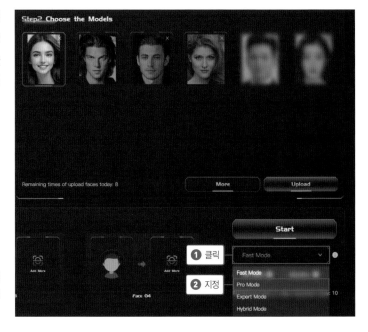

TIP Fast Mode는 비교적 스펙이 낮은 PC에
서도 쾌적하게 적용됩니다. 대신 결과물의 퀄리티
가 상대적으로 만족스럽지 않을 수 있습니다.

222

03 Fast Mode를 제외한 나머지 모드에서는 컴퓨터의 그래픽 카드의 어느 정도 스펙이 요구된다고 표시됩니다. 만약 컴퓨터의 스펙이 낮다면 Fast Mode에서 진행하고, 그렇지 않다면 〈OK〉를 클릭하여 Pro Mode에서 진행합니다.

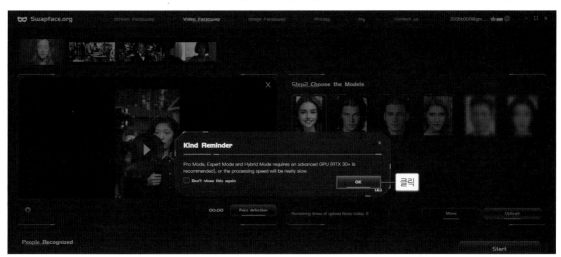

NOTE 〈OK〉를 클릭하면 무료 버전의 경우, 워터마크를 포함해서 출력할 수 있다는 안내 창이 표시됩니다.

04 〈Start〉를 클릭하면 딥페이크가 자동으로 진행됩니다.

NOTE 얼굴이 교체되는 작업은 시간이 상당히 소요됩니다. 작업이 완료될 때까지 실수로 작업을 종료하지 않도록 주의합니다.

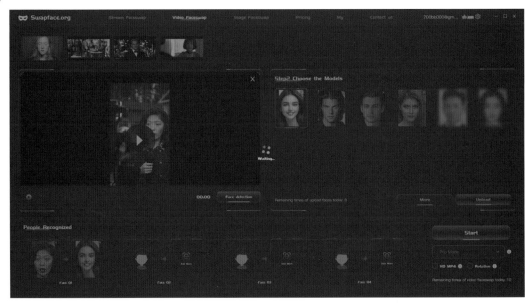

05 작업이 완료되면 완료되었다는 창이 표시됩니다. 〈Open〉을 클릭하면 결과물이 저장된 폴더로 이동하여 영상을 확인할 수 있습니다.

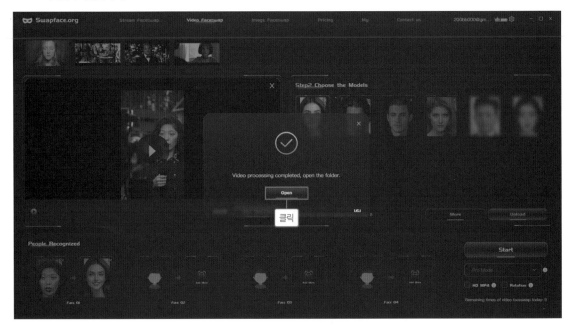

06 인물 영상에 다른 얼굴이 적용된 딥페이크가 적용된 영상이 완성되었습니다.

TIP 딥페이크 영상을 제작할 때에는 사람의 초상권 등과 같은 법적인 부분에 대한 준수가 필요하므로 딥페이크 영상에는 반드시 딥페이크 영상이라는 표기를 해야 하며, 개인의 프라이버시를 위협하고 신뢰성 있는 정보를 훼손해서는 안 됩니다.

 모드 별 결과물 비교

• **Fast Mode** : 빠른 처리 속도와 컴퓨터 그래픽 카드의 스펙에도 사용할 수 있게 합성 퀄리티를 조절하여 합성합니다.

• **Pro Mode** : 원본을 최대한 유지하면서 모델을 자연스럽게 합성합니다.

• **Expert Mode** : 모델의 얼굴이 더 잘 보이게 합성합니다.

• **Hybrid Mode** : Pro Mode와 Expert Mode의 중간 정도의 수준으로 합성합니다.

PROJECT

딥러닝! 목소리를 학습하여
AI 커버곡 영상 만들기

현재 유튜브, 인스타그램, 틱톡 등의 숏폼 플랫폼에서는 AI 기술을 활용한 다양한 콘텐츠가 인기를 끌고 있습니다. 아이유의 노래를 블랙핑크의 제니의 목소리로 부르거나 에스파가 부르는 뉴진스의 노래 등과 같이 기존의 가요를 AI를 이용하여 다른 아티스트가 커버하는 영상이 주목받고 있습니다. 'A의 목소리로 B가 부르는 노래' 이처럼 상상만으로 떠올랐던 것이 이제는 AI 기술을 활용하여 만들 수 있는 시대에 도래했음을 보여 줍니다. 이번 예제에서는 남성이 부르는 노래를 전혀 다른 여성의 목소리로 부르는 커버곡 형태의 영상을 만들어 봅니다.

현재 AI 기술 중 가장 주목받는 분야 중 하나는 딥러닝입니다. 이는 인간의 두뇌에서 영감을 받은 방식으로 데이터를 처리하는 인공지능(AI) 방식입니다. 예를 들어, 사람이 공부를 하면 그것을 다양한 분야에 적용할 수 있는 것과 마찬가지로, 컴퓨터도 특정 분야에 대해 학습한 후 다양한 응용을 할 수 있습니다.

AI 커버곡은 딥러닝의 한 형태입니다. 기술의 발전으로 딥러닝은 이제 일반인도 쉽게 사용할 수 있게 되었습니다. 음성 합성 기술 또한 이러한 보급화 과정에 포함되며, 'AI 커버 영상 콘텐츠'가 유명 가수의 목소리 데이터를 활용하여 생성되고 있습니다. RVC-GUI와 같은 목소리 변형 툴과 시중에 출시된 목소리 AI 모델을 이용하면, 음성 합성 기술을 활용하여 새로운 콘텐츠를 만들 수 있습니다.

1. 보컬 리무버를 통한 음악과 보컬 분리하기

음성을 학습하기 위해서는 음악과 목소리(보컬)를 분리해야 합니다. 보컬 리무버 및 격리 사이트를 활용하여 음악에서 보컬을 쉽게 분리할 수 있습니다.

2. RVC-GUI를 활용한 목소리 딥러닝

RVC-GUI 프로그램을 실행하여 음성 딥러닝을 시작합니다. 이를 위해서는 voice-model 사이트에서 필요한 목소리 모델을 다운로드한 후, RVC-GUI에 적용하여 학습시킬 수 있습니다. 그리고 원본 음성을 해당 목소리 모델로 변경할 수 있습니다.

3. 목소리와 영상 합치기

목소리 만으로는 유튜브와 틱톡 릴스 같은 플랫폼에 올리기 어렵습니다. 시각적인 콘텐츠를 완성하기 위해 다빈치 리졸브를 활용하여 음성과 영상을 합쳐서 영상을 완성합니다.

◉ 예제파일 : 04\Song.wav   ◉ 예제파일 : 04\Song [vacals].wav, Song [music].wav

S E C T I O N

3.

목소리와
배경 음악이 있는 음원

AI 커버곡을 만들 때 처음으로 해야 할 작업은 음원을 준비하고 반주와 목소리를 분리하는 작업입니다. 하나의 음원을 MR(Music Recorded)과 사람의 목소리, 2개의 음원으로 쉽게 분리하기 위해 보컬 리무버 및 격리 사이트를 활용해 보겠습니다.

---

01 웹브라우저에서 'vocalremover. org/ko/'를 입력하여 보컬 리무버 격리 사이트에 접속하고 〈파일 선택〉을 클릭합니다.

TIP 영상은 업로드할 수 없으므로 사전에 미리 WAV 혹은 MP3 형태의 음원을 준비해야 합니다.

02 열기 대화상자가 표시되면 04 폴더에서 'Song.wav' 파일을 선택하고 〈열기(O)〉를 클릭하여 노래 소스를 불러옵니다.

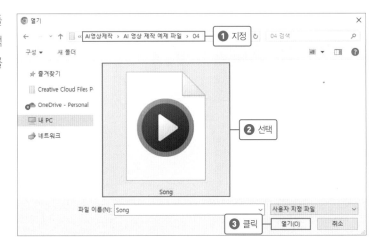

TIP WAV vs MP3
주로 사용되는 음악 파일 형식으로는 WAV와 MP3가 있습니다. WAV는 'Waveform Audio Files'의 약자로, 비압축 형식의 음원입니다. 용량이 상대적으로 크지만, 원본의 손실 없이 그대로의 소리를 재생할 수 있습니다. MP3는 'MPEG Audio Layer III'의 약자로, 압축 형식의 음원입니다. 원본을 압축하여 용량을 상대적으로 작게 만들지만, 이로 인해 퀄리티적인 손실이 발생할 수 있습니다. 그러나 시간이 흐름에 따라 기술이 발전하여 128Kbps 정도의 비트 전송률 이상이면 인간의 귀로는 WAV와 구별하기 어려울 정도로 손실이 적게 유통되고 있습니다.

03 파일이 업로드되면 음원 분리 과정이 자동으로 진행됩니다.

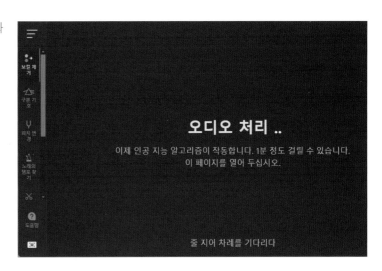

04 '음악'과 '보컬'로 음원이 분리됩니다. '재생' 아이콘(▶)을 통해 분리된 음악과 보컬을 확인할 수 있습니다. 기본 파일의 형식이 WAV인 것을 확인하고 이상이 없으면 〈저장〉을 클릭합니다.

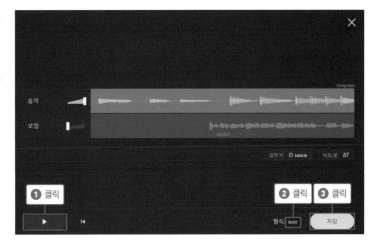

NOTE 각각의 항목의 볼륨을 조절하여 음성을 확인할 수 있습니다. 음악 부분의 볼륨을 낮추고 보컬 부분의 볼륨을 높인 상태에서 '재생' 아이콘(▶)을 클릭하면 분리된 보컬만 확인할 수 있습니다.

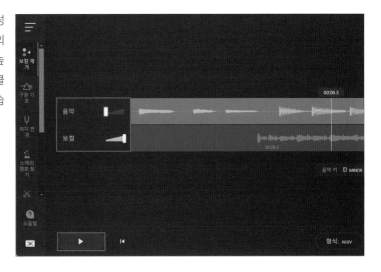

05 표시되는 항목에서 '음악'을 클릭
하면 노래의 반주 부분이 저장됩
니다. 같은 방법으로 〈저장〉을 클릭하고
'보컬'을 클릭하면 노래의 목소리 부분이
저장됩니다.

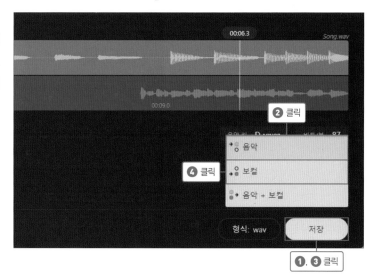

06 다운로드 폴더에서 분리된 음
악과 보컬이 저장된 파일을 확
인할 수 있습니다. 'Song [vocals]' 파
일과 'Song [music]' 파일을 선택하고
Ctrl+C를 눌러 복사합니다.

07 'Song' 파일이 있는 04 폴더에서
Ctrl+V를 눌러 붙여넣습니다.

TIP 한 폴더에 분리된 파일들을 모아놔야
추후 'RVC-GUI' AI 프로그램에서 목소리를 변
환할 때 별도의 추가 과정 없이 파일을 업로드
할 수 있습니다.

S E C T I O N

AI 모델을 이용하여
목소리 변환하기

AI 모델을 이용하여 남성의 목소리를 여성의 목소리로 변환하거나 그 반대로 변환하는 것도 가능합니다. RVC-GUI 딥러닝 목소리 AI 모델 프로그램을 사용하여 목소리를 다른 사람의 목소리로 변환해 보겠습니다.

01 변환 프로그램을 다운로드하겠습니다. 웹브라우저에서 'github.com/Tiger14n/RVC-GUI/releases'를 입력하여 RVC-GUI 깃허브 사이트에 접속하고 Download latest의 파란색 글씨 부분을 클릭하여 프로그램을 설치한 다음 압축을 해제합니다.

02 AI 목소리 샘플을 다운로드하기 위해 웹브라우저에서 'voice models.com'을 입력하여 보이스 모델 사이트에 접속합니다.

NOTE (Voice Samples) 메뉴를 선택하고 'Female Voice'를 클릭하여 여성이나 남성 목소리 샘플 항목으로 이동하면 그림과 같이 모델명 옆에 있는 플레이어를 통해 샘플을 미리 들을 수 있습니다.

03 항목을 살펴보며 적용할 목소리를 선택하고 모델 이름 오른쪽의 파란색 글씨 링크를 클릭하여 다운로드합니다. 예제에서는 'AomoriMine'이라는 여성의 목소리를 사용하기 위해 검색창에 'aomori'를 입력하고 〈Search〉를 클릭하여 다운로드하였습니다.

NOTE 목소리 샘플을 선택할 때, Epoch(학습 주기) 수치가 '300' 이상인 것을 선택하는 것이 좋습니다. 에포크 수치가 높을수록 목소리 모델이 더 많은 데이터를 학습했을 가능성이 높기 때문입니다. 모델 이름 오른쪽에서 각 목소리를 재생하여 샘플을 들어보고 적합한 목소리 모델을 선택하세요.

04 다운로드한 'RVC-GUI-pkg-mp3fix.zip' 파일을 압축 해제하고 RVC-GUI-pkg 폴더에서 'RVC-GUI' 파일을 더블클릭하여 실행합니다.

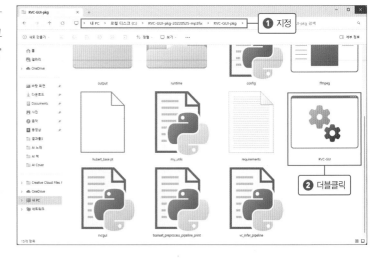

05 RVC GUI 프로그램이 실행됩니다. 분리된 목소리 파일을 불러오기 위해 〈Browse〉를 클릭합니다.

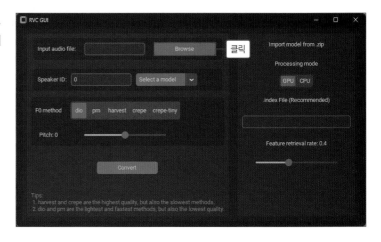

06 열기 대화상자가 표시되면 04 폴더에서 'Song [vocals]' 파일을 선택하고 〈열기(O)〉를 클릭하여 RVC GUI에 불러옵니다.

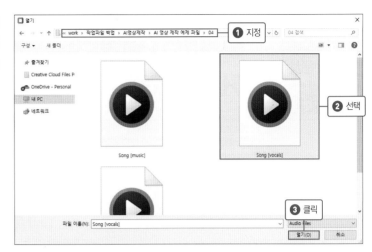

07 'Select a model'을 클릭하고 AI 목소리 모델을 지정합니다. 예제에서는 다운로드한 모델 'Aomori Mine'으로 지정하였습니다.

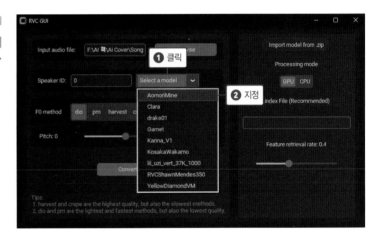

08 F0 method를 'harverst'로 선택하고 변환된 보컬을 출력하기 위해 〈Convert〉를 클릭합니다. 출력이 완료되면 하단에 〈Open〉을 클릭합니다. 파일이 재생되며 결과물을 확인할 수 있습니다.

TIP 하단에 표시되어 있듯이 'harvest' 방식 혹은 'crepe' 방식이 결과물의 퀄리티가 좋습니다. 다만 상대적으로 높은 컴퓨터의 스펙이 요구됩니다.

TIP 출력된 파일의 경로와 이름은 Output path에 표시됩니다.

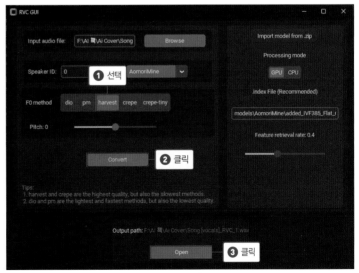

◉ 예제파일 : 04\Song [music].wav, Song [vocals]_RVC_1.wav, Song Female.mp4
◉ 예제파일 : 04\목소리 변경 커버곡 숏폼_완성.mp4

SECTION

5.

목소리가 변경되는
커버곡 숏폼 영상 만들기

AI 모델로 변환한 목소리와 음악 반주, 그리고 노래를 부르는 영상을 하나로 합치겠습니다. 무료 영상 편집 소프트웨어인 다빈치 리졸브를 활용하여 각 요소를 조합하여 자연스럽게 이어지도록 편집하고, 시각적으로 도 매끄럽게 배치하여 최종적인 영상을 필요한 포맷으로 저장하겠습니다.

01 영상과 음원을 하나로 합치기 위해 다빈치 리졸브를 다운로드하겠습니다.
웹사이트에서 'blackmagicdesign. com/kr/products/davinciresolve'를 입력하여 다빈치 리졸브 사이트에 접속하고 〈무료 다운로드하기〉를 클릭합니다.

02 DaVinci Resolve 창이 표시되면 설치할 버전의 소프트웨어를 클릭합니다.
예제에서는 DaVinci Resolve 18.6 버전의 〈Windows〉를 클릭하였습니다.

03 세부 사항 화면이 표시되면 필수
로 작성해야 하는 부분에 정보를
입력하고 〈등록&다운로드하기〉를 클릭하
여 프로그램을 다운로드합니다.

❶ 정보 입력

❷ 클릭

04 Setup을 실행하여 설치하고 다
빈치 리졸브를 실행합니다. 〈New
Project〉를 클릭하고 Create New
Project 대화상자가 표시되면 'Almusic'
을 입력한 다음 〈Create〉를 클릭합니다.

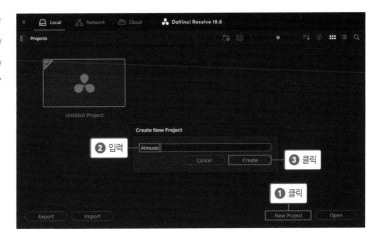

❷ 입력

❸ 클릭

❶ 클릭

05 다빈치 리졸브의 메인 화면이 표
시되면 Ctrl+I 를 눌러 Import
Media 대화상자를 표시합니다.
04 폴더에서 'Song [music].wav',
'Song [vocals]_RVC_1.wav', 'Song
Female.mp4' 파일을 선택하고 〈Open〉
을 클릭하여 다빈치 리졸브에 불러옵니다.

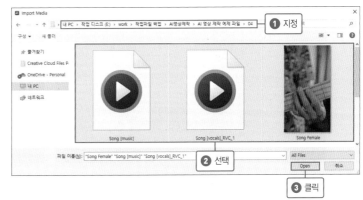

❶ 지정

❷ 선택

❸ 클릭

06 소스가 불러와지면 프로그램 하단에 있는 (Edit) 탭을 선택하여 편집 인터페이스로 전환합니다. Master 패널에서
'Song Female.mp4', 'Song [music].mav', 'Song [vocals]_RVC_1.mav'를 그림과 같이 순서대로 타임라인 패
널에 드래그하여 배치하고 Spacebar를 눌러 영상을 재생합니다.

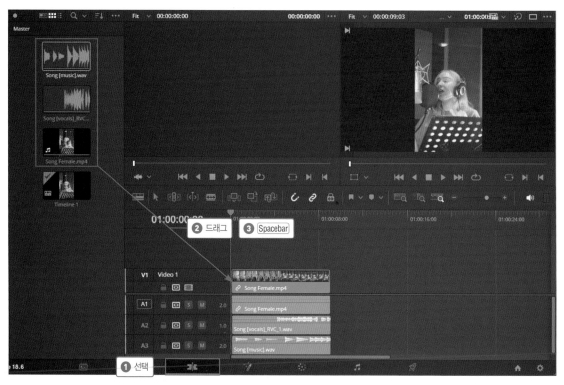

NOTE 소리가 한쪽만 들릴 때 해결 방법

보컬의 소리가 한쪽만 들리는 경우가 있습니다. 이러한 경우, 타임라
인에 있는 소스를 선택하고 마우스 오른쪽 버튼을 클릭한 다음 Clip
Attributes를 실행합니다. Clip Attributes 대화상자가 표시되면
Format을 'Stereo', Source Channel을 모두 'Embedded Channel
1'로 지정하고 〈OK〉를 클릭하면 해결됩니다.

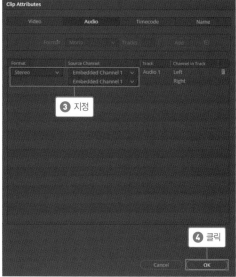

07 타임라인 패널에서 보컬 부분의 클립을 선택하고 상단에 있는 (Inspector) 탭을 선택한 다음 Volume을 '–9'로 설정
합니다.

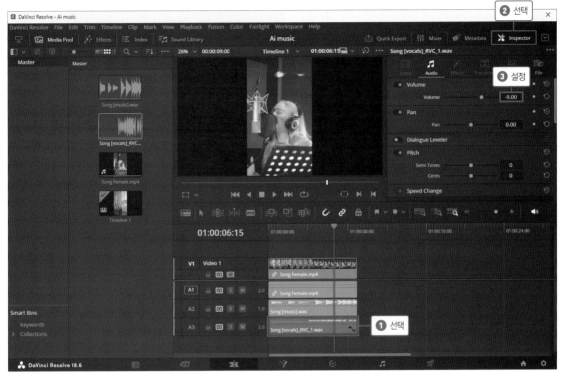

08 Master 패널의 'Timeline 1'에서 마우스 오른쪽 버튼을 클릭한 다음 Timeline → Timeline Settings...를 실행합
니다.

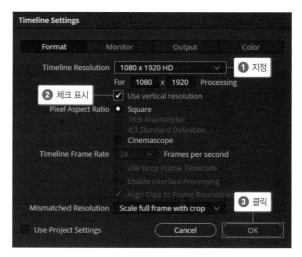

09 Timeline Settings 대화상자가 표시되면 Time line Resolution을 '1080 x 1920 HD'로 지정하고 'Use vertical resolution'을 체크 표시한 다음 〈OK〉를 클릭합니다.

NOTE 해당 예제에서는 '1080 x 1920 HD' 옵션으로 진행하였으나, 2160 x 3840 (4K) 사이즈의 영상의 경우, '2160 x 3840 Ultra HD' 옵션을 선택하면 됩니다.

10 하단에 있는 [Export] 탭을 선택하여 출력 인터페이스로 전환합니다. Render Settings 패널의 Export Video에서 Format을 'MP4', Frame rate를 원본과 같은 '24'로 지정하고 〈Add to Render Queue〉를 클릭합니다. Render Queue 패널에 Job 1이 표시되면 〈Render All〉 버튼을 클릭하여 영상을 출력합니다.

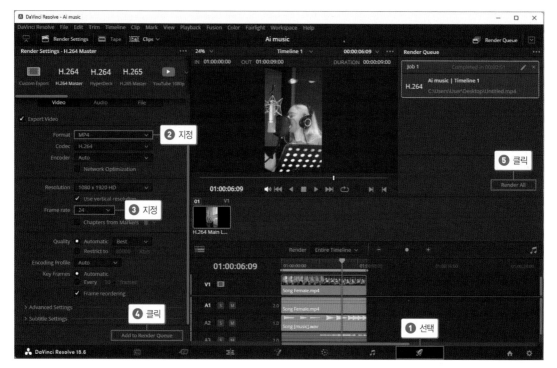

11 Job 1에서 마우스 오른쪽 버튼을 클릭한 다음 **Open File Location**을 실행하면 영상이 출력된 폴더 경로로 들어가 확인할 수 있습니다.

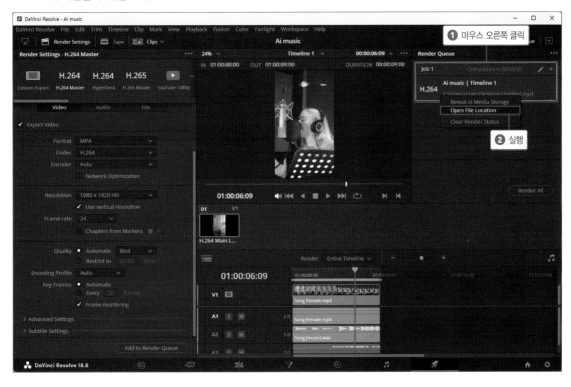

12 남자의 목소리에서 여성의 목소리로 변하면서 노래를 부르는 커버곡 형태의 숏폼 영상이 완성되었습니다.

이미지부터 영상까지
AI의 다양성 스테이블 디퓨전

스테이블 디퓨전(Stable Diffusion)은 기본적으로 인공지능 이미지를 생성하는 모델로, 이미지를 프레임 단위로 합치면 영상을 생성할 수 있습니다. 이러한 스테이블 디퓨전에서 한 단계 확장한 방식을 애니메이트 디프(AnimateDiff)라고 합니다. 스테이블 디퓨전을 활용할 수 있는 모델인 컴피 UI(CompyUI)를 활용 하여 영상을 만드는 방식에 대해 살펴봅니다.

01 스테이블 디퓨전 활용 분야 알아보기

스테이블 디퓨전은 Stability AI에서 오픈소스 라이선스로 공개한 텍스트를 이미지로 변환하는 인공지능 모델입니다. 초기에는 텍스트를 이미지(Text-to-Image)로 변환하는 모델이었지만, 이제는 이미지에서 비디오(Image-to-Video), 비디오에서 비디오(Video-to-Video)로 확장되며 다양한 분야에서 활용되고 있습니다.

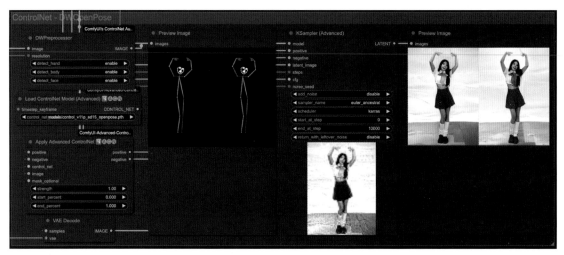

▲ 스테이블 디퓨전의 오픈소스 모델 컴피 UI

다양한 스타일 장르의 이미지 생성

스테이블 디퓨전은 이미지를 생성하는 모델입니다. 다른 이미지 생성 AI인 미드저니와 비교하면, 스테이블 디퓨전은 세부 조절을 통해 다양한 포즈와 이미지를 생성할 수 있는 점이 특징입니다. 웹툰, 포스터, 원화, 일러스트 등 다양한 장르의 이미지를 만들 수 있습니다. 또한, 스테이블 디 퓨전을 이용하는 다양한 사이트 및 모델이 있지만, 일부 모델은 무료로 사용할 수 있습니다. 그 중에서도 이 책에서 다루는 컴피 UI는 무료 오픈소스입니다.

▲ 스테이블 디퓨전으로 만든 이미지(시빗 AI)

스타일라이즈 애니메이션

확장 프로그램 '애니메이션디프'는 스테이블 디퓨전 이미지 생성 AI 모델의 확장으로, 비디오를 2D 및 3D 애니메이션으로 변환할 수 있습니다. 이를 'Vid2Vid' 방식이라고도 합니다. 촬영된 비디오를 참조하여 원하는 스타일의 영상으로 변환할 수 있으며, 손으로 한 장씩 그리는 애니메이션 작업이 어려운 경우에도 AI를 활용하여 애니메이션을 만들 수 있습니다.

▲ 실제로 춤추는 사람 영상을 애니메이션 비디오로 변경 가능

움직이는 이미지 생성

이미지 생성 AI 모델인 스테이블 디퓨전의 확장 프로그램인 영상 제작 모델 애니메이션디프를 활용하면 이미지 한 장을 삽입하여 움직이는 레퍼런스 비디오를 학습시켜 해당 이미지를 동적으로 만들 수 있습니다. 현재 'Animate Anyone'이라는 모델은 일부 사용 가능한 상태에 있습니다. 이 방법을 통해 이미지 한 장을 동작에 맞게 움직일 수 있습니다.

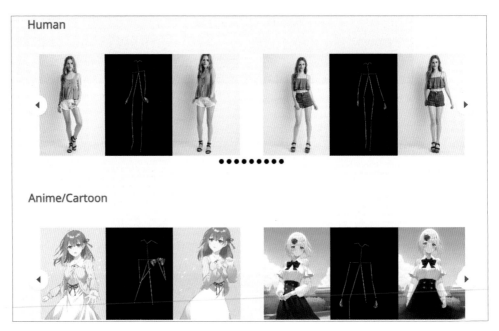

▲ 이미지 한 장을 움직이게 만드는 Animate Anyone

02 스테이블 디퓨전? 애니메이트디프? 컴피 UI?

스테이블 디퓨전은 텍스트나 이미지 프롬프트를 활용하여 고유한 실사 이미지를 생성하는 생성형 인공지능(AI) 모델입니다. 이를 이용하기 위해서는 컴피 UI, Fooocus, 이지 디퓨전(Easy Diffusion), 오토메틱1111(AUTOMATIC1111) 같은 오픈소스 모델들이 필요합니다. 이 모델들을 이해하기 쉽게 비유하자면, 영상을 편집하기 위해서 캡컷, 곰믹스, 다빈치 리졸브, 프리미어 프로, 윈도우 무비 메이커와 같은 다양한 영상 편집 도구를 사용하는 것과 유사합니다. 다시 말해, 스테이블 디퓨전을 이용하기 위해서는 컴피 UI라는 오픈소스 모델을 사용해야 한다는 것입니다.

스테이블 디퓨전은 기본적으로 한 장의 이미지를 생성하는 모델이지만, 비디오나 영상을 만들기 위해서는 이를 영상에 맞게 여러 장으로 이어주는 다른 모델이 필요합니다. 이때 사용되는 것이 스테이블 디퓨전을 확장하여 개발된 애니메이트디프입니다. 이 기능을 이용하면 스테이블 디퓨전에서 생성된 이미지를 비디오로 묶어서 표현할 수 있습니다.

▲ 스테이블 디퓨전에서 생성한 이미지를 일관성 있게 영상으로 만들어 주는 확장 모델 애니메이션디프

T I P 용어 정리

- 스테이블 디퓨전(Stable Diffusion) : 텍스트나 이미지 프롬프트를 활용하여 프롬프트에 맞는 이미지를 생성하는 생성형 인공지능(AI) 모델입니다.
- 애니메이트디프(AnimateDiff) : 이미지를 생성하는 스테이블 디퓨전에서 확장된 모델로 이미지들의 모음집을 영상의 형태로 만들어 주는 스테이블 디퓨전에서 파생된 모델입니다.
- 컴피 UI(ComfyUI) : 스테이블 디퓨전을 사용하기 위한 오픈소스 프로그램입니다. 애니메이트디프도 제공합니다.

03 스테이블 디퓨전의 오픈소스 모델, 컴피 UI

스테이블 디퓨전의 오픈소스 모델 중 하나인 컴피 UI는 다른 오픈소스 모델들과 다르게 진입 장벽이 상당히 높습니다. 이를 사용하기 위해서는 많은 개념을 숙지해야 하며, 설정값마다 다른 특성과 수치를 이해해야만 작업을 진행할 수 있습니다. 차근차근 컴피 UI에 대해 살펴보면서 개념을 익히겠습니다.

스테이블 디퓨전의 오픈소스

일반적으로 스테이블 디퓨전을 사용하는 사용자들은 오토메틱1111이나 컴피 UI 중 하나를 선택합니다. 이 두 모델은 모두 스테이블 디퓨전을 확장하여 만들어진 것이므로 작업 방식에 더 익숙한 것을 선택하는 것이 좋습니다. AI의 미래는 지금부터 시작된다고 볼 수 있어 AI를 효과적으로 활용하기 위해서는 더 다양한 요소를 표현할 수 있는 모델을 선택하는 것이 중요하다고 생각됩니다. 두 모델 중에서도 책에서 살펴볼 컴피 UI는 '노드 방식'이라는 특이한 작업 방식을 사용하여 상대적으로 더 다양한 결과물을 만들어 냅니다. 노드 방식은 요소들의 수정이 용이하며, 작업 프로세스를 시각적으로 파악하기 쉽습니다. 이미지를 생성하는 경우에는 오토매틱1111이 간편하고 쉬울 수 있지만, 영상을 만들 때는 인물이 일관성 있게 보여야 하기에 애니메이트디프와 같은 추가 설정이 필요한 경우가 많습니다. 이런 상황에서는 컴피 UI가 작업 방식과 설정값을 한눈에 파악하기 쉬워서 유용합니다. 따라서 영상 작업을 진행할 때는 컴피 UI를 사용하는 것을 권장합니다.

▲ 오토매틱1111 인터페이스

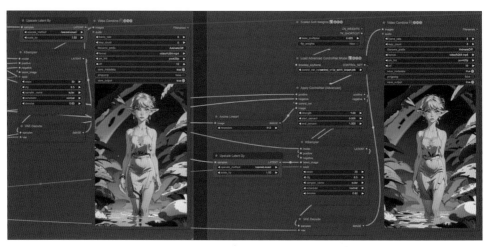

▲ 컴피 UI 인터페이스

노드 계열 방식 컴피 UI

컴피 UI는 노드끼리 연결하여 순차적으로 노드의 순서대로 작업이 진행되는 노드 기반의 방식을 채택하고 있습니다. '노드'란 간단하게 설명하자면, 작업 설정이 각각의 선으로 연결되어 있는 것을 의미합니다. 노드 기반의 방식은 처음에 학습하기에 굉장히 어렵지만, 익숙해진다면 가장 응용할 수 있는 폭이 넓어 이미지 생성 및 애니메이트디프 설정마다 제어가 용이한 방식입니다.

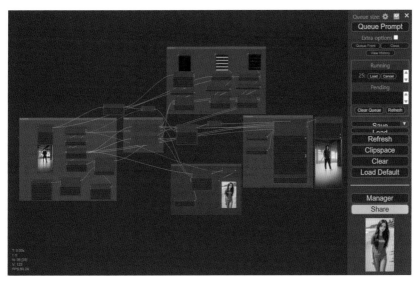

▲ 컴피 UI의 전체적인 워크플로

애니메이트디프에 필요한 핵심 노드가 있는 컴피 UI

스테이블 디퓨전은 주로 이미지 생성 모델로 알려져 있습니다. 이 책은 이미지 생성의 한 단계 더 나아가서 이미지를 영상으로 만드는 '애니메이트디프' 기능에 초점을 맞추고 있습니다. 애니메이트디프를 구현하기 위해서 모든 노드를 상세히 알 필요는 없습니다. 그러나 컨트롤넷 (Controlnet)과 애니메이트디프(AnimateDiff), 프롬프트(Prompt) 그룹 등 중요한 노드들이 있어 숙지하고 작업을 진행하는 것이 좋습니다. 워크플로마다 필요한 노드가 달라 처음부터 모든 노드를 완벽하게 이해하고 넘어가는 것도 좋지만, 실제 필요한 워크플로에 맞게 노드를 선택하고 배치하는 것이 컴피 UI 학습에 효과적입니다.

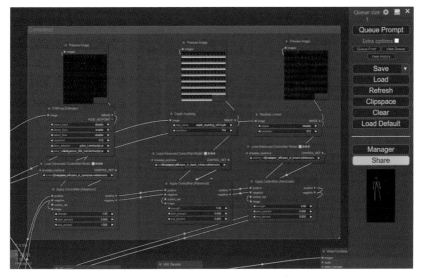

▲ 컨트롤넷 노드는 움직임이나 디테일, 윤곽을 제어하여 애니메이트디프의 퀄리티를 높여주는 노드

SD1.5/SDXL/SDXL Lightning 버전에 따른 차이점

스테이블 디퓨전을 이용하여 이미지를 만들 때는 학습 모델이 필요합니다. 전체 이미지 학습 모델(Checkpoint)을 적용하거나 세부적인 이미지 학습법 중 하나인 로라(Lora)를 적용할 때 주로 시빗 AI 홈페이지(civitai.com)에서 모델을 다운로드하여 사용할 수 있습니다. 이때 SD1.5/SDXL/SDXL Lightning과 같이 버전을 구별하는 것이 중요합니다. SD1.5의 경우에는 구버전으로 시장에 나온 확장 프로그램이 많아서 응용이 무궁무진하지만, 생성 속도가 느리고 퀄리티도 상대적으로 떨어집니다. SDXL은 가장 최신 버전이며 퀄리티가 가장 좋지만, 생성 속도가 굉장히 느립니다. 이미지의 경우에는 문제가 되지 않지만, 영상을 만드는 애니메이트디프 과정에서는 생성 속도가 문제가 될 수 있습니다. 이를 극복하기 위해 SDXL Lightening과 같은 가벼운 버전도 존재합니다. SDXL Lightning 버전을 통해 어느 정도의 퀄리티와 생성 속도 모두 챙길 수 있습니다.

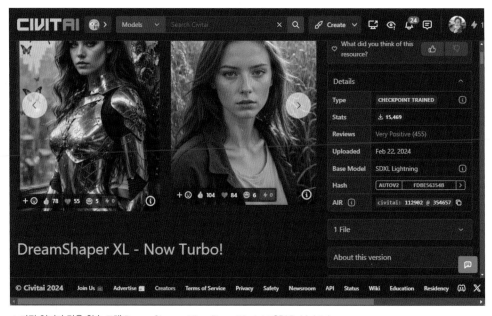

▲ 가장 인기가 많은 학습 모델 DreamShaper XL – Base Model : SDXL Lightning

04 컴피 UI 노드와 인터페이스 살펴보기

컴피 UI는 하나하나 워크플로를 노드를 생성하면서 만드는 방식도 있지만, 타인이 공유한 워크플로를 변형하거나 그대로 사용하는 것이 가장 간단하면서도 퀄리티가 높은 방식이 됩니다. 제공하는 워크플로의 주요한 노드를 살펴보겠습니다.

애니메이트디프

애니메이트디프(AnimateDiff)는 컴피 UI에서 애니메이션을 처리하고 제어하는 데 사용되는 요소입니다. 이를 통해 UI 요소의 애니메이션 효과를 구현하고 관리할 수 있습니다.

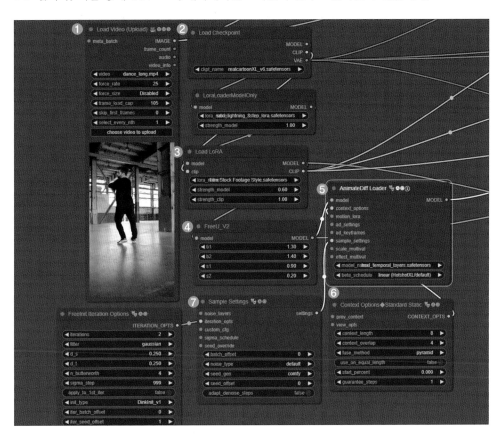

❶ **Load Video** : PC에 있는 비디오를 불러오는 노드입니다. Vid2Vid 방식에서 소스가 되는 비디오를 불러옵니다.

❷ **Load Checkpoint** : 가장 큰 틀의 학습 모델(Checkpoint)을 불러옵니다.

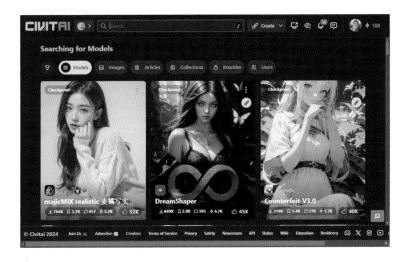

❸ **Load Lora** : 세부 학습 모델 로라(Lora)를 불러옵니다. 1~2개를 섞어 사용합니다.

❹ **FreeU** : 노이즈 예측기를 수정하여 안정적이고 좀 더 선명한 결과물의 영상을 만들어 주는 노드입니다. 이미지를 비교해 보면 차이가 미묘할 수 있지만, 노이즈를 조정하는 기능이기에 애니메이트디프에서 중요한 노드입니다.

▲ FreeU 적용 X/적용 O

❺ **AnimateDiff** : 이미지 생성 모델인 스테이블 디퓨전을 영상으로 만들어 주는 확장 모델 노드 입니다. 가장 핵심이 되는 노드 중 하나입니다.

❻ **Context Options** : 애니메이트디프의 부속 노드로 모델 학습 방식에 따라 Uniform, Static, Batched 등 다양한 방식이 있습니다. 여기서는 가장 최신으로 나온 'Standard Static'을 사용합니다.

❼ Sample Settings/FreeInit : 영상의 샘플링 향상을 통해 퀄리티를 높이는 노드로 출력을 여러 번하여 노이즈를 줄이고 영상의 통일성을 높여주는 노드입니다.

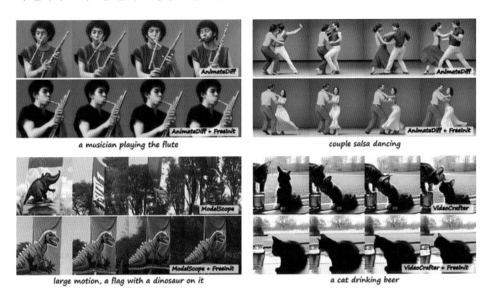

▲ FreeInit 적용 유무 비교

프롬프트

프롬프트(Prompt)는 사용자에게 정보를 입력하거나 명령을 실행하도록 요청하는 UI 요소입니다. 컴피 UI에서는 프롬프트를 통해 사용자와의 상호 작용을 지원하고 사용자 경험을 향상시킬 수 있습니다.

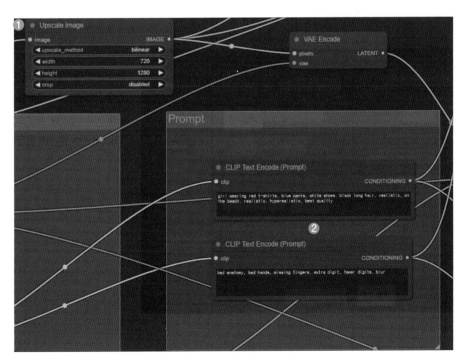

❶ **Upscale Image** : 이미지의 사이즈를 업스케일해 주는 노드입니다. 클수록 출력 시간이 길어집니다. 영상의 비율에 맞게 사이즈를 사용합니다. 주로 HD, FHD의 설정을 사용합니다.

❷ **Clip Text Encode (Prompt)** : 텍스트 프롬프트를 입력하는 노드입니다. 위에 있는 것은 긍정적인 요소를 입력하는 프롬프트고 아래에 있는 것은 부정적인 요소를 입력하는 프롬프트입니다.

컨트롤넷

컨트롤넷(Controlnet)은 구도와 피사체의 자세를 복제할 수 있는 기능입니다. 사람뿐만 아니라 동물, 건물 등 어떤 모델을 학습하는지에 따라 컨트롤넷을 활용하여 경계를 만들고 그 경계에 해당하는 이미지를 생성할 수 있습니다.

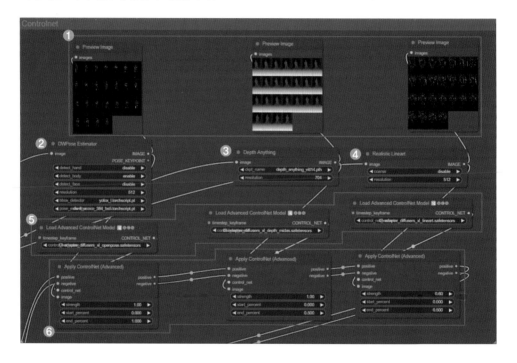

❶ **Preview Image** : 컨트롤넷 노드가 어떤 방식으로 움직임을 제어하는지 보여 주는 노드입니다.

❷ **DWPose Estimator** : 동작과 관련된 움직임을 제어하는 노드입니다.

❸ **Depth Anything** : 깊이감 (원근감)과 관련된 부분을 제어하는 노드입니다.

❹ **Realistic Lineart** : 윤곽과 관련된 부분을 제어하는 노드입니다.

❺ **Load Advanced ControlNet Model** : 컨트롤넷 노드를 학습한 모델입니다.

❻ **Apply ControlNet** : 컨트롤넷을 실제 출력 과정에 적용해 주는 노드입니다.

페이스 디테일러

페이스 디테일러(FaceDetailer)는 얼굴 이미지나 사진을 처리하고 디테일을 향상시키는 기능을 제공합니다. 이는 주로 얼굴 인식 및 분석, 얼굴 특징 감지, 화면에서의 얼굴 표현 등에 사용됩니다.

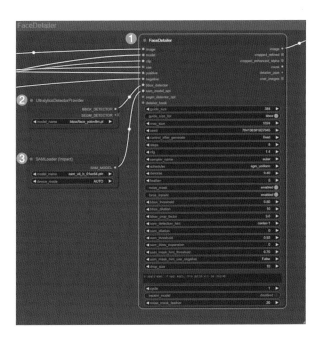

❶ FaceDetailer : AI 생성 과정에서 얼굴이 작은 경우에는 뭉개져 보이는 부분이 많습니다. 이 때 얼굴을 새로 작업하여 얼굴의 선명도를 높여주는 노드입니다.

❷ UltralyticsDectecotrProvider : 기본적으로 범위를 지정하는 기능입니다. 페이스디테일러에서 얼굴의 범위를 잡아주는 노드입니다.

❸ SAMLoader : UltralyticsDectecotr Provider 노드가 특정 부분을 박스형으로 잡아주는 개념이라면, SAMLoader는 윤곽을 좀 더 물체에 맞게 자세히 잡아주는 기능입니다. 즉, 페이스디테일러에서 얼굴의 범위를 잡아주는 노드입니다.

(NOTE) **스테이블 디퓨전 이용자가 필수적으로 알아두어야 하는 사이트**

❶ civitai.com

AI 이미지를 생성하려면 학습된 모델이 필요합니다. 이 모델은 큰 개념의 '체크포인트'와 세부 학습 모델인 '로라'로 구성됩니다. 직접 모델을 개발하는 것은 번거롭고 전문가 수준의 품질을 달성하기 어렵습니다. 그러므로 다른 사람이 학습시킨 모델을 공유하고 사용하는 것이 현실적이며 효율적입니다. civitai.com은 다양한 버전의 안정화된 학습 모델과 다양한 워크플로, 논문 등을 제공하여 AI 관련 자료를 받을 수 있는 주요 사이트 중 하나입니다.

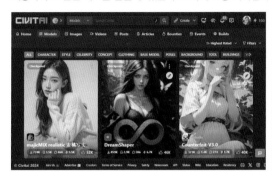 

❷ openart.ai

스테이블 디퓨전의 오픈 소스 모델 중 하나인 컴피UI에서는 노드를 추가하며 워크플로를 구성합니다. 그러나, 초보자나 컴피UI에 익숙하지 않은 사용자는 모든 노드를 이해하고 하나씩 워크플로를 구성하는 것이 굉장히 어렵고 번거로운 작업입니다. 이런 경우에는 다른 사람이 만들고 공유한 워크플로를 불러와서 변형하는 것이 효율적일 수 있습니다. openart.ai는 다른 사람들이 공유한 워크플로를 다운로드하고 노드 구성을 미리 볼 수 있는 사이트입니다.

❸ huggingface.co

civitai.com은 체크포인트나 로라와 같은 사용자 지정 학습 모델들을 다운로드할 수 있는 곳이고, huggingface.co는 주로 컨트롤넷, 애니메이트디프 모델 등 특수한 기능을 가지는 모델을 다운로드할 수 있는 곳입니다. 물론 SDXL-Lighting과 같은 체크포인트와 로라도 이용할 수 있지만 SDXL용 컨트롤넷 및 애니메이트디프 모델인 HotshotXL 모델을 다운로드할 수 있습니다. 스테이블 디퓨전에서는 모든 노드의 버전이 일치해야 올바르게 작동하는데, huggingface.co는 버전에 맞게 모델들을 제공하여 필요한 요소를 다운로드할 수 있습니다.

PROJECT

댄스 챌린지! 내 춤을 그대로 따라하는
AI 댄스 숏폼 영상 만들기

로토스코핑과 3D 애니메이션은 실제 움직임을 기반으로 합니다. 이들은 영화나 애니메이션 제작에서 사용되며, 각각의 방식으로 실사 움직임을 캡처하고 그에 따른 프레임을 그려내어 자연스러운 움직임을 만들어 냅니다. 특히 애니메이션이나 만화를 제작할 때는 부드럽고 자연스러운 움직임을 위해 1초에 최소 8~15장의 그림이 필요합니다.

AI 기술의 도입으로 이러한 작업들을 효율적으로 처리할 수 있습니다. 그림을 그리는 작업이나 움직임을 조절하는 작업을 자동화하여 제작 시간과 비용을 절감할 수 있습니다. 스테이블 디퓨전의 컴피 UI를 활용하면 그림을 잘 그리지 못해도 애니메이션을 제작할 수 있어 제작 과정을 더욱 효율적으로 만들 수 있습니다.

컴피 UI의 워크플로에서는 '노드'라는 개념과 노드 방식의 작업 형태가 중요합니다. 노드는 작업 흐름을 나타내며, 각각의 노드는 특정 작업을 수행합니다. 이러한 방식은 작업을 시각적으로 이해하기 쉽게 하며, 복잡한 작업을 더 효율적으로 관리할 수 있습니다. 또한, 스테이블 디퓨전에서는 '체크포인트'와 '로라' 같은 중요한 학습 모델의 형태를 사용합니다. 체크포인트는 학습 중간 결과를 저장하고, 이를 활용하여 학습을 중단했다가 다시 시작할 수 있도록 합니다. 로라는 학습 과정에서 발생하는 불안정성을 줄이고, 모델의 성능을 향상시키는 데 사용됩니다.

스테이블 디퓨전을 활용하여 영상을 만들기 위해서는 'AnimateDiff'와 같은 확장 모델을 사용해야 합니다. 이를 통해 이미지들을 합성하여 부드러운 애니메이션을 만들 수 있으며, 원본 소스를 분석하여 AI가 생성하는 이미지의 범위를 제어하는 컨트롤넷 노드를 활용하여 결과물의 퀄리티를 높일 수 있습니다. 이를 통해 실사 이미지를 보다 자연스러운 애니메이션으로 변환하고, 최종적으로 원하는 영상을 생성할 수 있습니다.

1. Video-to-Video 작업 흐름

비디오를 새로운 비디오로 변경하는 방식을 Video-to-Video 방식이라고 합니다. 컴피 UI에서 Video-to-Video의 작동 방식과 기본적인 작동 방식을 알아봅니다.

2. 핵심 노드 수정하기

컴피 UI는 작업 방식으로 '노드'를 채택합니다. 이는 각각의 기능을 관장하는 노드가 선으로 연결되어 있어 왼쪽에서 오른쪽으로 데이터가 처리되는 방식을 의미합니다. 작업 흐름에서 핵심이 되는 노드를 살펴보고 수정하면서 노드 방식을 학습합니다.

3. 결과 영상 출력 및 수정하기

컴피 UI는 여러 노드로 이어진 기능들이 결합되어 하나의 결과 영상을 생성합니다. 심지어 단 하나의 노드라도 잘못되면 완전히 다른 결과물이 생성될 수 있습니다. 결과 영상을 출력했을 때 예상과 다른 경우를 해결하고 영상을 완성합니다.

노드 작업 진행을 위한
컴피 UI 설치하기

컴피 UI를 실행하고 워크플로를 불러오기 위해서는 컴피 UI를 설치해야 합니다. 컴피 UI는 프로그램처럼 실행 프로그램 확장자(*.exe)를 사용하여 설치하는 것이 아니라 수동으로 설치하고 설정해야 하므로 복잡한 과정을 거칩니다. 차근차근 컴피 UI를 설치하는 과정을 진행하겠습니다.

01 컴피 UI를 설치하기 위해 웹브라우저에서 'github.com/comfyanonymous/comfyUI'를 입력하여 깃허브 사이트에 접속합니다.

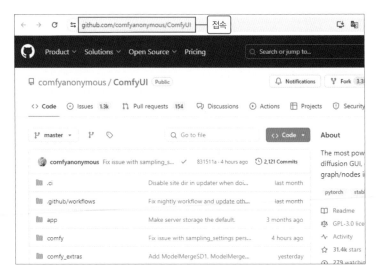

02 글 본문 중간에 'Direct link to download'를 클릭하여 '7z' 형태의 압축 파일을 다운로드합니다.

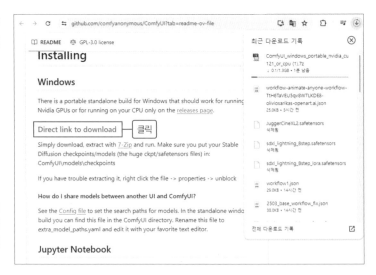

TIP 해당 예제에서는 압축 해제 프로그램인 알집을 활용하여 압축을 해제합니다. '7z' 확장자 파일은 알집, 반디집과 같은 압축 해제 프로그램을 사용하여 압축을 해제하는 것이 좋습니다.

03 용량이 넉넉하거나 PC의 주된 작업 공간에 다운로드한 파일을 압축 해제합니다. 예제에서는 내 문서 (Documents) 폴더에 압축을 해제하였습니다.

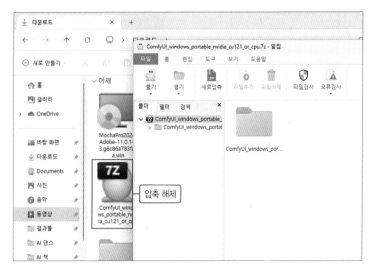

04 'ComfyUI' 파일이 압축 해제되면 ComfyUI_windows_portable → comfyUI → custom_nodes 폴더로 이동합니다.

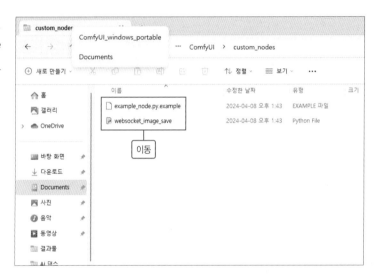

05 컴피 UI를 실행할 때 이후의 작업을 위해 매니저(Manager)를 설치해야 합니다. 해당 폴더 검색창에서 'cmd'를 입력하고 Enter 를 누릅니다.

06 cmd 창이 표시됩니다.

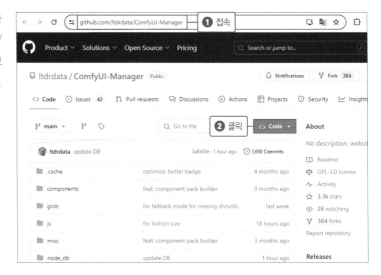

TIP cmd(Command Prompt, cmd.exe)는 명령 프롬프트로 Microsoft Windows의 기본 유틸리티입니다. 이를 통해 배치 파일 제작 및 명령어 입력 등 다양한 작업들을 할 수 있습니다.

07 매니저를 설치하기 위해 웹브라우저에서 'github.com/ltdrdata/comfyUI-Manager'를 입력하여 깃허브 사이트에 접속하고 〈Code〉를 클릭합니다.

08 [HTTP] 탭에서 'Copy url to clip board' 아이콘(⬚)을 클릭하여 주소를 복사합니다.

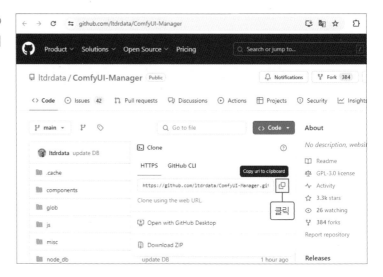

09 cmd 창을 다시 표시합니다. 입력창에 'git clone'을 입력하고 Ctrl+V 를 눌러 복사한 주소를 붙여넣은 다음 Enter 를 눌러 매니저를 커스텀 노드에 설치합니다.

10 매니저 설치가 끝나면 cmd를 종료하고 컴피 UI가 설치된 Comfy UI_windows_portable 폴더로 이동한 다음 'run_cpu'나 'run_nvidia_gpu' 파일을 더블클릭하여 컴피 UI를 실행합니다. 예제에서는 그래픽 카드를 활용한 작업 형태인 'run_nvidia_gpu' 파일을 실행하였습니다.

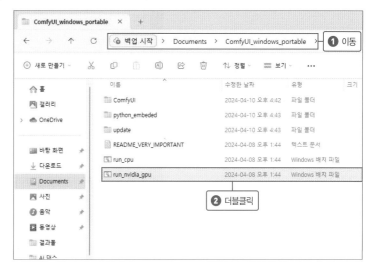

11 컴피 UI가 실행됩니다. 오른쪽 창에 매니저(Manager)가 설치된 것을 확인할 수 있습니다.

TIP 매니저를 설치하지 않고 컴피 UI를 실행하면 매니저가 표시되지 않습니다. 이러한 경우 프로그램을 종료하고 매니저를 설치한 다음 다시 컴피 UI를 설치하면 매니저가 표시됩니다.

259

● 예제파일 : 04\ComfyUI workflow.json

SECTION 8.

효율적인 작업을 위한
워크플로 노드 설치하기

작업이나 프로젝트를 완료하기 위한 프로세스를 정의하고 시각화하여 효율적으로 작업할 수 있도록 돕기 위해 워크플로를 불러오고 노드를 채우겠습니다. 또한, 설치되지 않은 커스텀 노드들을 다운로드하여 작업을 원활하게 진행하겠습니다.

01 컴피 UI를 실행하고 〈Load〉를 클릭합니다. 열기 대화상자가 표시되면 04 폴더에서 'ComfyUI workflow. json' 파일을 선택하고 〈열기(O)〉를 클릭하여 워크플로를 컴피 UI에 불러옵니다.

TIP 해당 파일은 컴피 UI에서 사용할 수 있는 워크플로 파일입니다. JSON 확장자를 가지고 있으며, 이 파일을 컴피 UI에 가져오면 완성된 노드 구성이 표시됩니다. civitai.com이나 openart.ai와 같은 사이트에서 다른 사용자가 만든 워크플로를 다운로드하고 사용할 때도 동일한 방법으로 적용할 수 있습니다.

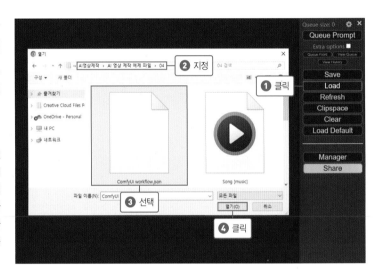

02 컴피 UI를 처음 설치하면 그림과 같이 설치되지 않은 커스텀 노드들이 표시됩니다. 이러한 노드들을 설치하기 위해 앞서 매니저를 설치한 것입니다. 〈Close〉를 클릭하고 〈Manager〉를 클릭합니다.

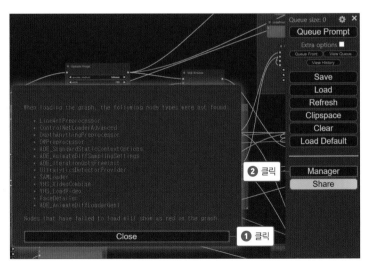

TIP 컴피 UI 매니저는 사전에 설치를 완료해야 〈Manager〉가 표시됩니다. 예제에서는 매니저를 활용할 예정으로 이 버튼이 표시되지 않는다면, 앞서 진행한 과정을 통해 매니저를 설치하도록 합니다.

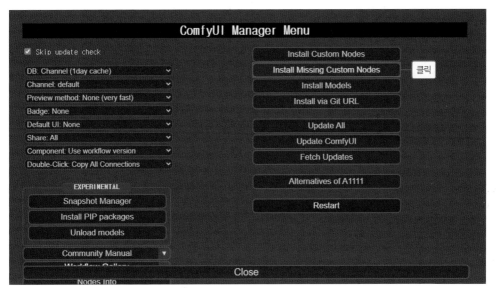

03 ComfyUI Manager Menu 대화상자가 표시되면 해당 워크플로에 맞는 노드들을 설치하기 위해 〈Install Missing Custom Nodes〉를 클릭합니다.

04 빨간색 글씨로 설치되어 있지 않은 노드들이 표시됩니다. 설치하기 위해 오른쪽에 있는 〈Install〉을 클릭합니다.

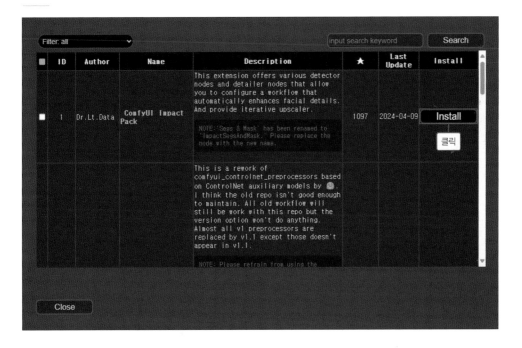

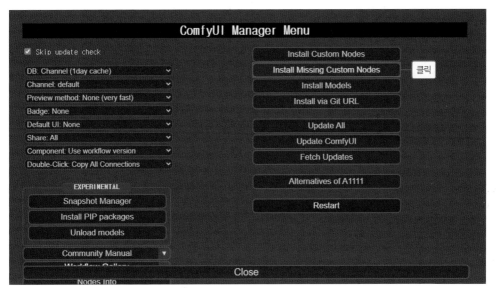

05 설치가 완료되면 그림과 같이 인터페이스가 변경됩니다.

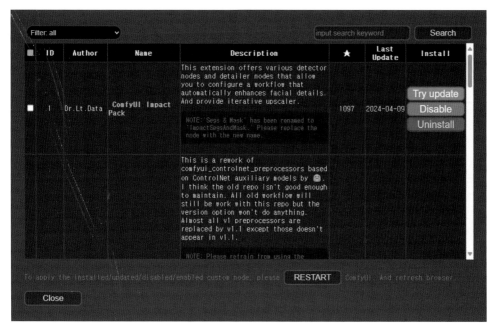

TIP 커스텀 노드 및 모델 설치 과정은 처음 컴피 UI를 실행한 직후 한 번만 진행하면 됩니다. 이후에는 설치가 된 상태가 유지됩니다.

06 마우스 휠을 돌리거나 오른쪽에 있는 메뉴바를 드래그하여 내리면 목록들을 살펴볼 수 있습니다. 확인하면서 모든 〈Install〉을 클릭하여 설치합니다.

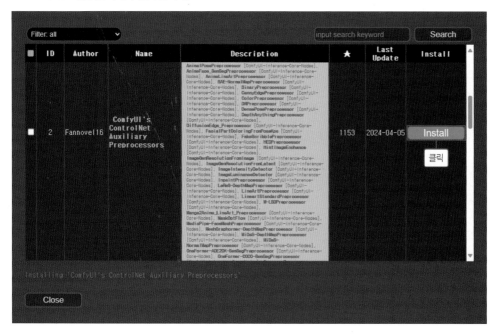

07 모든 커스텀 노드의 설치가 끝나면 〈Restart〉를 클릭합니다. 컴피 UI를 재부팅 한다는 표시창이 표시되면 〈확인〉을
클릭하여 프로그램을 재실행합니다.

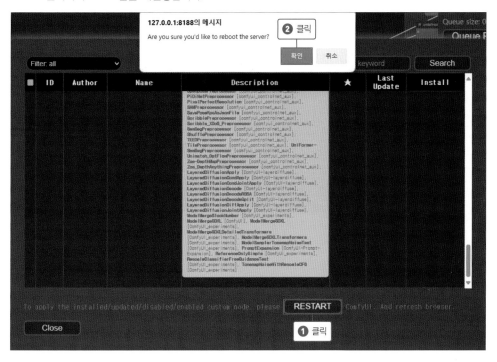

08 프로그램이 연결되면 재실행되면서 컴피 UI 창과 함께 cmd 창이 같이 실행됩니다. cmd 창에서 작업의 진행 과정을
확인하며 다운로드가 완료될 때까지 기다립니다.

TIP 컴피 UI를 실행하는 동안 절대 웹 창
과 cmd 창을 종료해서는 안 됩니다. 둘 중 하
나라도 종료하면 연결이 끊겨 작업에 문제가
생기므로 종료하지 않도록 주의합니다.

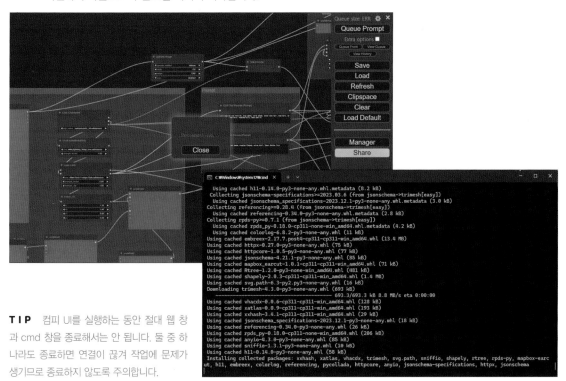

09 커스텀 노드 설치가 완료되면 마
우스 휠로 화면의 비율을 조절합
니다. 그림과 같이 빨간색으로 표시된 노
드가 없는지 확인합니다.

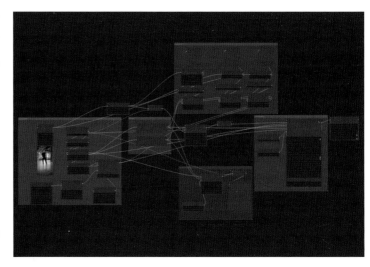

T I P 빨간색으로 표시된 노드는 누락된 노드
입니다.

 화면 제어 방식

마우스의 휠을 이용하여 화면을 확대(Zoom In)/축소(Zoom Out)할 수 있습니다.

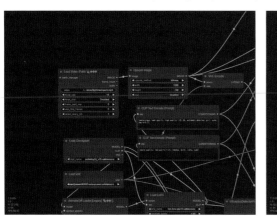

▲ 확대

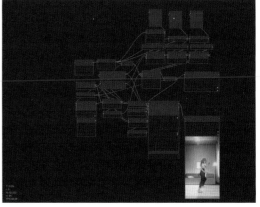

▲ 축소

화면을 마우스로 드래그하면 움직인 방향으로 화면을 이동할 수 있습니다.

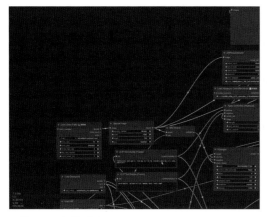

▲ 왼쪽으로 이동한 화면

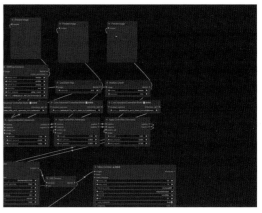

▲ 오른쪽으로 이동한 화면

원하는 이미지와 영상을 얻기 위한 모델 적용하기

컴피 UI는 미드저니나 스테이블 비디오와 같이 단순히 프롬프트만 입력하여 생성하는 AI가 아닙니다. 모델을 다운로드하고 적용한 다음 학습시키고 원하는 타겟을 정해 프롬프트에 맞게 조절하여 결과물을 출력하는 일련의 과정을 거쳐야 합니다. 원하는 스타일의 결과물을 얻기 위해 적절한 학습 모델을 버전에 맞게 다운로드하는 방법과 노드를 수정하는 과정을 진행하겠습니다.

01 컴피 UI 노드를 수정하기 전에 필요한 학습 모델과 애니메이트디프, 컨트롤넷 모델을 다운로드하겠습니다. 먼저 애니메이트디프 모델을 설치하기 위해 웹페이지에서 'huggingface.co/hotshotco/Hotshot-XL/tree/main'을 입력하여 허깅 페이스 사이트에 접속합니다.

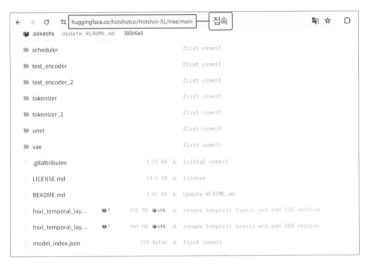

TIP 체크포인트, 로라, 애니메이트디프, 컨트롤넷에는 사전에 모두 훈련된 AI 모델을 다운 받아야합니다. 스테이블 디퓨전의 버전(SD1.5, SDXL, SDXL Lightning, SDXL Turbo 등)마다 학습된 내용과 방식이 다르고 각각의 노드마다 버전이 다르다면 호환이 되지 않기 때문에 버전을 확인하여 모든 모델의 버전을 통일해야 합니다. 해당 예제에서는 SDXL과 SDXL의 간소화 버전인 Lightning 버전의 모델을 사용합니다.

02 'hsxl_temporal' 모델을 모두 다운로드해야 합니다. 먼저 위에 있는 'hsxl_temporal' 모델의 '다운로드' 아이콘(⬇)에서 마우스 오른쪽 버튼을 클릭하고 **다른 이름으로 저장...**을 실행합니다.

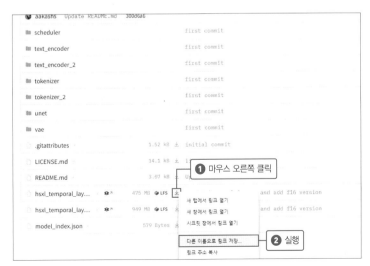

TIP 예제에서 다운로드한 모델은 'Animate Diff' 노드에 사용하는 모델로, 스테이블 디퓨전에서 생성한 이미지들을 영상화 작업으로 만들어 주는 기능을 합니다. 가장 많이 사용하는 '핫샷XL' 모델을 사용하는 것이 좋습니다.

03 다른 이름으로 저장 대화상자가 표시되면 ComfyUI → custom_nodes → ComfyUI-AnimateDiff-Evolved → models 폴더로 경로를 지정하고 〈저장(S)〉을 클릭하여 저장합니다.

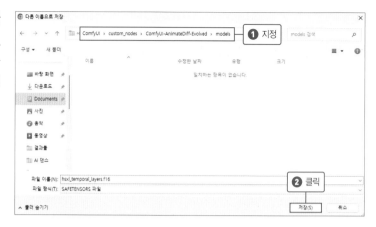

04 같은 방법으로 나머지 1개의 애니메이트디프 모델도 저장합니다. 해당 예제에서는 SDXL 모델을 사용할 예정이므로 XL 버전이랑 호환이 가장 잘 되는 'HotShotXL' 모델을 사용합니다.

05 가장 큰 개념의 학습 모델을 다운로드하기 위해 웹브라우저에서 'civitai.com/models/125907?modelVersionId=254091'을 입력하여 시빗 AI의 RealCartoon-XL 모델 사이트에 접속합니다. '다운로드' 아이콘(⬇)을 클릭하고 'Full Model fp16'에서 마우스 오른쪽 버튼을 클릭하여 **다른 이름으로 저장...**을 실행합니다.

TIP Base Model이 'SDXL'로 설정되어 있는 것을 확인해야 합니다. 버전이 다르면 호환이 되지 않으므로 사용하고자 하는 프로세스의 모든 모델은 버전이 동일해야 합니다.

06 다른 이름으로 저장 대화상자가 표시되면 ComfyUI → models → checkpoints 폴더로 경로를 지정하고 〈저장(S)〉을 클릭하여 저장합니다.

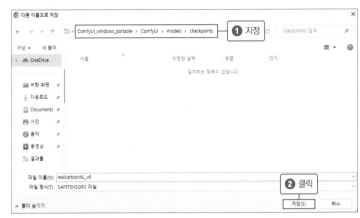

07 개념의 학습 모델 로라를 다운로드하기 위해 웹브라우저에서 'civitai.com/models/263259?modelVersionId=296828'을 입력하여 시빗 AI의 Film Stock Footage Style XL 모델 사이트에 접속합니다. '다운로드' 아이콘(🔽)을 클릭하고 LoRA에서 마우스 오른쪽 버튼을 클릭하여 **다른 이름으로 저장...**을 실행합니다.

08 다른 이름으로 저장 대화상자가 표시되면 ComfyUI → models → loras 폴더로 경로를 지정하고 〈저장(S)〉을 클릭하여 저장합니다.

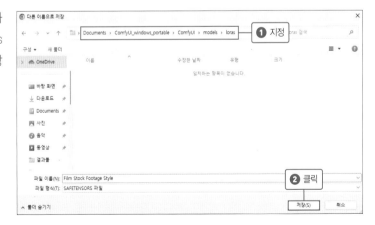

09 SDXL 버전용 압축 로라 모델을 설치하기 위해 웹브라우저에서 'huggingface.co/ByteDance/SDXL-Lightning/tree/main'을 입력하여 허깅페이스 사이트에 접속합니다. 'sdxl_lightning_8step' 모델의 '다운로드' 아이콘(⬇)에서 마우스 오른쪽 버튼을 클릭하고 **다른 이름으로 저장...**을 실행합니다.

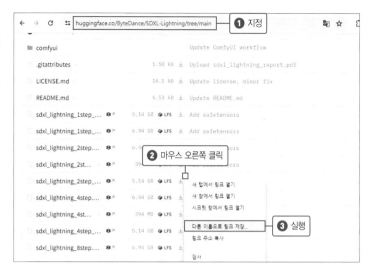

10 다른 이름으로 저장 대화상자가 표시되면 ComfyUI → models → loras 폴더로 경로를 지정하고 〈저장(S)〉을 클릭하여 저장합니다.

11 마지막으로 컨트롤넷 모델들을 다운로드하면 모든 모델 설치가 마무리됩니다. 컨트롤넷 모델을 설치하기 위해 웹브라우저에서 'huggingface.co/Illyasviel/sd_control_collection/tree/main'을 입력하여 허깅페이스 사이트에 접속합니다.

12 't2i-adapter' 컨트롤넷 모델을 다
운로드하기 위해 모델의 '다운로
드' 아이콘(⬇)에서 마우스 오른쪽 버튼을
클릭하고 **다른 이름으로 저장...**을 실행합
니다.

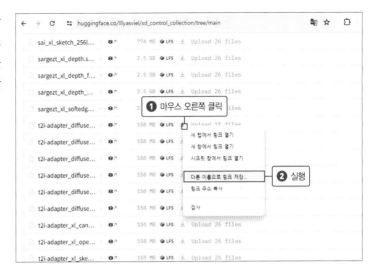

13 다른 이름으로 저장 대화상자가
표시되면 ComfyUI → models
→ controlnet 폴더로 경로를 지정하고
〈저장(S)〉을 클릭하여 저장합니다.

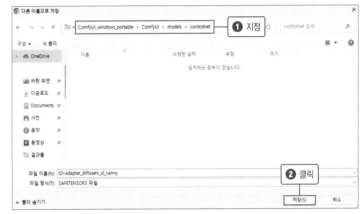

14 같은 방법으로 't2i-adapter' 컨
트롤넷 모델을 전부 다운로드하여
모든 모델을 설치 완료합니다.

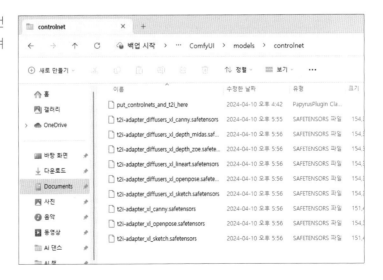

15 컴피 UI를 실행하고 설치된 모델들을 반영하기 위해 〈Refresh〉를 클릭하면 모델들이 워크플로에 맞게 적용된 것을 확인할 수 있습니다.

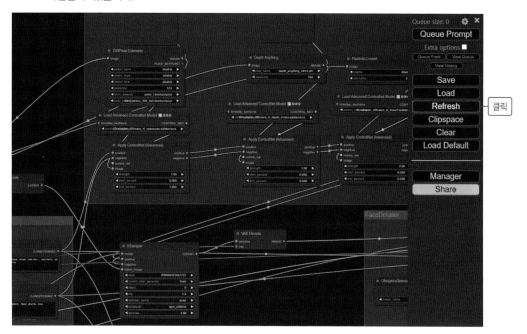

NOTE 시빗 AI에서 학습 모델 및 가이드 찾기

직접 만들기 어려운 Checkpoint, 워크플로, 로라 등은 시빗 AI(Civitai) 사이트에서 검색하고 다운로드할 수 있습니다. 하지만 각 모델의 버전에 주의해야 합니다. 학습 모델부터 컨트롤넷과 애니메이트디프 모델까지 모두 버전을 체크하여 일관된 모델을 적용해야 출력을 진행할 수 있습니다.

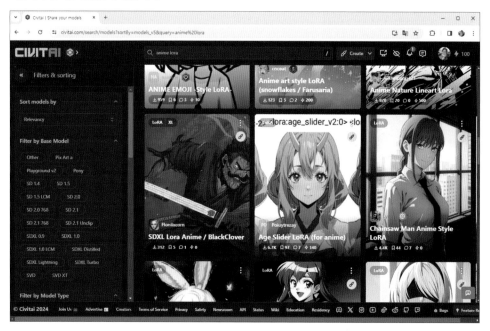

▲ 시빗 AI 사이트

◉ 예제파일 : 04\dance_long.mp4, 댄스프롬프트.txt ◉ 완성파일 : 04\dance_long_완성.mp4

SECTION

10.

원하는 결과물 출력을 위한 노드 수정하기

필요한 노드와 모델 적용이 끝났습니다. 이제 노드를 설정하고 프롬프트를 체크하여 실제 영상으로 출력하는 방법을 알아봅니다. 어떠한 방식으로 컴피 UI가 작동하고 이미지가 생성되는지 살펴보며 결과물을 제작하겠습니다.

01 스타일을 변경할 비디오 소스 원본을 업로드하기 위해 작업 화면에서 'Load Video (Upload)' 노드의 'choose video to upload'를 클릭합니다.

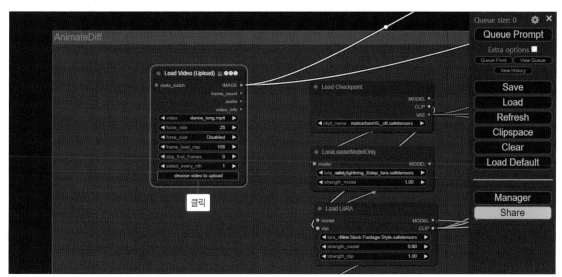

02 열기 대화상자가 표시되면 04 폴더에서 'dance_long.mp4' 파일을 선택하고 〈열기(O)〉를 클릭하여 해당 모델을 컴피 UI에 불러옵니다.

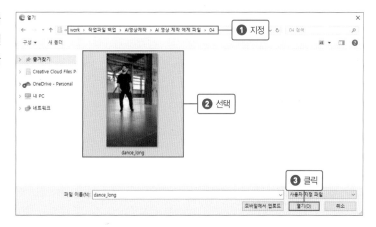

03 불러온 영상이 'Load Video (Upload)' 노드에 표시됩니다. 노드에서 force_rate가 '25', frame_rate가 '105'로 설정
되어있는 것을 확인합니다.

TIP force_rate는 출력할 영상의 프레임수를 의미하므로 영상의 프레임수와 동일하게 '25'로 설정합니다. 현재 영상이 4초이므로 100이
넘는 값으로 설정되어 있습니다.

04 'Upscale Image' 노드에서 결과물의 비율을 설정합니다. 예제에서는 'Upscale Image'의 노드의 가로(width)와 세
로(heigth)를 각각 '720', '1280'으로 설정하였습니다.

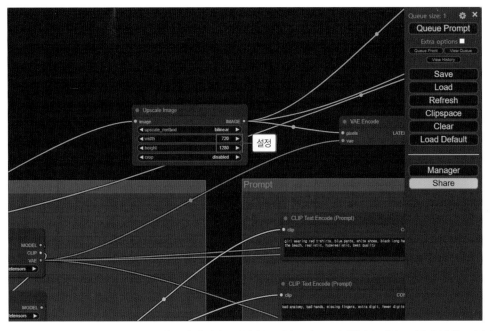

TIP 조금 더 좋은 화질과 퀄리티로 결과물을 출력하고 싶다면 '1080', '1920'으로 설정합니다. 대신 그만큼 출력에는 시간이 더 소요됩니다.

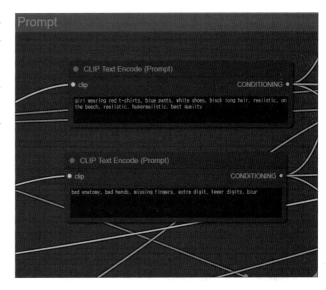

05 'Prompt' 그룹에는 사전에 설정된 프롬프트가 표시됩니다. 이는 의상이나 머리스타일을 수정할 수 있는 프롬프트로, 기본 설정으로 진행해도 좋고 취향에 따라 수정해도 좋습니다. 위의 노드는 긍정적이고 반영해야 하는 요소를 의미하며, 아래의 노드는 부정적이고 배제해야 하는 요소를 의미합니다.

TIP 예제와 같은 프롬프트를 입력하려면 04 폴더에서 '댄스프롬프트.txt' 파일을 열어 사용하세요.

프롬프트 (긍정) : girl wearing red t-shirts, blue pants, white shoes, black long hair, realistic, on the beach, realistic, hyperealistic, best quailty

(부정) : bad anatomy, bad hands, missing fingers, extra digit, fewer digits, blur

---

06 'Image Preview' 그룹의 노드들은 출력 중에 1장의 이미지를 표시하여 어떤 느낌의 이미지가 영상에 반영되는지 확인할 수 있습니다.

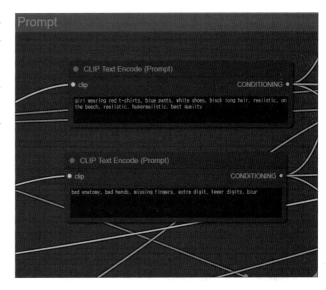
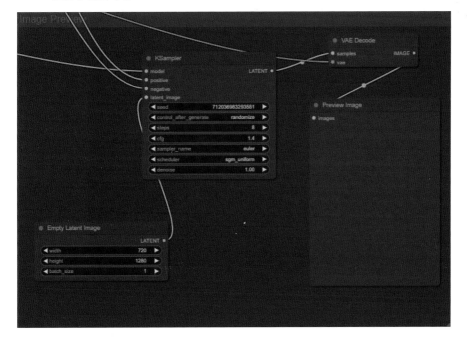

07 〈Queue Prompt〉를 클릭하여 영상 출력을 시작합니다.

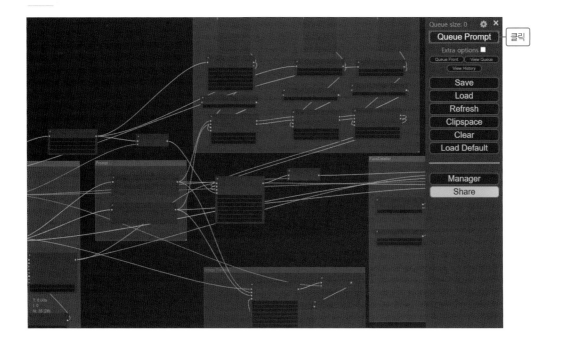

08 cmd 창에 작업이 진행되는 경과가 표시됩니다. 컴퓨터 사양에 따라 생성 속도에 차이가 발생합니다.

TIP 설정된 워크플로는 'SDXL Lightning' 버전입니다. 해당 버전은 최적화와 퀄리티를 모두 잡기 위해 개발된 버전으로, 'SD 1.5' 구버전이나 'SDXL'과 같은 무거운 버전보다 빠른 생성 속도를 보입니다.

09 출력이 진행되는 중에 'Image Preview' 그룹에 가이드 이미지가 표시됩니다. 앞서 설치한 학습 모델처럼 3D와 실
사 느낌으로 생성된 이미지가 표시됩니다.

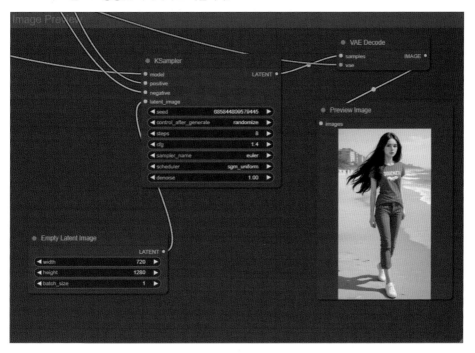

10 'Controlnet' 그룹에 프레임당 제어되는 이미지가 표시됩니다. 이 그룹이 없다면 무작위로 하나의 이미지가 영상으
로 결합되어 끊기고 퀄리티가 낮은 영상이 생성됩니다.

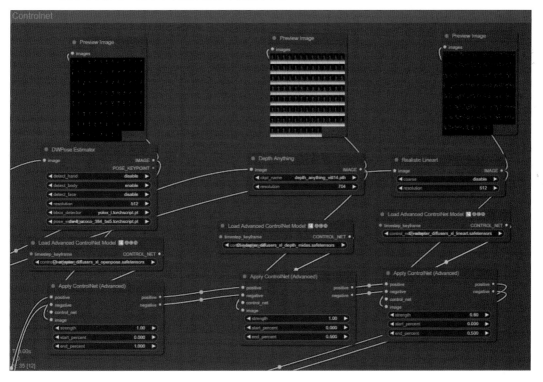

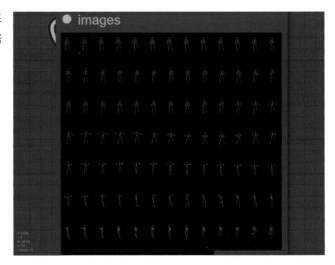

NOTE 'Controlnet' 그룹을 통해 변화를 어느 정도 조
절하면 일정한 퀄리티의 영상을 만드는 데 도움
이 됩니다.

11 'KSampler' 노드에서 영상의 퀄리티를 설정합니다. steps를 '8'로 설정합니다.

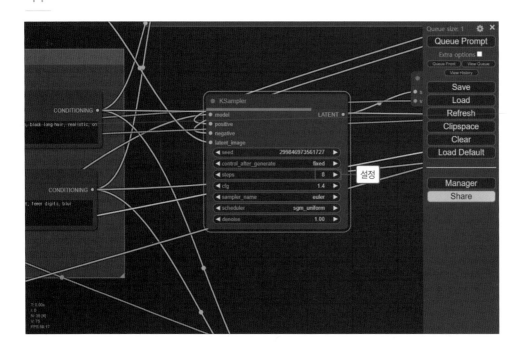

설정

NOTE steps의 기준은 명확히 정해진 것은 없습니다. 그러나
해당 예제에서는 'LoraLoaderModelOnly' 노드에 가장
퀄리티가 좋도록 사전에 훈련된 SDXL용 '로라' 모델을
사용했기 때문에 steps를 '8'로 설정하여 진행하였습니다.
예제와 다르게 다른 모델을 사용한다면 설정을 변경해
보며 적절한 값을 설정하는 것이 좋습니다.

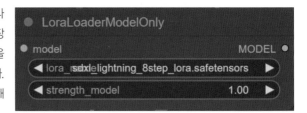

12 영상의 출력이 완료되면 컴피 UI 창의 'Video Combine' 노드에 미리 보기 형태로 표시됩니다.

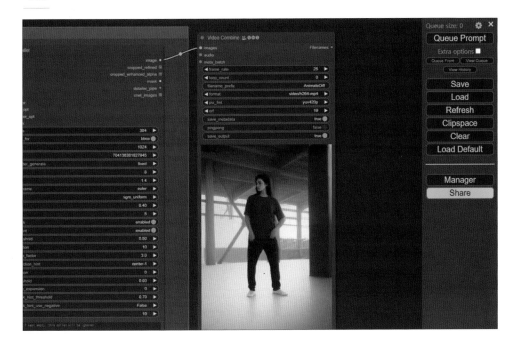

(NOTE) 컴피 UI에서 퀄리티도 챙기고 생성 시간을 줄이는 'SDXL Lightning' 모델 노드 구성

'SD1.5'나 'SDXL' 버전의 경우 기본적으로, 'KSampler' 노드의 steps를 '20~25'나 그 이상으로 설정해야 어느 정도의 퀄리티가 보장됩니다. steps는 영상을 몇 번 학습하여 퀄리티를 높이냐에 대한 수치입니다. 즉, steps가 20이면 20번을 훈련하라는 뜻입니다. 그러나 체크포인트 뒤에 'SDXL Lightning' 로라를 배치하면, SDXL용 체크포인트를 학습하면서 세부 학습 모델인 'SDXL Lightning_2/4/8step_lora'를 통해 steps 수치를 조절할 수 있습니다.

▲ 큰 학습 개념인 체크포인트(SDXL용) 뒤에 'SDXL Lightning' 로라 배치

PART
5

영상 실무자가 알려주는
실전 AI 영상 제작

광고 한 편을 만들기 위해서는 많은 작업 인력을 투입하는 것이 필요하며, 상당한 비용과 시간이 소요됩니다. 이러한 작업을 효율적으로 실무에서 수행할 수 있는 프로세스를 AI를 활용하여 구축하고, 이를 실무에 적용해 보는 것이 중요합니다. 이미지 생성형 AI에서 이제는 실사 형태의 Text-to-Video 모델로 영상 제작이 가능합니다. 이러한 제작 모델은 실무 영상 제작에도 사용되고 있으며, 현실보다 더 현실적으로 영상을 표현하고 있습니다.

OpenAI 사의 소라뿐만 아니라 스테이블 디퓨전으로 유명한 StabilityAI 사의 스테이블 비디오를 이용하여 텍스트 프롬프트만으로 상상했던 영상 제작이 가능합니다. 제작한 영상은 영상 컷 편집 과정을 거쳐 실전 영상으로 완성됩니다. 이번 파트에서는 AI 영상 제작자가 알려주는 핵심 영상 제작 방법부터 실전 광고 영상 제작 방법까지 알아봅니다.

프롬프트로 영상을 제작하는 스테이블 비디오

스테이블 비디오는 혁신적인 Text-to-Video 모델로, 다양한 분야에서 창의적인 작업을 이끌어 낼 수 있습니다. 이를 통해 예술, 디자인, 광고, 영화 제작 등의 분야에서 새로운 시도와 혁신이 가능하며, 스테이블 비디오의 다양한 인터페이스와 프롬프트 작성법을 통해 사용자는 자신의 아이디어를 시각적으로 구현할 수 있습니다. 스테이블 비디오를 활용하기 위해 강력한 기능과 활용 가능성을 알아보겠습니다.

01 스테이블 비디오 활용 분야 알아보기

스테이블 비디오는 Stability.ai에서 개발한 스테이블 디퓨전의 오픈소스 버전입니다. 현재는 오픈 베타로 운영되고 있어 기능이 일부 제한되어 있습니다. 그러나 텍스트로 간단히 영상을 생성하는 데 특화되어 있어 매우 간편하게 이용할 수 있습니다. 몇 번의 클릭으로 생성형 AI를 활용할 수 있으며, 일일 무료 이용 횟수가 제공됩니다. 이는 다양한 분야에서 짧은 영상을 필요로 하는 사용자들에게 유용하게 활용될 수 있습니다.

▲ 스테이블 비디오 홈페이지에 공개된 쇼케이스

모션 그래픽 및 디자인

스테이블 비디오는 이미지를 프롬프트와 카메라 설정에 맞게 움직이게 만드는 생성형 AI입니다. 이미지를 움직이는 분야인 모션 그래픽과 디자인 부분에서 스테이블 비디오를 활용할 수 있습니다. 루핑 애니메이션이나 움직이는 영화 포스터, 추상적인 애니메이션 등 이미지 기반의 영상이라면 스테이블 비디오는 강점을 드러냅니다.

▲ 스테이블 비디오 홈페이지에 공개된 다양한 영상

크리에이터 및 숏폼 콘텐츠

스테이블 비디오를 이용하면 다양한 비율 크기의 영상을 제작할 수 있어, 가로부터 세로 형식까지 다양한 형태로 결과물을 만들 수 있습니다. 유튜버나 숏폼 영상 크리에이터들은 B컷이나 시각적인 자료 화면을 직접 촬영하기 어려운 경우에도 손쉽게 원하는 결과물을 얻을 수 있습니다. 또한, 시각적인 자료 화면을 스톡 비디오 사이트에서 찾기 어려운 경우에도 텍스트를 추가함으로써 간단하게 해결할 수 있습니다.

▲ 16:9, 9:16, 1:1의 비율을 선택하여 영상 제작

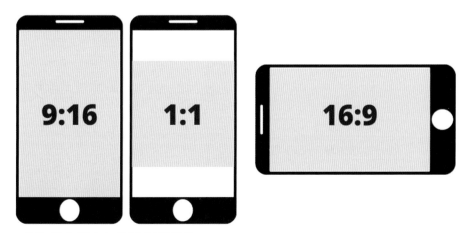

▲ 영상 비율에 따른 스마트폰에서의 시청 형태

02 스테이블 비디오 핵심 인터페이스 살펴보기

스테이블 비디오는 가입부터 영상 생성부터 편집, 출력까지 모든 작업이 웹페이지에서 이뤄집니다.
핵심이 되는 스테이블 비디오의 인터페이스를 살펴봅니다.

텍스트 프롬프트

텍스트 프롬프트(Text Prompt)는 이미지 생성에 사용되는 텍스트 입력이며, 일련의 단어나
문장으로 구성됩니다. 이는 모델이 이미지를 생성할 때 참고하는 지시사항으로 작용합니다.

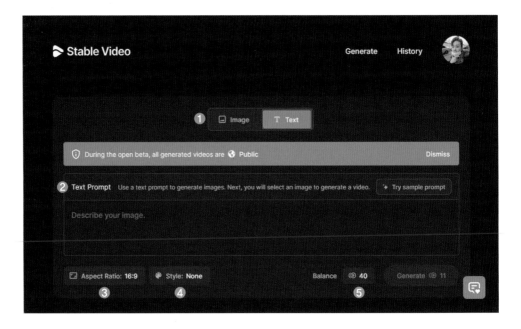

❶ Image/Text : 이미지를 넣어 영상을 생성할지, 혹은 텍스트 프롬프트를 입력하여 이미지를
생성 후 영상을 생성할지 작업 방식을 정할 수 있습니다. 이미지를 넣고 바로 영상으로 만들
면 10 크레딧이 소모되지만, 텍스트 프롬프트를 입력하여 이미지를 생성 후 영상을 생성하면
11 크레딧이 소모됩니다.

❷ Text Prompt : 텍스트 프롬프트를 입력하는 공간입니다. 텍스트 입력을 통해 이미지를 생성
할 수 있습니다.

❸ Aspect Ratio : 이미지의 비율을 정할 수 있습니다. 16:9, 9:16, 1:1 세 가지의 비율을 제공합
니다.

❹ Style : 이미지의 스타일을 정할 수 있습니다. 총 17개의 스타일을 프리셋 형태로 제공합니다.

❺ Balance : 잔여 크레딧을 표시합니다. 하루에 무료로 제공하는 크레딧과 결제하여 충전된
크레딧이 표시됩니다.

이미지 프롬프트

이미지 프롬프트(Image Prompt)는 이미지 자체를 사용하여 생성 작업을 지시합니다. 사용자는 이미지를 업로드하거나 링크를 제공하여 모델에게 원하는 스타일이나 요소를 시각적으로 전달할 수 있습니다. 이는 텍스트보다는 직관적이고 구체적인 요구사항을 전달하는 데 유용합니다.

❶ **Camera Motion** : 카메라의 움직임을 제어할 수 있는 공간입니다. 현재는 오픈 베타로 기능이 제한되어 있습니다.

❷ **Advanced** : 카메라 모션 및 결과물의 퀄리티를 세부 설정할 수 있는 창이 표시됩니다.

❸ **Balance** : 잔여 크레딧을 표시합니다. 하루에 무료로 제공하는 크레딧과 결제하여 충전된 크레딧이 표시됩니다.

03 스테이블 비디오 모델의 워크플로

스테이블 비디오는 텍스트를 입력하면 AI가 이미지를 생성해 주는 Text-to-Image 모델과 이미지를 비디오로 애니메이팅 하는 Image-to-Video 모델의 결합 형태입니다. 전체적인 워크플로를 살펴보며 영상을 생성하겠습니다.

Text-to-Image 모델 워크플로

스테이블 비디오(stablevideo.com)에 접속하여 로그인하고 〈Start with Text〉를 클릭하면, 텍스트를 이미지로 만드는 과정을 통해 영상을 만들 수 있습니다. Text Prompt 입력창에 스토리를 입력하고 비율과 스타일을 선택한 다음 〈Generate〉를 클릭하면 이미지가 생성됩니다.

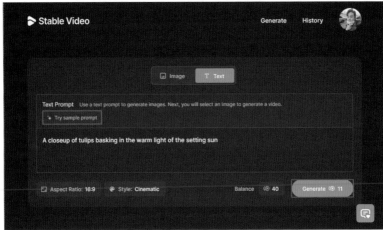

▲ 'Try sample prompt'를 통해 생성한 텍스트 프롬프트

프롬프트는 짧고 간결하게 영문 키워드로 적어야 합니다. 들어갈 내용을 형용사를 활용하여 최대한 빠짐없이 넣어주는 것이 중요합니다. 또한, 작업의 능률을 위해서는 본인만의 프롬프트 작성 요령을 정하는 것이 좋습니다.

▲ 키워드가 모여있는 하나의 단어로 작성된 프롬프트

입력하는 텍스트 프롬프트도 중요하지만, 스타일 선택에 따라 같은 텍스트 프롬프트를 입력하더라도 결과물이 전혀 다르게 나올 수 있습니다. 만들고자 하는 영상의 스타일을 잘 파악하는 것이 중요합니다.

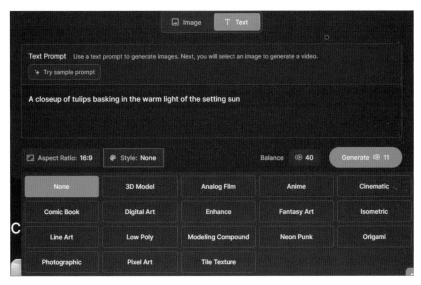

▲ 17개의 스타일을 프리셋 형태로 제공

Image-to-Video 모델 워크플로

스테이블 비디오에서 로그인하고 'Select an image'를 클릭하여 이미지를 업로드하거나 앞서 살펴봤던 텍스트 프롬프트를 넣어 이미지를 만드는 과정을 거치고 나면, 이미지를 비디오로 변경하는 작업을 거치게 됩니다. 이미지를 불러오는 방식은 다르지만 두 과정의 마무리 단계에서는 카메라 모션을 제어하는 과정을 거치게 됩니다.

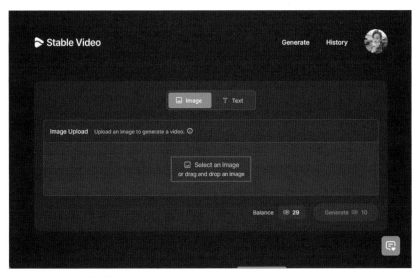

▲ 이미지 업로드가 가능한 'Select an image'

▲ 생성한 텍스트 프롬프트의 이미지 결과물 하나를 선택하여 영상화 작업을 진행할 수 있는 'Try sample prompt'

이미지를 영상화하는 작업은 카메라 모션을 제어하는 것이 전부입니다. 카메라로 촬영한다고 가정하고 '내가 카메라 감독이라면 어떻게 찍을까?'를 생각하며, 스테이블 비디오에서 제공하는 카메라 옵션을 설정한 다음 〈Proceed〉를 클릭하면 이미지가 영상으로 변경됩니다.

▲ 카메라 제어 옵션

수정 및 재생성이 가능한 Histroy

일반적으로 AI 콘텐츠는 한 번에 원하는 결과물을 얻기 어려운 경우가 많습니다. 원하는 결과물을 얻기 위해서는 수정이 필요합니다. 스테이블 비디오에서는 텍스트를 이미지로 변환하는 과정과 이미지를 비디오로 변환하는 과정의 결과물을 각각 확인하고 수정할 수 있습니다.

〔Videos〕 탭에서는 영상의 결과물이 표시됩니다. 사용됐던 이미지에 대한 카메라 수정을 할 수 있습니다. 〔Images〕 탭에서는 생성된 이미지의 모든 결과물이 표시됩니다. 영상화 작업에 사용되지 않았던 이미지를 선택해서 카메라 모션 작업을 진행할 수 있습니다.

 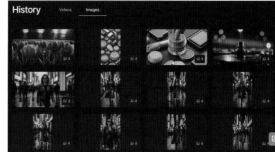

▲ 스테이블 비디오에서 작업한 모든 결과물을 확인하고 수정 가능한 (History) 탭

04 텍스트 프롬프트의 스타일 살펴보기

스테이블 비디오에서 제공하는 스타일 리스트

스테이블 비디오에서는 텍스트를 이미지로 변환하는 과정에서 다양한 스타일을 제공합니다. 선택하는 스타일마다 같은 텍스트 프롬프트라도 생성되는 이미지가 다릅니다. 장르가 겹쳐서 중복되는 스타일도 있지만, 주로 사용할 수 있는 스타일이 있습니다. 예시로 작성된 스타일 이외에도 영상의 기획과 장르에 맞게 사용합니다.

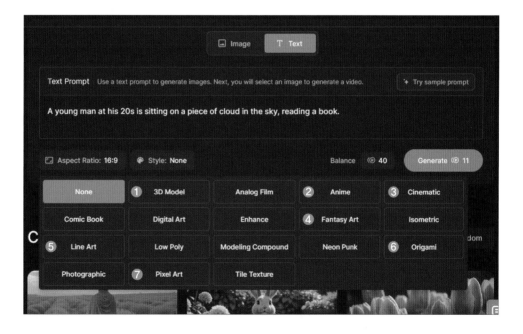

프롬프트 A young man at his 20s is sitting on a piece of cloud in the sky, reading a book.

❶ 3D Model : 3D 애니메이션 스타일로 이미지를 생성합니다.

❷ Anime : 2D 만화 애니메이션 스타일로 이미지를 생성합니다.

❸ Cinematic : 실사 영화 스타일로 이미지를 생성합니다.

❹ Fantasy Art : 추상적이고 몽환적인 그림 스타일로 이미지를 생성합니다.

❺ Line Art : 선이 강조된 선화 그림 스타일로 이미지를 생성합니다.

❻ Origami : 특정 요소에 종이접기 요소를 가미한 스타일로 이미지를 생성합니다.

⑦ Pixel Art : 픽셀 아트 스타일로 이미지를 생성합니다.

05 Image-to-Video 모델의 카메라 살펴보기

스테이블 비디오에서 사용할 수 있는 카메라 제어 옵션

이미지를 생성한 다음에는 이미지를 카메라 관련 옵션을 설정해야 영상으로 만들 수 있습니다. 카메라와 관련된 옵션이라 이미지 자체에서 크게 변화되는 것은 없지만, 움직임이 달라지므로 같은 이미지여도 다른 느낌의 결과물이 나올 수 있습니다. 스테이블 비디오에서 설정할 수 있는 카메라 모션 옵션들을 알아봅시다.

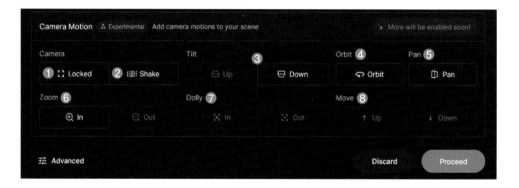

❶ **Locked** : 카메라를 삼각대로 고정하고 찍는 촬영 설정입니다. 피사체만 움직입니다.

❷ **Shake** : 카메라를 들고 촬영하는 핸드헬드 기법입니다. 카메라와 피사체가 같이 움직입니다.

❸ **Tilt Up/Down** : 카메라를 삼각대로 고정하고 아래서 위로, 위에서 아래로 삼각대를 내리는 듯한 촬영 설정입니다.

❹ **Orbit** : 피사체를 중심에 두고 카메라가 주위를 회전하면서 찍는 듯한 설정입니다.

⑤ Pan : 카메라를 삼각대로 고정한 다음 좌우로 삼각대를 움직이면서 패닝하면서 찍는 설정입니다.

⑥ Zoom In/Out : 카메라가 피사체에 다가가거나 멀어지며 촬영하는 설정입니다.

⑦ Dolly : 카메라의 위치를 변경하는 동작을 나타냅니다. 이 옵션을 사용하면 영상 내의 장면이 움직이는 것이 아니라 카메라가 전체 장면을 이동하면서 촬영하는 효과를 낼 수 있습니다.

⑧ Move : 카메라의 방향을 변경하는 동작을 의미합니다. 이 옵션을 사용하면 영상 내의 카메라가 움직이면서 장면을 촬영하는 효과를 만들 수 있습니다.

Advanced 세부 옵션

카메라 이외에 세부적인 설정을 할 수 있는 옵션입니다. 영상의 퀄리티와 카메라 및 피사체의 속도를 제어할 수 있으므로 짚고 넘어가야 합니다.

❶ Seed : 'Use seed'를 체크 표시하면 프레임마다 랜덤한 결과물의 이미지를 부여합니다. 기본적으로는 체크 표시가 되어 있지 않으며 최대한 일관된 이미지의 움직임을 유지합니다.

❷ Steps : 숫자가 높을수록 퀄리티가 높아집니다. 수치가 높을수록 생성되는 속도가 느리며, 낮을수록 퀄리티는 낮아지고 생성되는 속도가 빨라집니다. 기본적으로 설정값이 '40'으로 설정되어 있습니다. 체감상 속도의 차이가 크지 않으므로 '40'으로 설정하는 것이 좋습니다.

❸ Motion Strength : 수치가 높을수록 영상의 결과물의 움직임이 많아지지만, 그만큼 변형이 심해지며 결과물이 뭉개지는 현상이 생깁니다. 반대로 수치가 낮을수록 영상의 움직임은 적어지지만, 변형이 덜하며 높은 퀄리티가 나올 확률이 증가합니다. 기본적으로 설정값이 '127'로 설정되어 있어 '127'에서 값을 위아래로 조금씩만 조절하여 변형하는 것이 좋습니다.

소라만큼 영상을 만든다!
AI로 실사 여행 영상 만들기

여행 영상은 여행지를 직접 방문하여 풍경이나 건물 등의 장면을 촬영하고, 시청자들에게 간접적으로 여행 경험을 제공하는 데 중점을 둔 영상입니다. 일반적으로는 여행지를 방문하여 직접 촬영한 영상을 편집하여 제작하지만, 최근에는 AI 기술을 활용하여 실제로 여행지를 방문하지 않고도 여행지를 소개하는 영상을 만들 수 있는 시대가 되었습니다. 스테이블 비디오를 이용하여 적합한 콘셉트의 여행 영상을 제작하고, 브루를 활용하여 영상의 비율을 조정해 숏폼 형태의 여행 영상을 제작하겠습니다.

여행 영상을 만들기 위해서는 우선, 해당 장소를 직접 방문하여 카메라로 촬영해야 합니다. 그러나 비용 문제, 시간 제약, 날씨 등으로 인해 번거로운 상황이 발생할 수 있습니다. 하지만 AI 프로그램을 활용한다면, 장소, 공간에 제약받지 않고 이러한 상황들을 해결할 수 있습니다.

생성형 AI에는 다양한 종류가 있습니다. 그 중에서도 'Text2Video' 방식은 텍스트 프롬프트를 사용하여 이미지를 생성하고, 생성된 이미지를 영상으로 변환하는 방법입니다. 이러한 작업 방식으로 진행되는 스테이블 비디오를 활용하면 여행지에 맞는 이미지를 생성할 수 있고, 이 이미지를 활용하여 카메라 제어 옵션 등을 설정하여 이미지에 움직임을 추가할 수도 있습니다. 이밖에도 다양한 비율을 선택하여 가로형부터 세로형 숏폼 영상을 만들 수 있고, 추가적으로 브루, 캡컷과 같은 영상 편집 도구를 활용하여 자막을 삽입해 숏폼 여행 영상을 완성할 수 있습니다.

1. 스테이블 비디오로 동경과 하와이 영상 만들기

스테이블 비디오를 활용하여 여행지 이미지를 생성하고 이를 영상으로 제작합니다. 예제에서는 일본 동경의 밤거리와 하와이 여행 영상을 제작합니다. 장소와 거리에 상관없이 텍스트와 기획만으로 여행 영상을 생성할 수 있습니다.

2. 브루를 활용하여 숏폼 영상 완성하기

정보를 풍부하게 담을 수 있는 가로형 영상을 숏폼 콘텐츠로 제작하기 위해 브루와 같은 영상 편집 도구를 활용하여 글꼴 스타일과 크기를 조절하고 자막을 디자인하여 추가하여 영상을 완성합니다.

S E C T I O N

2. 네온사인 간판이 가득한 일본 동경 여행 영상 만들기

동경의 아름다운 풍경과 문화를 포착하기 위해 스테이블 비디오에서 관련 키워드와 프롬프트를 활용합니다. 다채로운 도시 풍경과 문화적 특징을 포착하기 위해 조명과 각도를 신중하게 고려하고, 자연스러우면서도 흥미로운 이야기를 구성하여 동경의 거리를 생생하게 담아낸 영상을 제작하겠습니다.

01 웹브라우저에서 'stablevideo.com'을 입력하여 스테이블 비디오 사이트에 접속하고 로그인합니다. 예제에서는 〈Continue with Google〉을 클릭하여 구글 아이디로 로그인하였습니다.

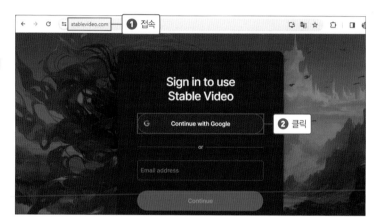

(NOTE) 스테이블 비디오에 처음 가입하면 기본적으로 40 크레딧을 무료로 제공합니다. 이는 매일 충전되는 형식으로 3~4개 정도의 영상을 무료로 제작할 수 있습니다. 텍스트 프롬프트를 이용한 영상은 11 크레딧, 이미지를 이용한 영상은 10 크레딧을 소모합니다. 크레딧을 모두 소모하면 구매를 통해 구매하거나 크레딧이 충전되는 다음 날까지 기다려야 합니다.

02 텍스트 프롬프트를 입력하기 위해 〈Start with Text〉를 클릭합니다.

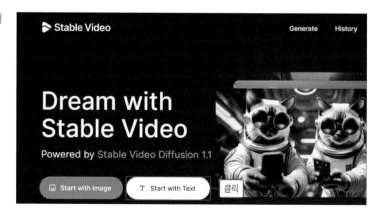

03 Text Prompt에 프롬프트를 입력
합니다.

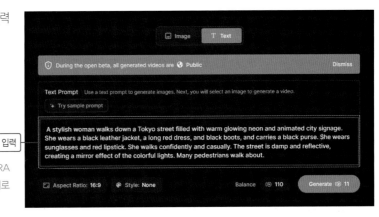

입력

TIP 이 프롬프트는 OpenAI 사의 'SORA
AI'가 제공하는 홍보 영상의 프롬프트를 그대로
입력하였습니다.

프롬프트

A stylish woman walks down a Tokyo street filled with warm glowing neon and animated city signage.
She wears a black leather jacket, a long red dress, and black boots, and carries a black purse.
She wears sunglasses and red lipstick. She walks confidently and casually. The street is damp and
reflective, creating a mirror effect of the colorful lights. Many pedestrians walk about.

한글 번역 한 멋진 여성이 따스하게 빛나는 네온과 애니메이션으로 만들어진 도시 간판으로 가득한 도쿄의 거리를 걸어 내려갑니다. 그녀
는 검은 가죽 재킷, 긴 빨간 드레스, 그리고 검은 부츠를 신고 검정 지갑을 가지고 갑니다. 그녀는 선글라스를 끼고 빨간 립스틱
을 바른 상태입니다. 그녀는 자신감 넘치고 캐주얼하게 걷습니다. 그 거리는 젖어있고 물이 반사되어 다채로운 빛의 거울 효과를
만들어 냅니다. 행인들이 걸어 다닙니다.

04 Aspect Ratio는 기본값인 '16:9'
로 설정하고 실사 이미지에 가
깝게 만들기 위해 Style을 'Cinematic'
으로 선택한 다음 이미지 생성을 위해
⟨Generate⟩를 클릭합니다.

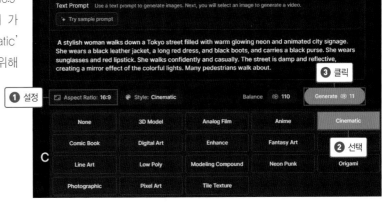

NOTE 영상이나 이미지를 생성하기 전에 커뮤니티 쇼케이스(Community
Showcase)를 통해 어떤 식으로 영상이 생성되는지 미리 확인할
수 있습니다. 또한, 영상을 클릭하면 프롬프트와 카메라 설정과 같
은 생성 조건을 살펴볼 수 있어 텍스트 프롬프트 작성과 스타일 선
택에 참고할 수 있습니다.

05 그림과 같이 텍스트 프롬프트를 통해 이미지가 생성됩니다. 애니메이팅 작업을 진행할 이미지를 선택하기 위해 두 번째 이미지를 선택합니다.

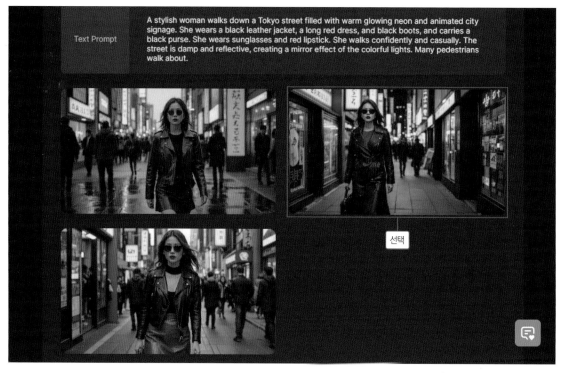

TIP 같은 텍스트 프롬프트를 입력해도 표시되는 이미지와 영상의 결과물은 다르게 나올 수 있습니다.

06 카메라 모션을 제어하기 위해 Camera Motion의 'Orbit'을 선택합니다.

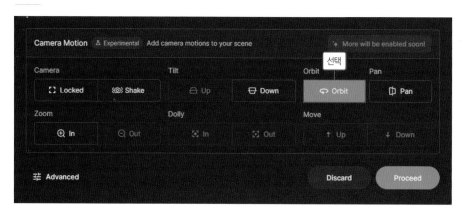

TIP 현재 스테이블 비디오는 오픈 베타 서비스 중입니다. 정식 오픈이 아니라, 카메라 옵션 전부가 활성화되어 있지 않습니다. 추후 업데이트가 이루어지면 더 많은 옵션을 사용할 수 있게 될 것입니다.

07 부드러운 움직임을 주기 위해 〔Advanced〕 메뉴를 선택하여 하위 옵션을 표시합니다. Motion Strength 를 '127'에서 '47'로 조절하고 〔Proceed〕를 클릭합니다.

08 비디오가 생성됩니다. 영상이 생성될 때까지 짧게는 1분, 길게는 5분까지 소요됩니다. 영상이 표시될 때까지 기다립니다.

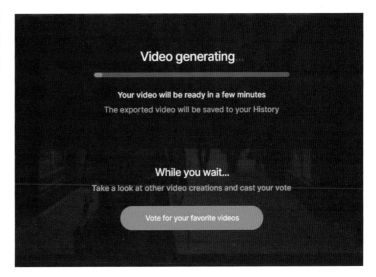

09 영상이 표시됩니다. 마음에 드는 결과물이 생성되면 '설정' 아이콘 (圖)을 클릭하고 'Download'를 선택합니다.

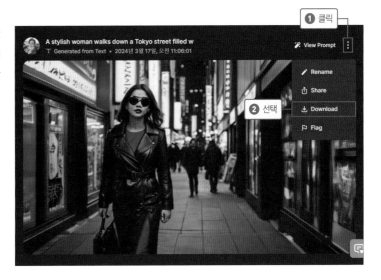

NOTE 결과물이 마음에 들지 않는다면 기존에 작업했던 이미지의 카메라와 모션 설정값을 다시 설정하고 영상을 생성하면 됩니다. Camera Motion이나 Motion Strength를 다시 설정하고 〈Generate〉를 클릭하면 영상이 다시 생성됩니다.

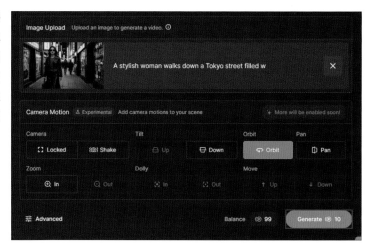

10 같은 방법으로 스테이블 비디오를 활용하여 일본 동경 거리 테마의 영상을 총 2개 제작합니다.

프롬프트

A stylish woman walks down a Tokyo street filled with warm glowing neon and animated city signage. She wears a black leather jacket, a long red dress, and black boots, and carries a black purse. She wears sunglasses and red lipstick. She walks confidently and casually. The street is damp and reflective, creating a mirror effect of the colorful lights. Many pedestrians walk about.

한글 번역

한 멋진 여성이 따스하게 빛나는 네온과 애니메이션으로 만들어진 도시 간판으로 가득한 도쿄의 거리를 걸어 내려갑니다. 그녀는 검은 가죽 재킷, 긴 빨간 드레스, 그리고 검은 부츠를 신고 검정 지갑을 가지고 갑니다. 그녀는 선글라스를 끼고 빨간 립스틱을 바른 상태입니다. 그녀는 자신감 넘치고 캐주얼하게 걷습니다. 그 거리는 젖어있고 물이 반사되어 다채로운 빛의 거울 효과를 만들어 냅니다. 행인들이 걸어 다닙니다.

결과물의 방향을 정해주는 핵심 키워드

프롬프트는 결과물을 실제로 나오게 하는 명령어입니다. 명령어를 어떻게 입력하냐에 따라 같은 단어라도 다르게 나올 수 있습니다. 특히 생각한 결과물에 가깝게 나오기 위해서 중요한 것이 구체적인 형용사와 부사입니다. 색이라던가, 스타일, 외적인 느낌 등 구체적으로 적을 때 통일성 있고 일관된 결과물이 나오게 됩니다.

• 구체적인 형용사와 부사가 모두 들어간 프롬프트

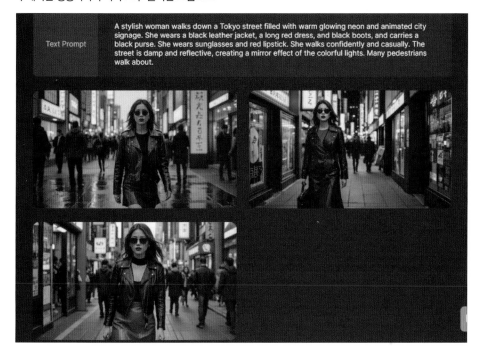

• 형용사와 부사가 들어가지 않은 프롬프트

• adorable handsome dog(사랑스럽고 잘생긴 강아지)

대체로 표정이 온화하고 귀여운 강아지 결과물이 나옵니다.

• strong angry dog(강하고 화난 강아지)

먼저 살펴본 결과물에 비해 대체로 표정이 무섭고 강해 보이는 강아지 결과물이 나옵니다.

S E C T I O N

3.

◉ 완성파일 : 05\하와이여행1.mp4, 하와이여행2.mp4

STABLE VIDEO

해변과 야자수가 펼쳐진
하와이 여행 영상 만들기

해변과 야자수 같은 하와이의 대표적인 풍경을 중심으로 하여 하와이 여행을 다룬 영상을 제작하겠습니다.
원하는 방향으로 영상을 구성하기 위해 하와이의 풍경과 문화적 특징을 담아낸 프롬프트와 키워드를 명확히
입력하고 해변과 야자수와 같은 자연의 아름다움을 강조하여 여행을 향한 열망을 담는 영상을 제작합니다.

01 웹브라우저에서 'stablevideo.
com'을 입력하여 스테이블 비디
오 사이트에 접속합니다. 텍스트 프롬프트
를 입력하기 위해 〈Start with Text〉를 클
릭합니다.

02 Text Prompt에 프롬프트를 입력
합니다.

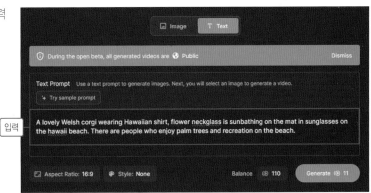

프롬프트
> A lovely Welsh corgi wearing Hawaiian shirt, flower neckglass is sunbathing on the mat in sunglasses
> on the hawaii beach. There are people who enjoy palm trees and recreation on the beach.

한글번역
하와이안 셔츠를 입은 예쁜 웰시코기가 하와이 해변에서 선글라스를 끼고 돗자리를 깔고 일광욕을 하고 있습니다. 해변에서 야
자수와 레크리에이션을 즐기는 사람들이 있습니다.

301

03 Aspect Ratio는 기본값인 '16:9'로 설정하고 실사 이미지에 가깝게 만들기 위해 Style을 'Cinematic'으로 선택합니다. 이미지 생성을 위해 〈Generate〉을 클릭합니다.

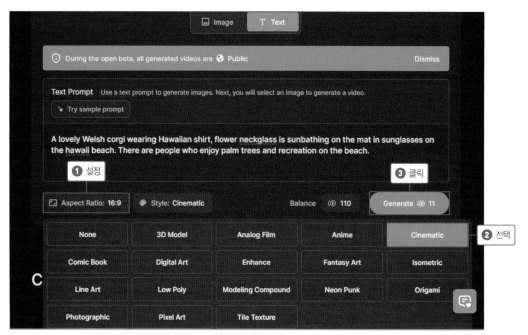

04 그림과 같이 텍스트 프롬프트를 통해 이미지가 생성됩니다. 애니메이팅 작업을 진행할 이미지를 선택하기 위해 두 번째 이미지를 선택합니다.

05 카메라 모션을 제어하기 위해 Camera Motion에서 'Shake'를 선택합니다. 동적인 움직임을 주기 위해 〔Advanced〕 메뉴를 선택하여 하위 옵션을 표시하고 Motion Strength를 '127'에서 '99'로 조절한 다음 〈Proceed〉를 클릭합니다.

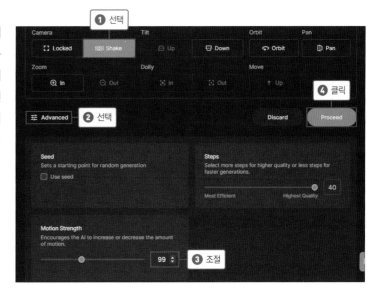

06 영상이 표시됩니다. 마음에 드는 결과물이 생성되면 '설정' 아이콘(⋮)을 클릭하고 'Download'를 선택합니다.

07 야자수가 펼쳐진 하와이 해변에서 웰시코기가 일광욕하는 여행 영상을 완성하였습니다.

08 같은 방법으로 하와이를 콘셉트로 한 영상을 하나 더 제작합니다. 예제에서는 하와이 해변에서 축제를 즐기는 사람들이 여행자를 환영하는 이야기로 제작하였습니다.

프롬프트 people wearing traditional Hawaiian costumes are enjoying the festival on the hawaii beach. There are people who enjoy palm trees and recreation on the beach. People are welcoming the traveler. A woman is presenting a flower necklace to a traveler.

한글 번역 하와이 전통 의상을 입은 사람들이 하와이 해변에서 축제를 즐기고 있습니다. 해변에서 야자수와 레크리에이션을 즐기는 사람들이 있습니다. 사람들은 여행자를 환영하고 있습니다. 한 여성이 여행자에게 꽃 목걸이를 선물하고 있습니다.

 다양한 카메라 모션

스테이블 비디오에서는 현재 '텍스트 프롬프트 - 이미지 - 영상' 형태의 워크플로를 제공합니다. 이미지가 영상으로 제작되는 과정에서 카메라의 움직임을 제어할 수 있으며, 선택하는 옵션에 따라 결과물이 달라지므로 생각한 결과물에 따라 카메라 모션 옵션을 선택하여 사용합니다.

❶ Locked : 카메라를 고정하여 촬영합니다.

❷ Shake : 카메라를 손으로 들고 찍는 것처럼 흔들리게 촬영합니다.

❸ Tilt : 카메라를 삼각대로 고정한 상태에서 위 또는 아래로 내리면서 촬영합니다.

❹ Orbit : 피사체를 중심으로 두고 카메라가 외곽 피사체를 중심으로 촬영합니다.

❺ Pan : 카메라를 삼각대로 고정한 상태에서 좌우로 돌리면서 촬영합니다.

❻ Zoom : 피사체로 카메라가 다가가거나 멀어지면서 촬영합니다.

SECTION

4.

◉ 예제파일 : 05\일본동경1~일본동경2.mp4, 하와이여행1~하와이여행2.mp4

VREW

가로 비율의 여행 영상을 숏폼 형태로 변환하기

스테이블 비디오로 제작한 여행 영상들을 모바일 디바이스에서 더욱 편리하게 시청할 수 있고, 소셜 미디어 플랫폼에 더욱 어울리게 하기 위해 숏폼 형식으로 제작하겠습니다. 브루 프로그램을 활용하여 고화질의 가로 영상을 쉽고 빠르게 숏폼 형식의 세로 영상으로 변환하겠습니다.

01 내 PC에서 브루 프로그램을 실행합니다. 〔홈〕 메뉴를 선택하고 〔새로 만들기〕 메뉴를 클릭합니다. 새로 만들기 대화상자가 표시되면 'PC에서 비디오 · 오디오 불러오기'를 클릭합니다.

TIP 브루(Vrew)를 설치하려면 브루 사이트 (vrew.voyagerx.com/ko)로 이동한 다음 〈다운로드〉를 클릭하여 브루 프로그램을 설치합니다.

02 PC에서 비디오 · 오디오 불러오기 대화상자가 표시되면 05 폴더에서 '일본동경1.mp4', '일본동경2.mp4', '하와이여행1.mp4', '하와이여행2.mp4' 파일을 선택하고 〈열기(O)〉를 클릭합니다.

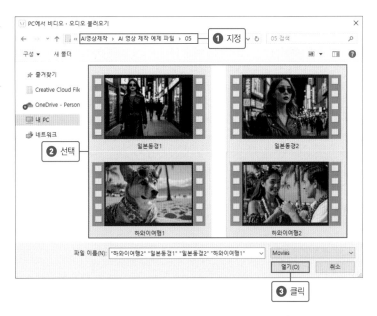

305

03 불러올 영상의 순서 정하기 대화상자가 표시되면 각 항목을 드래그하여 '일본 동경 여행' → '하와이 여행' 순서로 영상을 배치하고 〈영상 불러오기〉를 클릭합니다.

04 영상 불러오기 대화상자가 표시되면 '음성 분석 안함'을 선택한 다음 〈확인〉을 클릭합니다.

TIP 브루에서 음성 분석 함 vs 음성 분석 안함

• **음성 분석 함** : 목소리가 나오는 영상인데 이것을 자막으로 만들어야 하는 경우 해당 옵션을 체크하도록 합니다. 해당 기능은 AI가 음성을 분석하여 텍스트로 타이밍에 맞게 만들어 주는 기능입니다. 인터뷰 영상이나 내레이션을 녹음한 영상, 정보성 영상, 뉴스 영상 등에 활용하면 좋습니다.

• **음성 분석 안함** : 목소리가 나오지 않거나 목소리가 나오더라도 자막이 필요 없는 영상의 경우 해당 옵션을 체크하도록 합니다. 내레이션이 없는 영상, 시각적인 그림만 있는 영상, 자막이 말과 일치하지 않는 영상 등에 활용하면 좋습니다.

05 영상이 배치됩니다. 숏폼 영상으로 바꾸기 위해 (파일) 메뉴를 선택하고 (화면 비율) 탭을 선택합니다. 화면 비율 패널
이 표시되면 비율에서 '쇼츠'를 선택합니다.

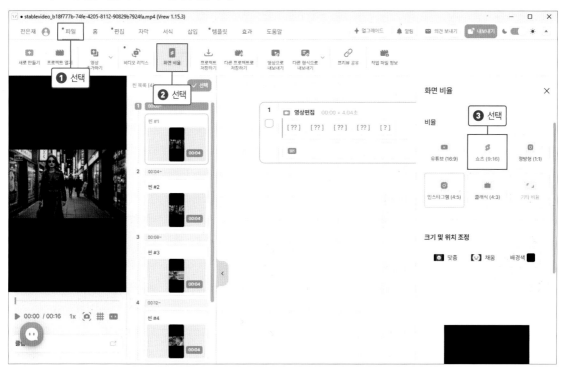

06 현재는 가로 영상이 세로 영상에 맞춰져 있습니다. 화면 비율 패널의 크기 및 위치 조정에서 '채움'을 선택하여 영상
의 비율을 모두 채웁니다.

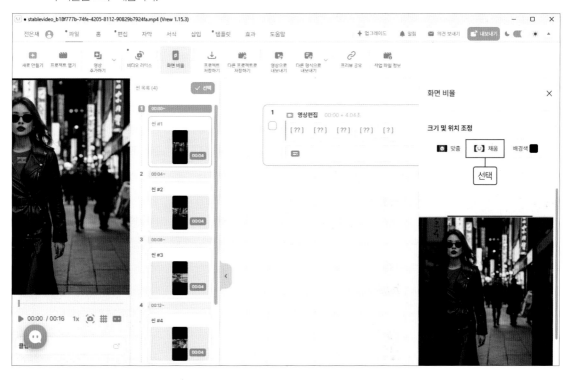

07 오른쪽 하단의 이미지를 드래그하면 화면에서 보이는 부분을 조절할 수 있습니다. 인물이 최대한 덜 잘리도록 오른쪽으로 드래그하여 배치합니다.

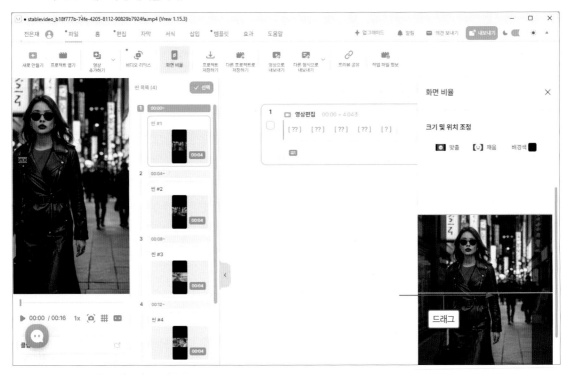

08 '재생' 아이콘(▶)을 클릭하여 영상 전체를 확인합니다. 필요에 따라 영상을 보면서 영상이 보이는 부분을 조절합니다.

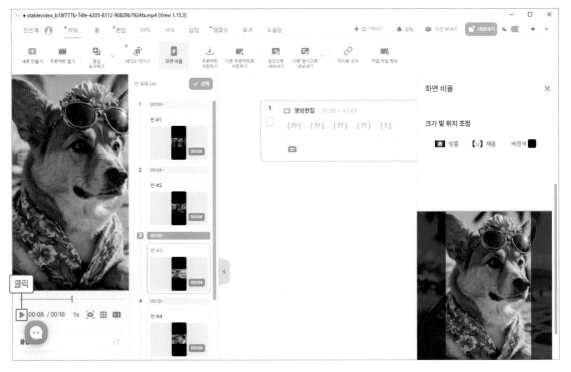

여행 영상에 어울리는 자막 추가하기

숏폼 비율로 만든 영상에 자막을 추가하여 완성하겠습니다. 브루를 활용하여 디자인이 적용된 자막을 추가하여 영상을 보다 풍성하고 다채롭게 만들고, 여행의 감동과 느낌을 더욱 극대화하겠습니다.

01 디자인 자막을 넣기 위해 (삽입) 메뉴를 선택하고 (디자인 텍스트) 탭을 선택합니다. 표시되는 창에서 이미 디자인이 된 텍스트를 고를 수 있습니다.

02 그림과 같은 디자인의 자막을 선택합니다. 텍스트 입력창이 표시되면 '환상적인 동경 야경 여행'이라는 문구를 입력합니다.

03 글꼴을 좀 더 키우기 위해 크기를 '300'으로 지정합니다. 글꼴이 커지면서 줄이 변경되었다면 자막의 오른쪽과 왼쪽 부분을 드래그하여 줄을 변경합니다.

04 자막을 아래로 드래그하여 화면의 하단에 배치합니다.

05 자막이 선택된 상태로 Ctrl+C를 눌러 자막을 복사하고 씬 목록 패널에서 '씬 #2'을 선택한 다음 Ctrl+V를 눌러 동일한 자막을 다음 영상에도 적용합니다.

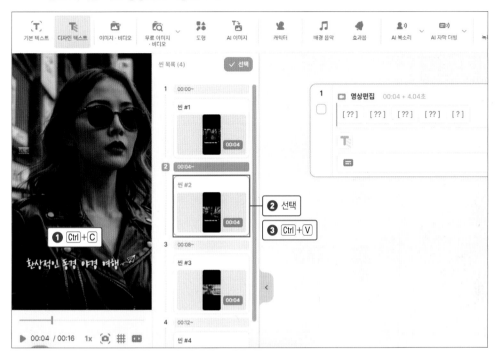

06 같은 방법으로 씬 목록 패널에서 '씬 #3'을 선택하고 Ctrl+V를 눌러 동일한 자막을 적용한 다음 '하와이 여행지 핫플 10선!'으로 수정합니다.

07 같은 방법으로 '씬 #3'의 자막이 선택된 상태로 Ctrl+C를 눌러 자막을 복사합니다. 씬 목록 패널의 '씬 #4'를 선택하고 Ctrl+V를 눌러 동일한 자막을 영상에 적용합니다.

08 '재생' 아이콘(▶)을 클릭하여 자막이 잘 적용됐는지 확인합니다. 확인 후에 이상이 없으면 〈내보내기〉를 클릭하고 '영상 파일(mp4)'을 선택합니다.

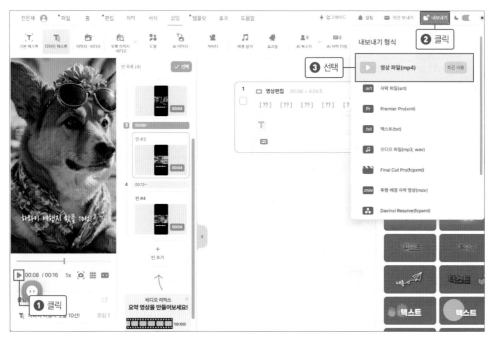

09 동영상 내보내기 대화상자가 표시되면 해상도를 'FHD 수준'으로 선택하고, 화질을 '최고화질'로 선택한 다음 〈내보내기〉를 클릭합니다.

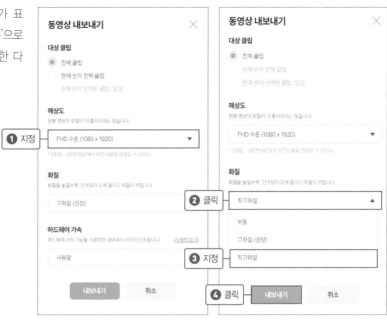

10 영상으로 내보내기 (.mp4) 대화상자가 표시되면 영상 파일 경로를 지정하고 파일 이름을 입력한 다음 〈저장(S)〉을 클릭합니다.

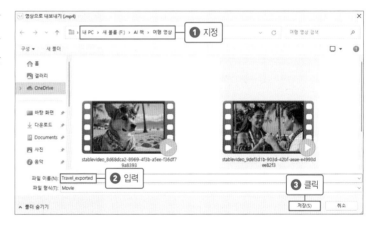

11 숏폼 형태의 여행 영상을 완성하였습니다.

제품 디자인부터 모델 광고까지!
생동감 넘치는
화장품 광고 영상 제작하기

광고업계에서는 현재 급격한 변화가 일어나고 있습니다. 숏폼 형식의 광고가 증가하고 있으며, 브랜드 광고 영상에 AI를 활용하여 제작비를 절감하고 영상의 품질을 높이는 추세입니다. 숏폼 플랫폼의 발전으로 제작 속도가 빨라지면서 더 빠른 속도의 결과물이 요구되고 있습니다. AI를 실무에 접목함으로써 전통적인 방식보다 비용과 시간을 절약하면서도 기획 및 시각적 품질을 높여 광고 영상을 제작해 보겠습니다.

AI 기술은 영상 촬영, 특수 효과 삽입, 디자인 등 다양한 분야에서 큰 영향을 미치고 있습니다. 특히 실사 영상과 디자인 분야에서 그 영향이 두드러지게 나타나고 있습니다. 각 분야에는 인력을 투입하는 것이 필요하며, 상당한 비용과 시간이 소요됩니다. 이러한 작업을 효율적으로 수행할 수 있게 AI를 활용하여 프로세스를 구축하고, 이를 실무에 적용해 보는 것이 중요합니다.

이번 예제에서는 화장품 상업 광고를 만들기 위해 총 네 가지 장면을 구성하려고 합니다. 금속 재질이 돋보이는 로고 애니메이션 인트로부터 시작해서 제품이 강조되는 장면, 모델의 입술이 강조되는 클로즈업 샷. 그리고 몽환적인 분위기로 물속에서 떠다니는 모델의 풀 샷 장면으로 구성하겠습니다. 이렇게 구성한 콘셉트를 미드저니를 활용하여 광고 이미지를 생성하고, 피카를 이용하여 이미지를 광고 영상으로 움직이게 만들겠습니다.

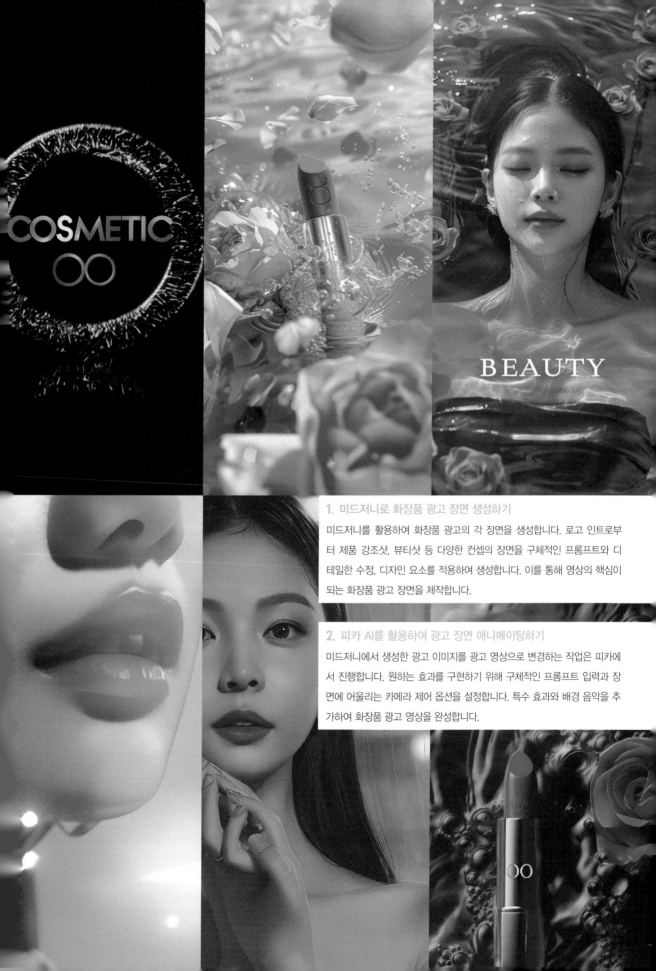

1. 미드저니로 화장품 광고 장면 생성하기

미드저니를 활용하여 화장품 광고의 각 장면을 생성합니다. 로고 인트로부터 제품 강조샷, 뷰티샷 등 다양한 컨셉의 장면을 구체적인 프롬프트와 디테일한 수정, 디자인 요소를 적용하여 생성합니다. 이를 통해 영상의 핵심이 되는 화장품 광고 장면을 제작합니다.

2. 피카 AI를 활용하여 광고 장면 애니메이팅하기

미드저니에서 생성한 광고 이미지를 광고 영상으로 변경하는 작업은 피카에서 진행합니다. 원하는 효과를 구현하기 위해 구체적인 프롬프트 입력과 장면에 어울리는 카메라 제어 옵션을 설정합니다. 특수 효과와 배경 음악을 추가하여 화장품 광고 영상을 완성합니다.

SECTION

고급스러운 재질의
화장품 로고 만들기

광고의 시각적인 요소를 강화하여 브랜드의 아이덴티티를 강조하는 브랜드 로고를 만들겠습니다. 미드저니
를 활용하여 텍스트 프롬프트를 작성하고 업스케일을 통해 질감과 디테일을 검수하여 우아하고 고급스러운
로고를 제작하겠습니다.

01 AI로 이미지를 생성하기 위해 웹
브라우저에서 'discord.com'을
입력하여 디스코드 사이트에 접속하고 로
그인합니다. 미드저니 채널로 들어가서 입
력창에 '/imagine prompt'를 입력하고
Enter를 누릅니다.

TIP 디스코드를 프로그램을 설치한 사용자
라면, 웹브라우저가 아닌 디스코드 프로그램을
실행하여 이용해도 좋습니다.

02 프롬프트 입력창이 표시되면 프롬
프트를 입력하고 Enter를 누릅니다.

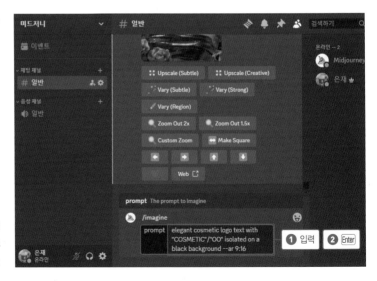

TIP 기존에 많이 사용한 도구라면 명령어
'/imagine prompt'를 모두 입력하지 않아도
Enter를 누르면 자동으로 프롬프트가 생성됩니다.

프롬프트	elegant cosmetic logo text with "COSMETIC"/"OO" isolated on a black background --ar 9:16		
	고상한, 우아한, 고급스러운 느낌	검은 배경으로 표시	9:16의 숏폼 비율

03 프롬프트에 맞게 다양한 로고가 표시됩니다. 원하는 디자인에 가깝게 표시되면 비슷한 느낌의 디자인을 더 확인하기 위해 원하는 〈V(번호)〉를 클릭합니다. 예제에서는 〈V4〉를 클릭하였습니다.

04 네 번째 디자인과 비슷한 느낌의 결과물이 4개 표시됩니다. 원하는 디자인이 만들어졌다면 업스케일을 위해 〈U(번호)〉를 클릭합니다. 예제에서는 〈U2〉를 클릭하였습니다.

NOTE 표시된 결과물이 마음에 들지 않는다면, 채팅창을 위로 올려 다시 〈V(번호)〉를 선택하여 베리에이션을 재진행합니다.

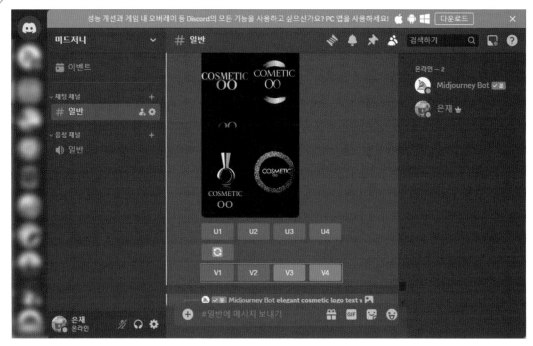

05 업스케일된 이미지가 표시됩니다. 최상의 결과물을 위해 〈Upscale (Creative)〉를 클릭합니다.

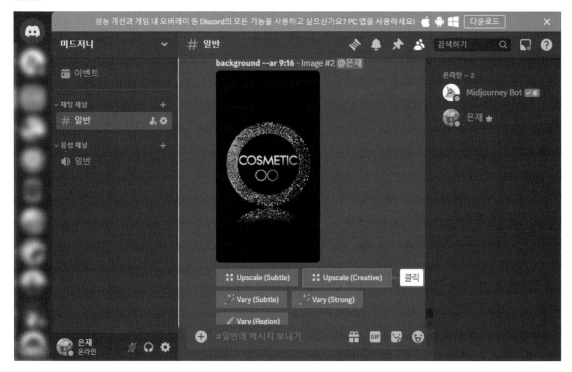

TIP Upscale(Creative)는 디테일 및 질감 등을 한 번 더 검수하여 업스케일하는 과정입니다. 업스케일된 결과물을 한 번 더 검수하여 업스케일한다고 생각하면 됩니다.

06 업스케일이 완료된 이미지를 클릭하고 '브라우저로 열기'를 클릭합니다.

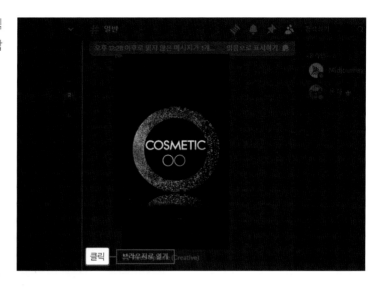

07 새로운 브라우저 창이 열리며 이미지가 표시됩니다. 이미지에서 마우스 오른쪽 버튼을 클릭한 다음 **이미지를 다른 이름으로 저장...**을 실행합니다.

08 다른 이름으로 저장 대화상자가 표시되면 이미지를 저장할 폴더를 지정하고 파일 이름을 입력한 다음 〈저장〉을 클릭합니다.

◉ 예제파일 : 05\model.png　　**◉ 완성파일 :** 05\lip.png, waterscence.png

S E C T I O N

일관성 있는 장면으로
화장품 광고 모델 만들기

광고의 흐름을 자연스럽게 유지하고, 시청자들에게 브랜드와 제품에 대한 강렬한 인상을 남기기 위해 모델을 활용한 화장품 광고 장면을 구성합니다. 미드저니로 텍스트 프롬프트를 활용하여 특정 장면을 섬세하게 구성하고, 동일한 모델이 연기하는 것처럼 모든 장면을 일관성 있게 표현하겠습니다.

01　미드저니 입력창 왼쪽의 〈+〉를 클릭하고 '파일 업로드'를 선택합니다.

02　열기 대화상자가 표시되면 05 폴더에서 'model.png' 파일을 선택하고 〈열기(O)〉를 클릭하여 이미지를 디스코드에 불러옵니다.

320

03 디스코드 입력창에 이미지가 나타나면 [Enter]를 누릅니다.

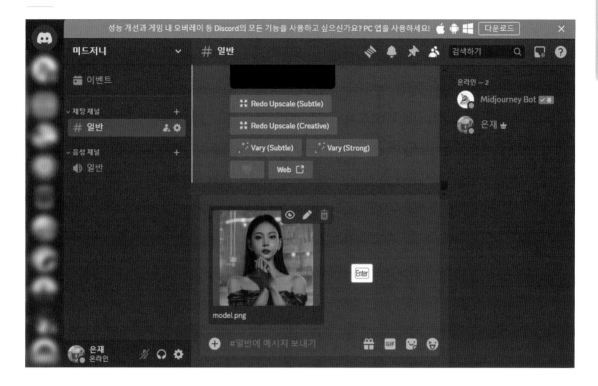

04 이미지가 대화창에 표시되면 입력창에 '/imagine'을 입력하고 [Enter]를 누릅니다.

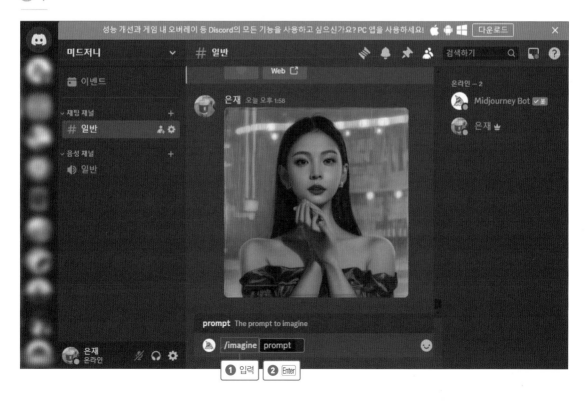

05 프롬프트 입력창이 표시되면 프롬프트를 입력합니다.

A beautiful scene where woman is floating on the water with many rose flowers like a cosmetics
아름다운, 예쁜 분위기   화장품 광고같은 느낌의

magazine ad, hyperealistic, TOP VIEW, face closeup shot, sunset
분위기   극실사 느낌   위에서 아래를 보는 카메라 구도

06 입력창에서 Spacebar 를 눌러 띄어쓰기하고 '--cref'를 입력한 다음 다시 Spacebar 를 입력하여 띄어쓰기합니다. 그다
음 앞서 불러온 모델 이미지를 입력창에 드래그합니다.

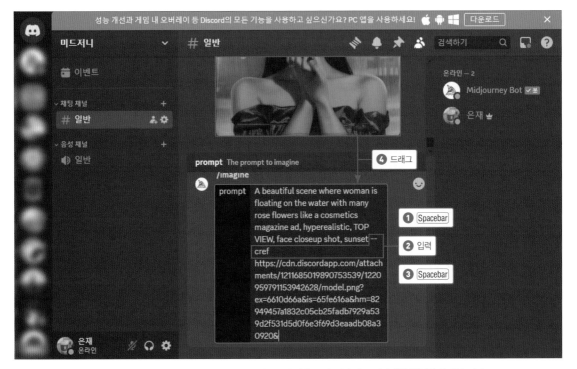

TIP 입력창에 이미지를 직접 입력할 수 없으므로 링크를 불러오는 방식을 통해 레퍼런스 이미지를 입력할 수 있습니다.

07 입력창에서 Spacebar 를 입력하여 띄어쓰기하고 '--cw 70 --ar 9:16'을 입력한 다음 Enter 를 누릅니다.

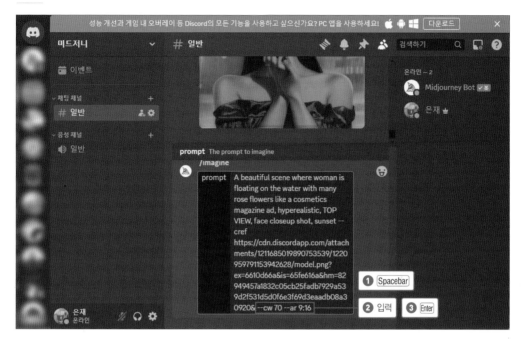

TIP --cref와 --cw

--cref는 Character Reference의 약자로, 레퍼런스 이미지를 활용하여 동일한 얼굴과 의상 등을 참조하여 결과물을 생성하는 기능입니다.
--cw는 0에서 100 사이의 수치를 사용하여 얼굴만 참조하는 정도에서부터 얼굴 이외의 의상이나 분위기까지 참고하는 정도를 조절합니다.
이 옵션을 입력하지 않으면 기본적으로 '--cw 100'으로 인식하여 미드저니에서 작업이 됩니다.

08 프롬프트에 맞게 다양한 로고가 표시됩니다. 원하는 장면에 가깝게 표시되면 비슷한 느낌의 장면을 더 만들기 위해
⟨V(번호)⟩를 클릭합니다. 예제에서는 ⟨V4⟩를 클릭하였습니다.

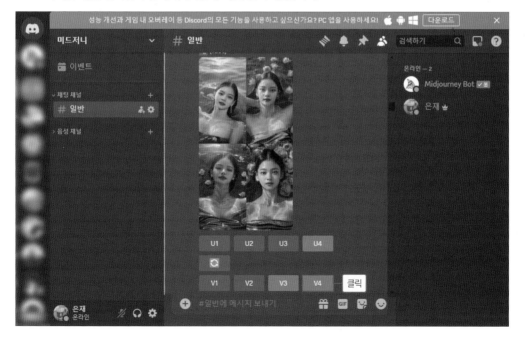

09 네 번째 장면과 비슷한 느낌의 결과물이 4개 표시됩니다. 원하는 장면에 가깝게 표시되면 업스케일을 진행하기 위해
〈U(번호)〉를 클릭합니다. 예제에서는 〈U4〉를 클릭하였습니다.

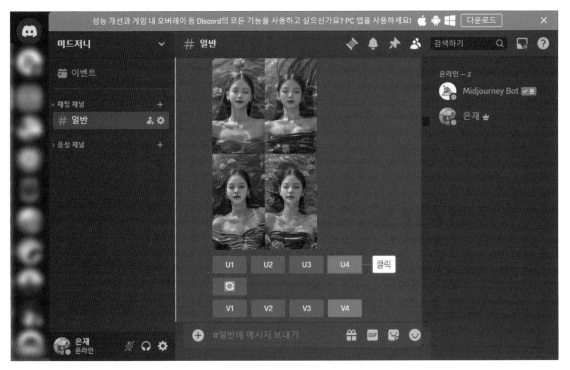

10 업스케일된 이미지가 표시됩니다. 이미지의 특정 부분에 글씨를 추가하기 위해 〈Vary(Region)〉을 클릭합니다.

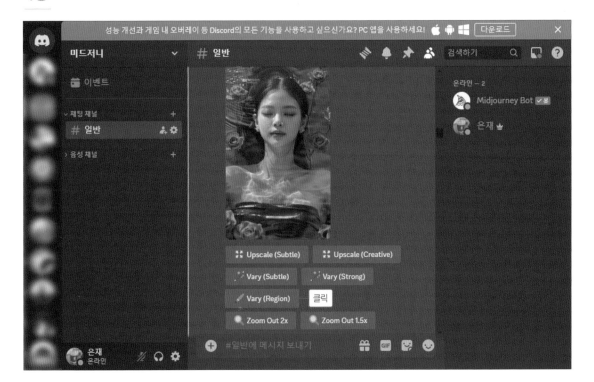

11 새 창이 표시됩니다. 이미지에서 글씨를 넣을 부분을 넓게 드래그하여 지정합니다.

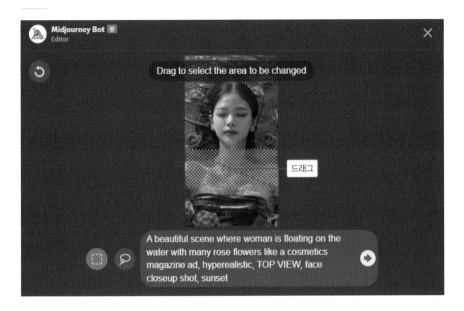

12 기존에 적혀있는 프롬프트를 삭제하고 텍스트 적용을 위한 프롬프트를 입력하여 수정한 다음 '확인' 아이콘(➡)을 클릭합니다.

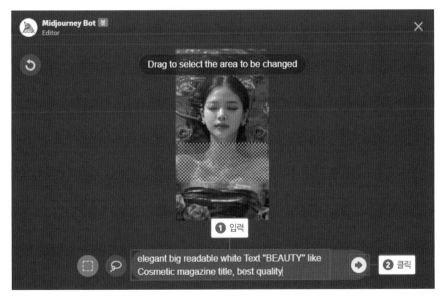

프롬프트
elegant big readable white Text "BEAUTY" like Cosmetic magazine title, best quality
우아하면서 크고 가독성 있는　　　　화장품 광고 잡지의 메인 제목 같은 느낌　최상의 퀄리티

13 글자가 적용된 이미지가 표시됩니다. 마음에 드는 결과물이 나왔다면 업스케일을 위해 〈U(번호)〉를 클릭합니다. 예제에서는 〈U4〉를 클릭하였습니다.

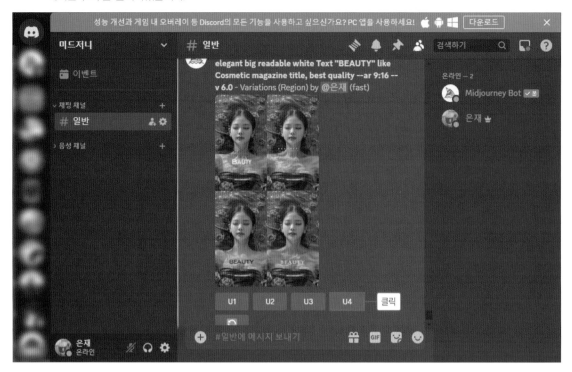

NOTE 글자가 마음에 들지 않는다면 기존 이미지로 돌아가 다시 〈Vary (Region)〉을 클릭하고 같은 방법으로 진행합니다.

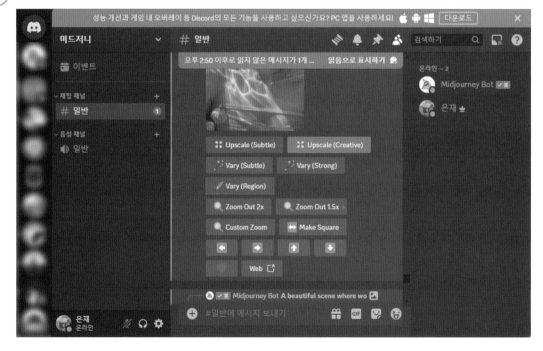

14 업스케일된 이미지가 표시되면 최상의 결과물을 위해 〈Upscale (Creative)〉이나 〈Upscale (Subtle)〉을 클릭합니다. 예제에서는 원본의 변화를 최소화하기 위해 〈Upscale (Subtle)〉을 클릭하였습니다. 업스케일이 완료된 이미지를 선택하고 '브라우저로 열기'를 클릭합니다.

T I P Upscale (Creative)와 Upscale (Subtle)
• Upscale (Creative) : 기존 결과물에서 디테일한 부분의 변화를 주면서 업스케일을 진행합니다. 이미지의 보정과 크기 확대를 같이 하는 기능입니다.
• Upscale (Subtle) : 기존 결과물을 유지하면서 업스케일을 진행합니다. 이미지의 크기만 확대하는 기능입니다.

15 새로운 브라우저 창이 열리며 이미지가 표시됩니다. 마우스 오른쪽 버튼을 클릭한 **다음 이미지를 다른 이름으로 저장...**을 실행합니다.

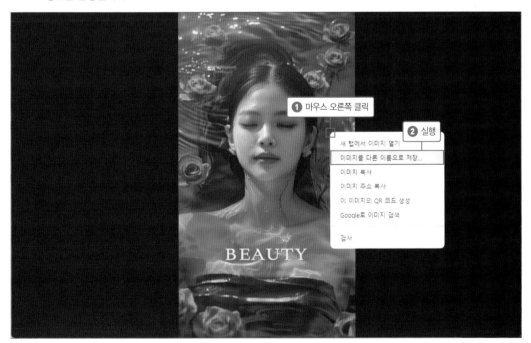

16 이미지를 저장할 폴더를 지정하고
파일 이름을 입력한 다음 〈저장〉
을 클릭합니다.

17 같은 방법으로 미드저니에서 모델의 입술이 강조된 이미지를 만들고 이미지를 저장합니다.

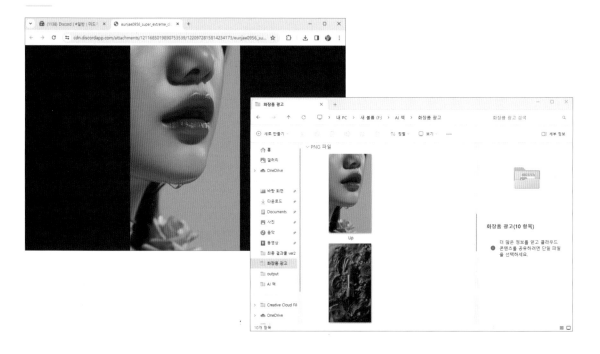

프롬프트　super extreme closeup shot to lip —cref (레퍼런스 이미지 링크) --ar 9:16

SECTION

8.

강렬한 인상을 표현하는
화장품 제품 만들기

미드저니를 이용하여 모델이 등장하지 않는 화장품 주요 제품 장면을 구성합니다. 이는 모델이 등장하지 않지만, 광고에서 제품을 돋보이게 하는 중요한 장면입니다. 텍스트 프롬프트를 입력하여 제품의 매력을 강조하고 시청자들에게 강렬한 인상을 전달할 장면을 제작하겠습니다.

01 미드저니 입력창에 '/imagine'을 입력하고 Enter를 누릅니다.

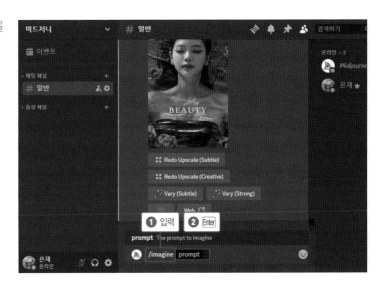

02 프롬프트 입력창이 표시되면 프롬프트를 입력하고 Enter를 누릅니다.

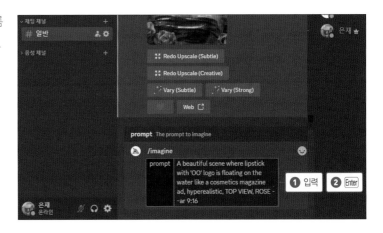

프롬프트

A beautiful scene where lipstick with 'OO' logo is floating on the water like a cosmetics magazine ad,
아름다운 장면, 보기 예쁜 장면   매거진 잡지와 같은 분위기

hyperealistic, TOP VIEW, ROSE --ar 9:16
실사에 매우 가까운 퀄리티   9:16의 숏폼 비율

03 프롬프트에 맞게 다양한 결과물이 표시됩니다. 원하는 장면에 가깝게 표시되었다면 비슷한 느낌의 장면을 더 보기 위해 〈V(번호)〉를 클릭합니다. 예제에서는 〈V1〉을 클릭하였습니다.

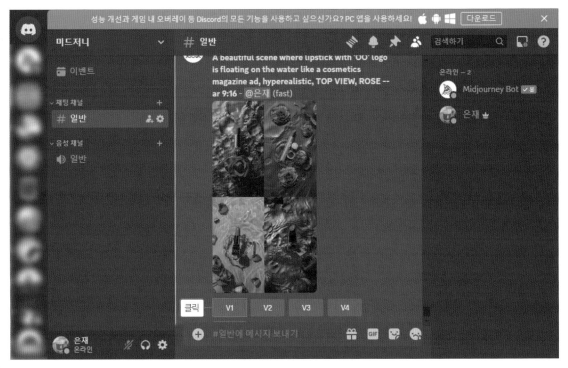

TIP 표시된 결과물이 마음에 들지 않는다면, 다시 프롬프트를 입력하여 장면을 생성하면 됩니다.

04 네 번째 장면과 비슷한 느낌의 결과물이 4개 표시됩니다. 원하는 장면에 가깝게 표시되었면 업스케일을 위해 〈U(번호)〉를 클릭합니다. 예제에서는 〈U1〉을 클릭하였습니다.

05 업스케일된 이미지가 표시됩니다. 최상의 결과물을 위해 〈Upscale(Creative)〉을 클릭합니다.

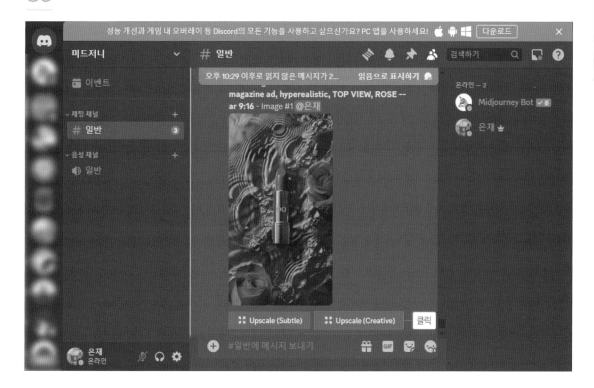

06 업스케일이 완료된 이미지를 선택하고 '브라우저로 열기'를 클릭합니다.

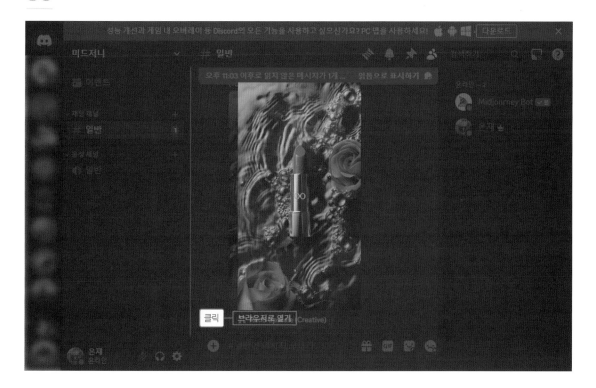

07 새로운 브라우저 창이 열리며 이 미지가 표시됩니다. 마우스 오른 쪽 버튼을 클릭한 다음 이미지를 **다른 이 름으로 저장...**을 실행합니다.

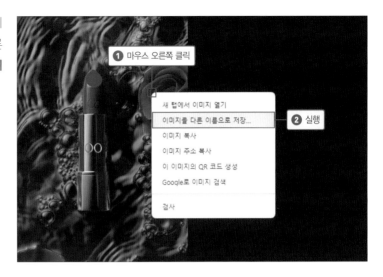

08 이미지를 저장할 폴더를 지정하고 파일 이름을 입력한 다음 〈저장〉 을 클릭합니다.

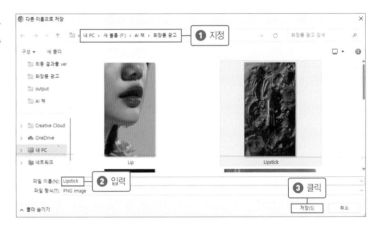

09 미드저니를 활용하여 화장품 광고의 네 가지의 장면을 이미지로 만들어 완성하였습니다.

화장품 광고의 시작
로고 인트로 영상 만들기

생성형 AI 피카를 활용하여 미드저니로 만든 이미지를 영상화 작업을 진행하겠습니다. 광고의 시작을 강렬
하고 시각적으로 인상적이게 만들기 위해 로고 이미지를 사용하여 로고 인트로를 제작하겠습니다.

01 웹브라우저에서 'pika.art'를 입력
하여 피카 사이트에 접속합니다.
로그인한 다음 이미지를 불러오기 위해
'Image or video'를 클릭합니다.

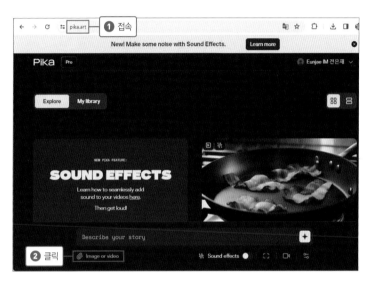

NOTE 현재 과정에서는 바둑판형 배열(⊞)로 선택되어 있어서 한
화면에 여러 개의 섬네일이 표시됩니다. 만약 그림과 같이
목록형 배열(☰)로 선택되어 있어도 AI 생성 과정을 진행
하는 것에는 아무 문제가 없습니다.

02 열기 대화상자가 표시되면 05 폴더에서 'logo.png'
파일을 선택한 다음 〈열기(O)〉를 클릭하여 이미지를
피카에 불러옵니다.

TIP 피카에 이미지를 선택하면 자동으로 'Image-to-Video'
방식을 사용하여 처리되며, 피카에 비디오를 선택하면 자동으로
'Video-to-Video' 방식의 AI 생성이 시작됩니다.

03 입력창에 프롬프트를 입력합니다. 구체적으로 생각한 장면이 없으므로 프롬프트를 일반적인 인트로 애니메이션 느
낌으로 작성하였습니다. 'Sound effects'를 클릭하여 활성화하고 이미지를 영상으로 만들기 위해 '확인' 아이콘(✦)
을 클릭합니다.

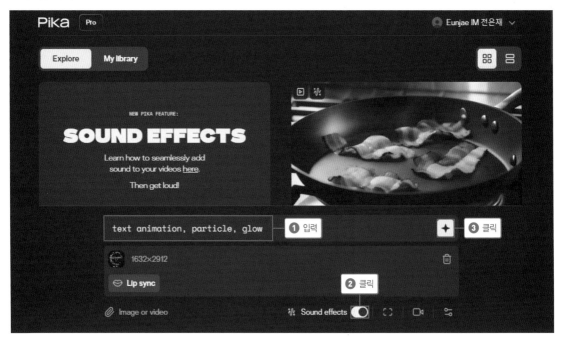

T I P 'Sound effects'를 활성화하면 피카에서 장면에 맞는 소리를 자동으로 생성합니다.

프롬프트	text animation, particle, glow

04 〔My library〕에 작업한 영상이 표시됩니다. 영상 섬네일에 마우스 커서를 위치하면 소리와 함께 영상이 재생되는 것
을 확인할 수 있습니다. '더 보기' 아이콘(⋮)을 클릭하고 'Upscale'을 선택하여 영상을 출력하기 위해 업스케일을
진행합니다.

05 업스케일이 된 영상은 상단에 'Upscaled'이라고 표시가 됩니다. 영상이 업스케일된 것을 확인하고 '다운로드' 아이콘(⬇)을 클릭하여 영상을 다운로드합니다.

06 다운로드 폴더에 피카에서 작업한 영상이 저장됩니다. 파일을 더블클릭하여 확인합니다.

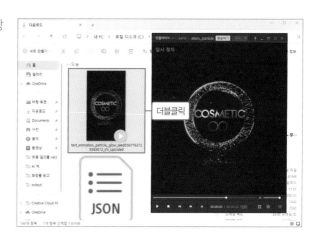

NOTE 피카의 업스케일을 한 경우와 하지 않은 경우 비교

업스케일을 하지 않은 영상은 '720 x 1280(HD)' 해상도로 표시됩니다. 그러나 업스케일을 하면 해상도가 2배인 '1440 x 2560(QHD)'로 표시됩니다. 업스케일을 하지 않으면 영상이 흐릿하고, 그림이 뭉개지는 현상이 발생할 수 있습니다.

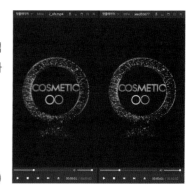

▶ 업스케일이 되지 않은 영상(좌)/업스케일이 된 영상(우)

일반적으로 영상화 작업 중에는 한 번에 원하는 결과물이 나오는 경우는 드뭅니다. 프롬프트에는 문제없지만, 영상이 마음에 들지 않을 때 어떻게 대처해야 할지 살펴봅니다.

01 영상화 작업이 끝난 결과물에 〈Retry〉가 표시되어 있습니다. 클릭하면 동일한 프롬프트와 설정에서 AI가 다시 작업을 진행합니다.

02 수정되는 결과물은 아래 작은 섬네일 형태로 아래에 표시됩니다. 한 그룹처럼 묶이므로 이전 결과물과 비교하면서 볼 수 있습니다. 결과물을 여러 개 만들고 비교하는 것을 선호한다면 〈Retry〉를 연속으로 4번 클릭하여 5개의 영상을 비교하는 것을 추천합니다.

03 각각의 작은 섬네일을 클릭해 비교하면서 가장 좋은 결과물을 찾습니다. 필요에 따라 〈Retry〉를 더 클릭하여 수정을 진행합니다. 모든 작업이 끝나면 영상을 출력하기 위해 '더보기' 아이콘(⋮)을 클릭하고 'Upscale'을 선택하여 업스케일을 진행하고 영상을 다운로드합니다.

SECTION

10.

● 예제파일 : 05\lip.png, waterscene.png ● 완성파일 : 05\lip.mp4, waterscene.mp4

카메라 모션을 이용하여
모델이 돋보이는 영상 만들기

인물 이미지를 이용하여 제품과 모델의 매력을 최대한으로 강조하여 돋보이게 만드는 영상을 만들겠습니다.
텍스트 프롬프트와 카메라 모션을 적절이 활용하여 부정적인 요소를 배제해 디테일하고 구체적인 장면을 구
현해 효과적인 화장품 광고를 구현합니다.

PIKA AI

01 웹브라우저에서 'pika.art'를 입력
하여 피카 사이트에 접속합니다.
로그인한 다음 이미지를 불러오기 위해
'Image or video'를 클릭합니다.

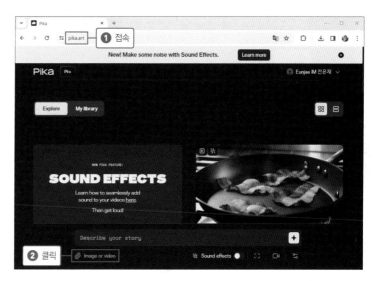

NOTE 피카의 프롬프트 입력창에서 'Inspire me' 아이콘(🎲)을 클릭하면 피카에서 프롬프트를 랜덤으로 생성합니다. 만약 이미지가
아닌 텍스트로 영상을 생성하려는 경우, 이 기능을 통해서 프롬프트 작성에 대한 아이디어를 얻을 수도 있습니다.

02 열기 대화상자가 표시되면 05 폴더에서
'waterscene.png' 파일을 선택하고 〈열기
(O)〉를 클릭하여 피카에 불러옵니다.

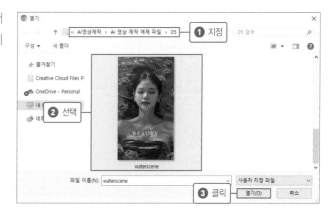

03 입력창에 프롬프트를 입력하고 'Negative prompt' 아이콘(⚙)을 클릭합니다. 표시되는 창에서 'ugly, bad, terrible'을 입력하고 Consistency with the text를 '25'로 설정합니다.

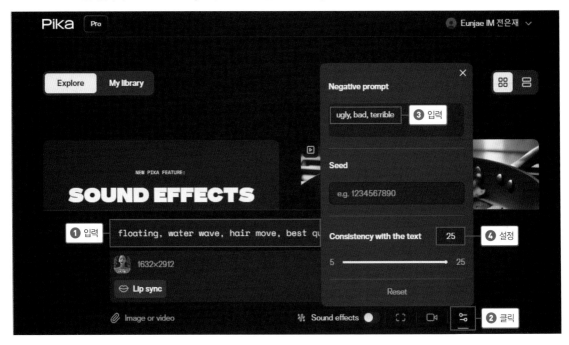

프롬프트
floating, water wave, hair move, best quality, flower bloom

04 'Camera Control' 아이콘(◻)을 클릭하여 카메라 움직임을 제어할 수 있습니다. 표시되는 창의 Rotate에서 반시계 방향을 선택하고 화면의 빈 부분을 클릭합니다.

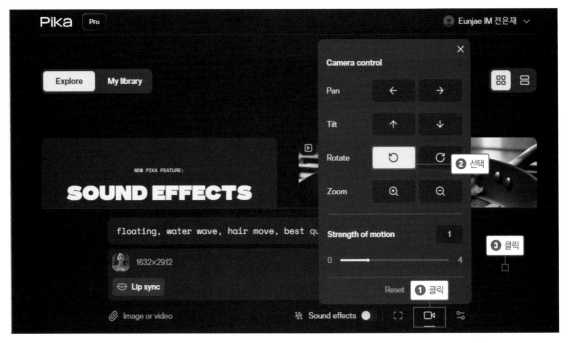

05 'Sound effects'를 클릭하여 활성화한 다음 이미지를 영상으로 만들기 위해 '확인' 아이콘(✦)을 클릭합니다.

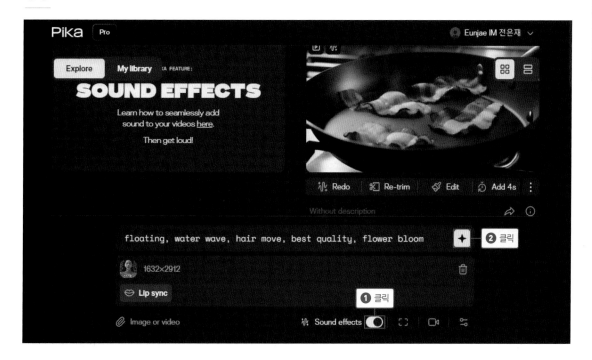

06 영상의 결과물이 표시됩니다. 여러 개의 결과물을 더 만들기 위해 〈Retry〉를 4번 클릭합니다.

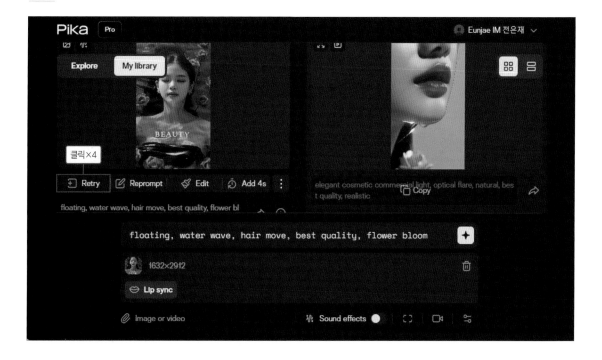

07 〈Retry〉를 통해 만들어진 결과물이 섬네일 형태로 만들어졌습니다. 각각의 섬네일을 선택하여 영상을 살펴봅니다. 가장 마음에 드는 결과물을 선택하고 '더 보기' 아이콘(⋮)을 클릭한 다음 'Upscale'을 선택합니다.

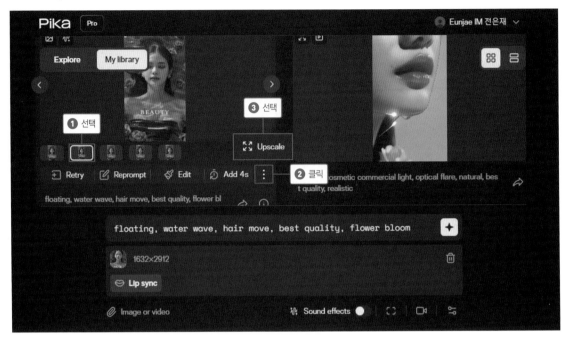

08 업스케일이 된 영상은 상단에 'Upscaled'라고 표시됩니다 영상이 업스케일된 것을 확인하고 '다운로드' 아이콘(⬇)을 클릭하여 영상을 다운로드합니다.

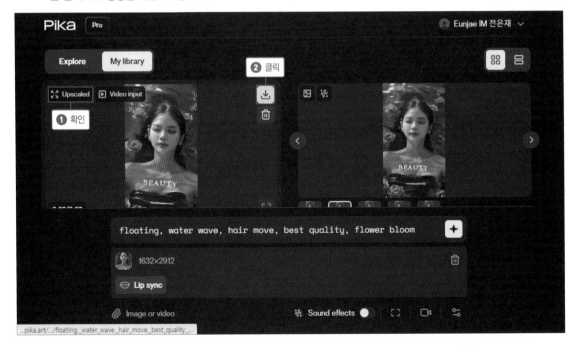

09 같은 방법으로 'lip.png' 파일을 피카에 불러오고 프롬프트를 입력한 다음 영상화 작업을 진행합니다. 이전 작업과 모든 설정이 같지만 이번에는 'Camera Control' 아이콘(◻◻)을 클릭하여 Zoom을 확대되는 것으로 선택하였습니다.

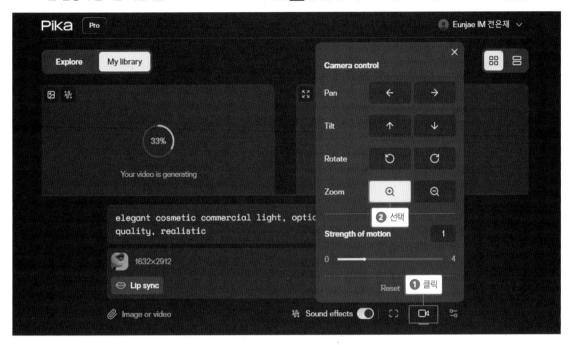

10 업스케일까지 진행한 다음 '다운로드' 아이콘(◻◻)을 클릭하여 'lip' 영상을 다운로드하고 영상들을 확인합니다.

◉ 예제파일 : 05\lipstick.png ◉ 완성파일 : 05\lipstick.mp4

SECTION

11.

이미지로 매력을 강조하는
제품 영상 만들기

제품의 이미지를 영상화합니다. 제품의 매력을 최대한 부각시키고 시청자들에게 인상적인 전달을 주기 위해 예쁘고 돋보이게 만드는 것이 중요합니다. 프롬프트와 카메라 모션을 활용하여 제품을 더욱 극대화하여 보여 주는 영상을 제작하겠습니다.

01 웹브라우저에서 'pika.art'를 입력하여 피카 사이트에 접속합니다. 로그인한 다음 이미지를 불러오기 위해 'Image or video'를 클릭합니다.

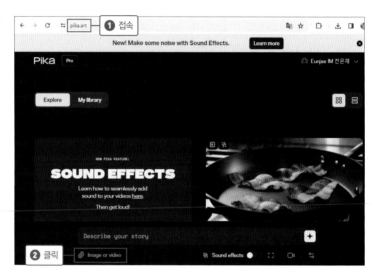

NOTE 피카의 텍스트 프롬프트 입력창에 텍스트가 입력되어 있으면 그림과 같이 'Image or video'가 비활성화됩니다. 'Image or video'가 클릭되지 않는다면 입력창에 프롬프트가 입력되어 있는지 확인하고 진행합니다.

02 열기 대화상자가 표시되면 05 폴더에서 'lipstick.png' 파일을 선택하고 〈열기(O)〉를 클릭하여 이미지를 피카에 불러옵니다.

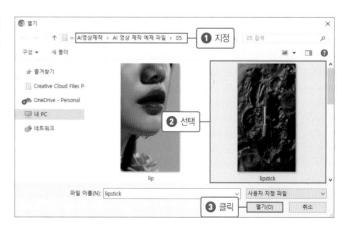

03 입력창에 프롬프트를 입력하고 'Negative prompt' 아이콘(⚙)을 클릭합니다. 표시되는 창에서 'ugly, bad, terrible'을 입력하고 Consistency with the text를 '25'로 설정합니다.

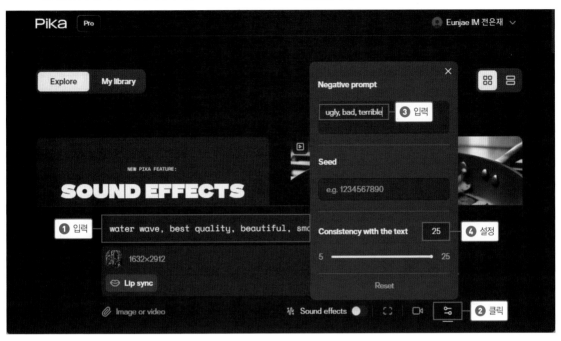

프롬프트 water wave, best quality, beautiful, smooth, floating

04 'Camera Control' 아이콘(◉)을 클릭하여 카메라 움직임을 제어할 수 있습니다. 표시되는 창에서 Rotate의 반시계 방향을 선택하고 화면의 빈 부분을 클릭합니다.

05 'Sound effects'를 클릭하여 활성화한 다음 이미지를 영상으로 만들기 위해 '확인' 아이콘(✦)을 클릭합니다.

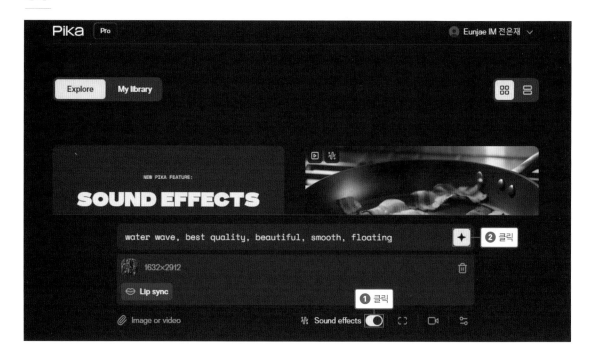

06 영상의 결과물이 표시됩니다. 여러 개의 결과물을 더 만들기 위해 〈Retry〉를 4번 클릭합니다.

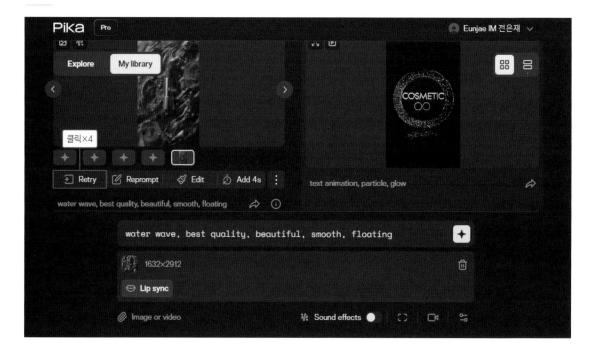

07 〈Retry〉를 통해 결과물이 섬네일 형태로 만들어졌습니다. 각각의 섬네일을 선택하여 영상을 살펴봅니다. 가장 마음
에 드는 결과물을 선택하고 '더 보기' 아이콘(⋮)을 클릭한 다음 'Upscale'을 선택하여 업스케일을 진행합니다.

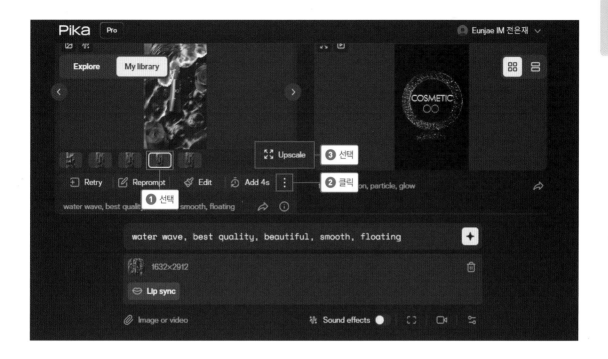

08 업스케일이 된 영상은 위에 'Upscaled'라고 표시됩니다. 영상이 업스케일된 것을 확인하고 '다운로드' 아이콘(⬇)을
클릭하여 영상을 다운로드합니다.

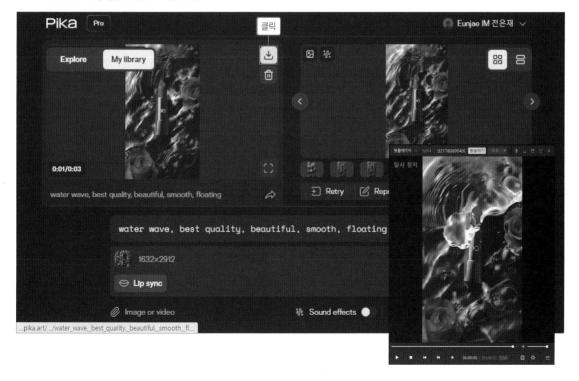

S E C T I O N

12.

개별 영상을 하나로 합치고
배경 음악 추가하기

지금까지 작업한 화장품 광고 영상들을 통합하여 하나의 완성된 영상을 만들겠습니다. 브루를 활용하여 제품의 매력을 강조하는 장면들을 중심으로 배치하고 영상에 어울리는 배경 음악도 추가하여 화장품 광고 영상을 완성하겠습니다.

01 브루 프로그램을 실행합니다. (홈) 메뉴를 선택하고 (새로 만들기) 탭을 선택합니다. 새로 만들기 대화상자가 표시되면 'PC에서 비디오 · 오디오 불러오기'를 클릭합니다.

02 PC에서 비디오 · 오디오 불러오기 대화상자가 표시되면 05 폴더에서 'lip.mp4', 'lipstick.mp4', 'logo.mp4', 'waterscence.mp4' 파일을 선택하고 〈열기(O)〉를 클릭합니다.

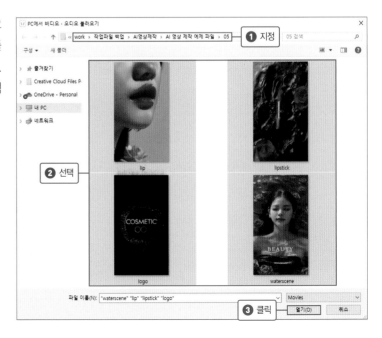

03 불러올 영상의 순서 정하기 대화
상자가 표시되면 각 항목을 드래
그하여 '로고 인트로' → '입술 장면' → '립
스틱 제품 장면' → '모델 반신 장면' 순서
로 영상을 배치합니다. 순서 정렬을 마치
면 〈영상 불러오기〉를 클릭합니다.

04 영상 불러오기 대화상자가 표시되면 '음성 분석 안함'을 선
택한 다음 〈확인〉을 클릭합니다.

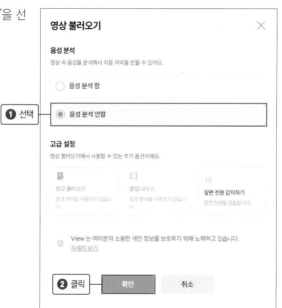

NOTE 장면 전환 감지하기

고급 설정 부분에 '장면 전환 감지하기' 기능이 있
습니다. 이 기능은 '음성 분석 함'을 선택했을 때 사
용할 수 있으며, 한 개의 영상에서 장면 전환이 일
어나는 부분의 클립을 AI가 분석하여 자동으로 나
눠줍니다. 컷 편집이 이뤄지지 않은 영상을 브루에
서 다룰 때 유용합니다.

05 배경 음악을 넣기 위해 (삽입) 메뉴를 선택하고 (배경 음악) 탭을 선택합니다.

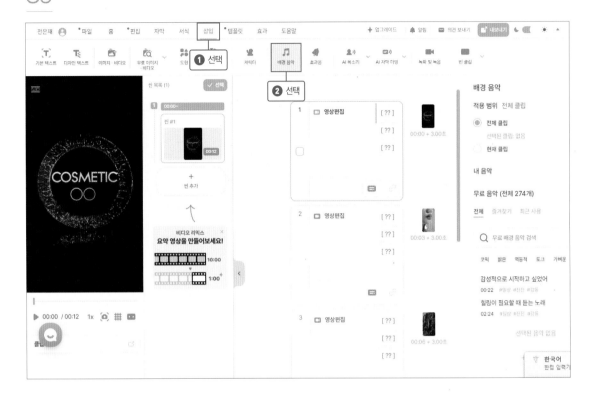

06 '꿈속 여행'이라는 음원을 선택하고 적용 범위에서 '전체 클립'을 선택한 다음 〈삽입하기〉를 클릭합니다.

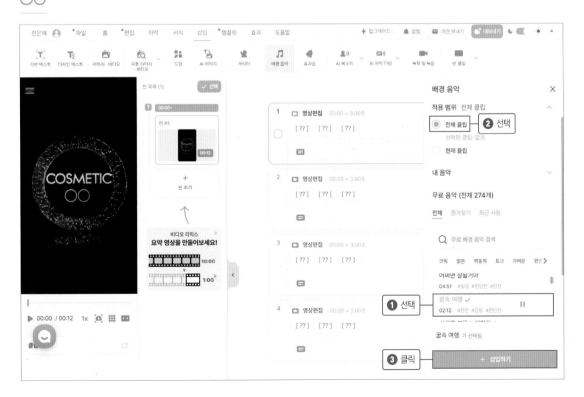

07 노래의 적용 범위를 변경하기 위해 꿈속 여행.mp3 창의 '적용 범위 변경'을 선택합니다.

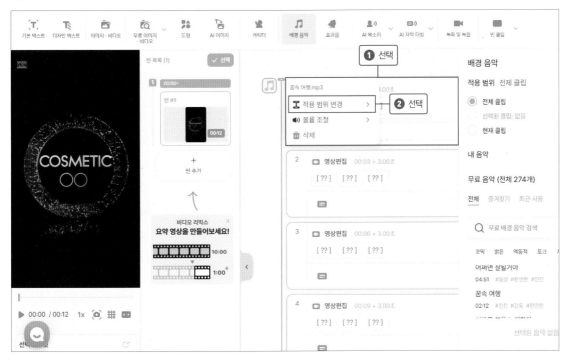

TIP 노래를 설정할 수 있는 창은 노래를 삽입했을 때 바로 표시됩니다. 만약 표시되지 않거나 다른 화면을 선택하여 창이 보이지 않는다면, 화면에 표시되는 '음악' 아이콘(🎵)을 클릭하여 표시하면 됩니다.

08 적용 범위를 '전체 클립으로'로 선택하면 영상 전체에 배경 음악이 적용됩니다.

09 영상 전체에 배경 음악이 적용됩니다. '재생' 아이콘(▶)을 클릭하여 재생해 배경 음악이 잘 적용되었는지 확인합니다.
확인하고 이상이 없으면 〈내보내기〉를 클릭하고 '영상 파일(mp4)'을 선택합니다.

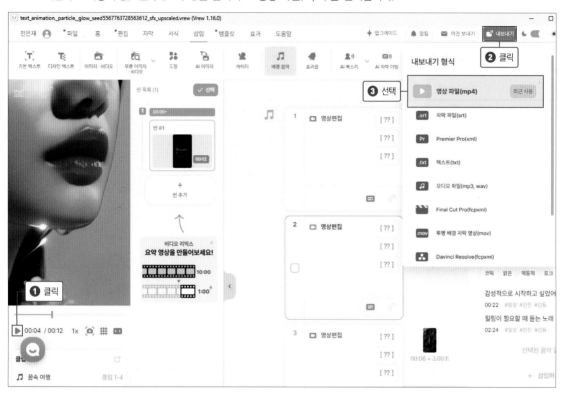

10 동영상 내보내기 대화상자가 표시
되면 해상도를 'FHD 수준', 화질
을 '최고화질'로 지정한 다음 〈내보내기〉
를 클릭합니다.

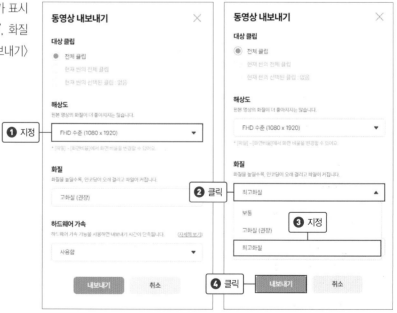

11 영상으로 내보내기 (.mp4) 대화상자가 표시되면 저장할 폴더를 지정하고 파일 이름을 입력한 다음 〈저장〉을 클릭합니다.

다양한 AI 도구와 브루를 활용하여 상업용 화장품 광고 숏폼 영상을 완성하였습니다.

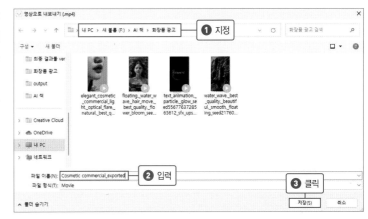

NOTE 알아두면 좋은 실무 사용 가능, 특수 목적용 상업 AI 툴

개인이 사용하기에는 비용적인 측면이 있어 부담스럽지만, 실제로 실무에서 사용하고 있는 특수 목적용 AI 툴 2개를 살펴봅니다.

① Wonder Studio

원더 스튜디오는 소위 CG라고 불리는 작업을 하는 전문 VFX 아티스트를 위한 AI 플랫폼입니다. 모션 캡쳐 슈트와 같은 고가의 장비가 없어도 영상에서 움직임을 추출하여 모션 캡쳐를 진행하거나 합성, 3D 애니메이션, 카메라 트래킹과 같은 작업을 자동화하여 서비스하는 AI를 제공합니다.

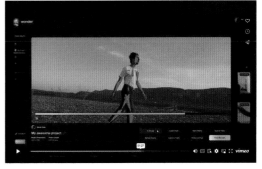

② Runway

런웨이는 가장 먼저 서비스한 1세대 생성형 AI 플랫폼으로 GEN-1, GEN-2와 같은 생성형 모델로 피카와 비슷한 포지션을 가집니다. 하지만, 생성형 모델만 제공하는 피카와 달리, 원더스튜디오처럼 카메라 트래킹, 영상에서 특정 피사체를 제거하는 리무브, 3D 텍스쳐 추출, 이미지 2장을 자연스럽게 이어주는 프레임 인터폴레이션 등의 기능을 제공하여 실무에서도 활용하고 있습니다.

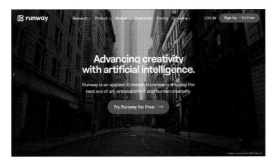

자막과 분할 영상을 이용한
베이커리 광고 영상 만들기

AI 기술이 영상 프로그램에 점점 더 내장되고 있습니다. 이는 브루, 프리미어 프로, 다빈치 리졸브, 캡컷 등 다양한 프로그램에서 AI 기술이 활용되면서 편의성이 크게 향상되고 있어 영상 제작은 이제 크리에이터들뿐만 아니라 영상에 대해 잘 알지 못하는 사람들에게도 접근하기 쉬운 활동이 되었습니다. 이렇게 다양한 툴 중에서도 캡컷을 사용하여 영상에 애니메이션 자막, 영상 분할, 트랜지션 등의 효과를 템플릿과 AI를 활용하여 쉽게 빵집 창업 홍보 영상을 제작해 보겠습니다.

홍보 영상을 제작할 때 편집의 측면에서 고려해야 할 몇 가지 요소가 있습니다. 비주얼적으로 매력적인 요소가 필요하며, 그래픽, 애니메이션, 트랜지션 등을 사용하여 시각적인 흥미를 유발해야 합니다. 또한, 영상의 분위기와 감정을 강조하기 위해 적절한 음악과 효과음을 선택해야 합니다. 음악은 영상의 흐름과 장면 전환을 지원하고 강조할 수 있습니다. 캡컷은 이용자들에게 이러한 요소들을 쉽게 적용할 수 있는 기능을 제공하고 있습니다.

캡컷의 텍스트 프리셋 기능을 활용하여 디자인적으로 트렌디한 모션 텍스트를 넣은 빵집 창업 홍보 영상을 만들어 봅니다. PC에 있는 영상을 캡컷에 업로드하고 타임라인에 영상과 캡컷이 제공하는 디자인 자막을 불러옵니다. 그리고 캡컷의 기본 화면 전환(트랜지션) 효과와 배경 음악(BGM)을 활용하여 완성도를 높여 영상을 제작합니다. 추가로, 원–클릭–숏폼 변환 기능을 사용하여 가로형 영상을 특별한 작업 없이 숏폼 영상으로 만드는 방법도 살펴보겠습니다.

1 자막 구성 및 디자인 자막 넣기

자막을 사전에 구성하면 좋지만, 실제로는 준비되지 않은 상태에서 자막을 구성해야 하는 경우가 더 많습니다. 챗GPT를 활용하여 간단한 자막을 구성하고 해당 자막을 캡컷의 디자인 자막에 적용하여 영상에 배치합니다.

2 분할 화면과 화면 전환 효과 및 배경 음악 적용하기

홍보 영상에서 자주 사용되는 여러 개의 영상이 한 화면에 나타나는 '분할 화면' 효과를 사용합니다. 캡컷에서 분할 화면 효과를 적용하는 방법을 살펴보고, 화면 전환 효과를 추가하여 영상의 시각적인 부분을 강화하여 홍보 영상을 완성합니다.

◉ 예제파일 : 05\#1.mp4, #2-1.mp4, #2-2.mp4, #3.mp4, #4.mp4

SECTION

13.

기획과 스토리에 맞게
영상 배치하기

캡컷을 실행하고 각각의 광고에 사용할 장면을 불러온 다음 기획과 스토리에 맞게 영상을 배치하고 편집합
니다. 이를 통해 각 장면이 효과적으로 전달되고 광고의 목적을 달성할 수 있도록 합니다.

01 웹브라우저에서 'capcut.com'을 입
력하여 캡컷 사이트에 접속합니다.
이번에는 설치해서 사용하기 위해 오른쪽
상단에 'CapCut 데스크톱 다운로드' 아
이콘(🖵)을 클릭하여 프로그램을 다운로
드합니다.

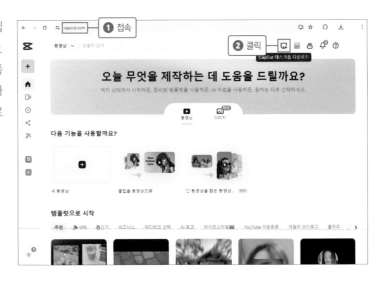

02 캡컷이 설치되면 다운로드한 폴더에서 실행합니다. 처음 실행하면 그림과 같이 영문으로 인터페이스가 표시됩니다.
언어를 변경하기 위해 'Settings' 아이콘(⚙)을 클릭하고 'Settings'를 선택합니다. Settings 대화상자가 표시되면
[Language] 탭을 선택하고 '한국어'로 선택한 다음 〈Save〉를 클릭합니다.

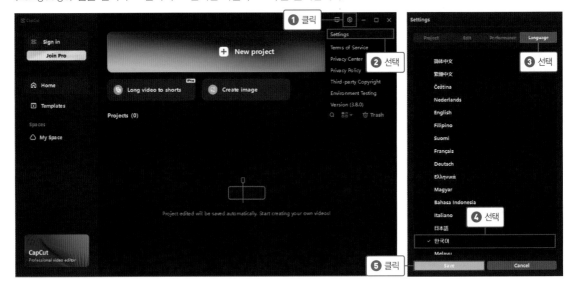

NOTE 캡컷 프로젝트에서 기본 언어 설정 변경하기

캡컷을 처음 설치하면 기본 언어 설정이 영어로 되어 있습니다. 프로젝트 내에서 한글 인터페이스로 변경하는 과정을 알아봅시다.

① 캡컷 프로그램을 실행하고 〈+ New project〉를 클릭하여 새 프로젝트를 만들어 작업 화면을 표시합니다. 메뉴에서 〔Menu〕 → Settings를 실행합니다.

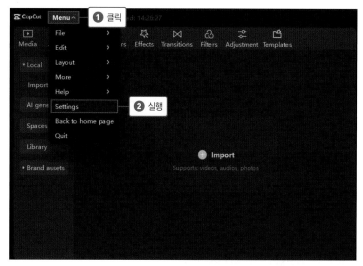

② Settings 대화상자가 표시되면 〔Language〕 탭을 선택하고 '한국어'로 선택한 다음 〈Save〉를 클릭합니다.

③ 언어를 변경하기 위해서는 캡컷을 다시 실행해야 한다는 창이 표시됩니다. 〈Restart〉를 클릭하여 캡컷을 다시 실행하면, 프로그램의 언어가 한국어로 변경되어 실행됩니다.

03 캡컷을 다시 실행하면 한국어 버전으로 변경됩니다. 영상 편집을 진행하기 위해 〈+ 프로젝트 만들기〉를 클릭합니다.

04 작업 화면이 표시되면 PC에서 영상을 불러오기 위해 '가져오기'를 클릭합니다. 미디어 리소스 선택 대화상자가 표시되면 05 폴더에서 '#1.mp4', '#2-1.mp4', '#2-2.mp4', '#3.mp4', '#4.mp4' 파일을 선택하고 〈열기〉 버튼을 클릭합니다.

05 캡컷에 영상 소스가 표시됩니다. 불러온 소스 파일 중에서 '#1.mp4' 파일을 타임라인 패널로 드래그하여 불러옵니다.

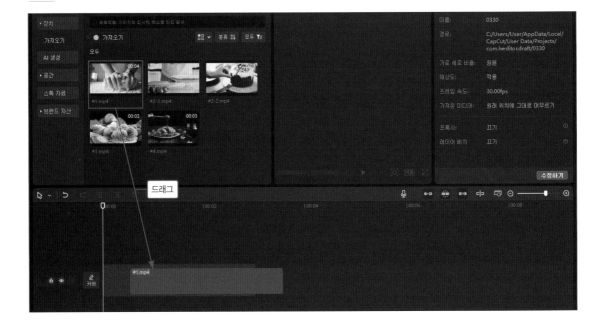

06 '#2-1.mp4'와 '#2-2.mp4' 파일을 타임라인 패널로 드래그하여 그림과 같이 위아래에 배치합니다. 이렇게 위아래로 배치하는 작업을 하면 분할 영상을 만들 수 있어 2개의 영상을 동시에 보이게 할 수 있습니다.

07 '#3.mp4' 영상과 '#4.mp4' 영상도 순서대로 타임라인에 드래그하여 불러와 배치를 완료합니다.

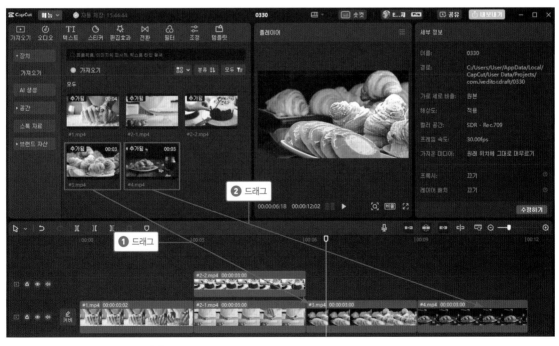

TIP 오른쪽에 있는 '축소' 아이콘(⊝)을 클릭하면 타임라인 패널을 넓은 화면으로 볼 수 있습니다.

SECTION

14.

⦿ 완성파일 : 05\빵집홍보.txt

홍보 영상을 위한
자막 구상과 디자인 자막 넣기

전통적으로 자막을 직접 생각하고 적는 것이 일반적이지만, AI를 활용하면 작업 시간을 효율적으로 절약할 수 있습니다. 챗GPT를 활용하여 자막 내용을 추천받고, 캡컷의 자막 템플릿을 활용하여 자막을 디자인해 더욱 효율적으로 자막을 제작하겠습니다.

01 웹브라우저에서 'chatopenai. com'을 입력하여 챗GPT 사이트에 접속하고 로그인합니다.

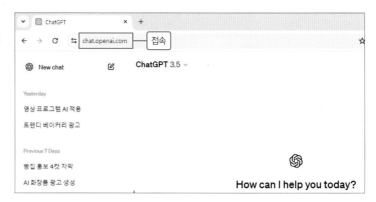

NOTE 챗GPT-3.5 모델은 기본적으로 사용이 무료입니다. 텍스트만 필요한 경우, 무료 버전의 모델을 사용해도 충분하지만, 텍스트와 함께 이미지까지 같이 제공하는 챗GPT-4 모델을 사용하려면 유료 버전을 결제하여 사용하면 됩니다.

02 4개의 장면의 자막을 추천받기 위해 챗GPT 입력창에서 '빵집 홍보 영상 4컷 자막을 짧게 나눠 작성해 줘'라고 입력한 다음 Enter를 누릅니다.

358

03 입력한 프롬프트에 기반하여 자막이 추천됩니다.

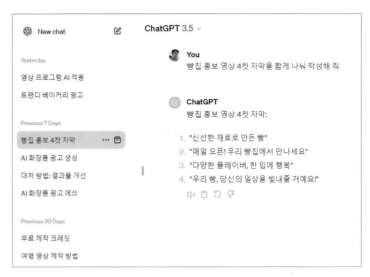

빵집 홍보 영상 4컷 자막을 짧게 나눠 작성해 줘

CHATGPT

빵집 홍보 영상 4컷 자막 :

1. "신선한 재료로 만든 빵"

2. "매일 오픈! 우리 빵집에서 만나세요"

3. "다양한 플레이버, 한 입에 행복"

4. "우리 빵, 당신의 일상을 빛내줄 거예요!"

04 다시 캡컷 프로그램으로 돌아와서 (텍스트) 메뉴를 선택하면 자동으로 (텍스트 추가) 탭이 선택되어 표시됩니다. 캡컷 내부에 있는 프리셋을 활용하여 디자인 자막을 쉽게 적용할 수 있습니다.

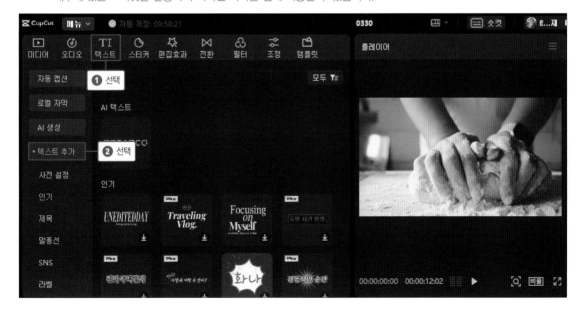

05 첫 번째 장면에 자막을 넣기 위해 그림과 같은 자막 템플릿을 타임라인 패널에 드래그하여 첫 번째 장면에 불러옵니다. 예제와 같은 템플릿을 사용하려면 텍스트 템플릿 검색창에 'Today'라고 입력하면 됩니다.

TIP 자막의 길이는 영상 클립의 길이에 맞게 자동으로 조절됩니다. 만약 1프레임 정도 틀어진다면 클립의 오른쪽 끝부분을 드래그하여 영상 클립에 맞게 맞추면 됩니다.

06 자막 클립을 선택하면 오른쪽에 자막을 수정할 수 있는 패널이 표시됩니다. 1번째 단락에 챗GPT에서 얻은 '신선한 재료'를 입력하고 2번째 단락에는 'Fresh Bread'를 입력합니다.

TIP 챗GPT의 내용을 그대로 사용할 수도 있지만, 디자인에 맞게 수정하는 것이 좋습니다.

07 타임라인 패널의 시간 표시자를 두 번째 장면으로 드래그하여 이동합니다. 같은 방법으로 그림과 같은 자막 템플릿
을 타임라인 패널에 드래그하여 두 번째 장면에 불러옵니다. 예제와 같은 템플릿을 사용하려면 텍스트 템플릿 검색
창에 'Your Second Text Here'이라고 입력하면 됩니다.

08 자막 패널을 선택하여 자막을 수정할 수 있는 패널이 표시되면 1번째 단락에 챗GPT에서 얻은 '매일 오픈! 우리 빵집
에서 만나세요'를 입력합니다.

09 타임라인 패널의 시간 표시자를 세 번째 장면으로 드래그하여 이동합니다. 같은 방법으로 그림과 같은 자막 템플릿을 타임라인에 드래그하여 세 번째 장면에 불러옵니다.

10 자막 패널을 선택하여 자막을 수정할 수 있는 패널이 표시되면 1번째 단락에 챗GPT에서 얻은 '다양한 플레이버, 한 입에 행복'을 입력합니다.

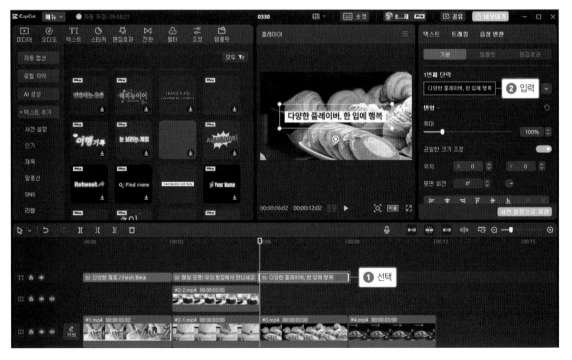

11 마지막 장면에 자막을 넣기 위해 타임라인 패널의 시간 표시자를 마지막 장면으로 이동합니다.

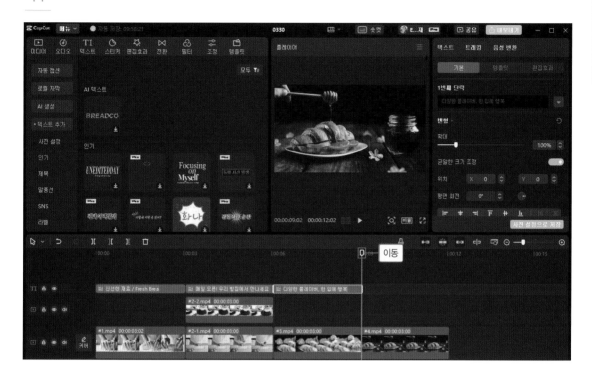

12 [텍스트 추가] 탭의 하위 항목에서 '음식' 카테고리를 선택하면 음식 관련 영상에 사용하기 좋은 자막 템플릿이 표시됩니다. 그림과 같은 자막 템플릿을 타임라인 패널에 드래그하여 마지막 장면에 불러옵니다. 예제에서는 '바닐라라떼' 템플릿을 사용하였습니다.

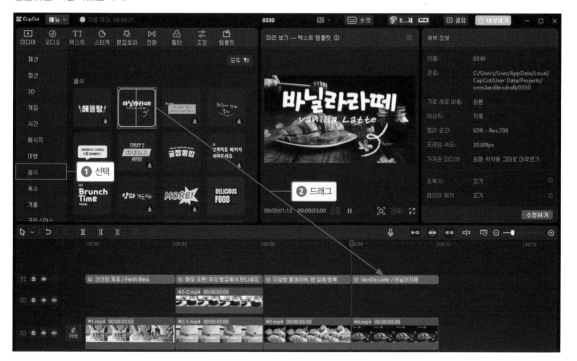

13 플레이어 패널의 프리뷰 모니터에서 표시된 자막을 선택하면 크기를 조절할 수 있는 영역이 표시됩니다. 화살표가 빵의 크기랑 비슷해 보이게 드래그하여 크기와 위치를 조절합니다.

14 오른쪽에 표시된 자막을 수정할 수 있는 패널에서 1번째 단락에 '브레드코에서 만나요!'를 입력하고 2번째 단락에는 'BREADCO.'를 입력합니다.

TIP 광고의 마지막 부분에는 브랜드명을 입력하는 것이 일반적입니다.

15 화살표의 위치를 조절하기 위해 레이어를 분리하겠습니다. 마지막 장면에 있는 자막 클립에서 마우스 오른쪽 버튼을 클릭한 다음 **분리**를 실행합니다.

16 클립이 분리됩니다. 분리된 클립 중에서 화살표 클립을 선택하고 플레이어 패널에 있는 화살표 그림을 드래그하여 빵에 가깝게 위치시킵니다.

화면 전환과
분할 화면 적용하기

장면마다 시청 포인트를 부여하는 방법은 다양합니다. 그 중 캡컷에서는 화면 전환과 화면 분할을 통한 트랜지션 기술을 활용합니다. 이를 통해 장면 전환을 부드럽게 만들거나 화면을 분할하여 시각적인 효과를 극대화하고, 각 장면이 더욱 독특하고 흥미로운 시청 경험을 제공할 수 있게 제작하겠습니다.

01 화면을 분할하는 효과를 적용하기 위해 타임라인에 있는 '#2-2.mp4' 클립을 선택합니다.

02 오른쪽에 설정 창이 표시되면 (마스크) 탭을 선택합니다. '미러링'을 선택하면 그림과 같이 위아래로 화면이 분할되는 것을 볼 수 있습니다.

03 키프레임을 통해 화면이 열리면서 분할되는 효과를 구현할 수 있습니다. 타임라인 패널에서 시간 표시자를 '03:28' 구간으로 이동하고 (마스크) 탭의 '키프레임' 아이콘(◇)을 클릭하여 활성화합니다.

04 타임라인 패널에서 시간 표시자를 두 번째 장면의 처음 부분으로 이동한 다음 그림과 같이 가운데에 있는 크기 조절창을 드래그하여 크기를 축소합니다.

05 키프레임이 설정된 구간까지 화면이 열리는 애니메이션이 만들어졌습니다.

TIP 이러한 기법을 '키프레임 애니메이션'이라고 부릅니다.

06 상단에 있는 [전환] 메뉴를 선택합니다. 화면 전환과 관련된 프리셋이 표시됩니다. 기호에 따라 두 번째 장면의 시작과 끝부분에 드래그하여 적용합니다. 예제에서는 '세우기' 효과를 적용하였습니다.

NOTE Pro라고 표시된 효과는 Pro 버전(매월 9,900원)을 결제 후 사용이 가능합니다. 결제하지 않아도 효과가 적용은 되지만, 마지막에 영상을 출력할 때는 제한되어 출력됩니다.

오디오 적용 및
영상 출력하기

오디오의 경우 외부 소스를 가져오는 것도 일반적이지만, 캡컷에서는 영상에 바로 오디오를 적용할 수 있어 작업 효율을 높이고 편리하게 오디오를 관리할 수 있습니다. 마지막으로 캡컷에서 제공하는 다양한 배경 음악 중에서 선택하여 영상에 적용하고 최종적으로 출력하겠습니다.

01 상단에 있는 [오디오] 메뉴를 선택합니다. 배경 음악 및 효과음과 관련된 프리셋이 표시됩니다.

02 표시되는 음악을 클릭하면 음악을 재생하여 들어볼 수 있습니다. 예제에서는 [음악] 탭의 '판매' 옵션을 선택하고 기호에 따라 음악을 선택한 다음 타임라인 패널에 드래그하여 적용합니다. 예제에서는 'Simple / Disco_No439_5' 음악을 적용하였습니다.

03 음악이 영상보다 길어서 편집이 필요합니다. 타임라인 패널의 시간 표시자를 음악의 마지막 부분으로 이동하고 [Ctrl]+[B]를 눌러 컷 편집합니다. 영상보다 긴 부분의 클립을 선택하고 [Delete]을 눌러 삭제합니다.

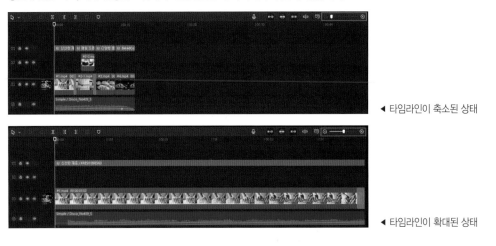

NOTE 축소/확대 기능(🔍━━━●━━━)을 활용한 정교한 타임라인 편집

캡컷은 기본적으로 레이어 끝부분에 자동으로 붙는 스냅(Snap) 기능이 잘 활성화되어 있습니다. 그러나 0.1, 0.01초 단위의 정교한 컷 편집([Ctrl]+[B])이나 레이어의 배치를 위해 시간별로 타임라인을 축소/확대해야 할 때가 있습니다. 이때 타임라인 우측 상단에 있는 축소/확대 설정을 조절하여 타임라인을 축소/확대하여 볼 수 있습니다.

◀ 타임라인이 축소된 상태

◀ 타임라인이 확대된 상태

04 배경 음악 클립을 선택하여 오른쪽에 음악과 관련된 설정창을 표시합니다. 페이드 아웃을 적용하기 위해 페이드 아웃을 '3s'로 설정하면 음악이 영상 마지막 부분에 서서히 줄어듭니다. 영상을 출력하기 위해 〈내보내기〉를 클릭합니다.

370

05 내보내기 대화상자가 표시되면 이름에 'BREAD'를 입력하고 내보내기 경로를 지정합니다. '오디오'를 체크 표시하여
활성화한 다음 〈내보내기〉를 클릭합니다. 출력이 완료되면 〈폴더 열기〉를 클릭합니다.

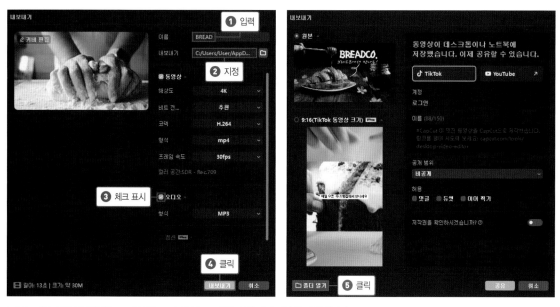

TIP '오디오' 부분을 체크 표시하면 MP3 형식으로 영상과 함께 오디오를 제공합니다.

06 설정된 경로의 폴더가 열리면서 출력된 영상과 오디오가 표시됩니다.

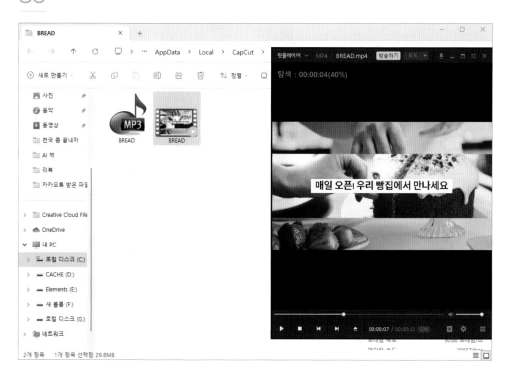

PROJECT

자연스러운 제스처 그대로!
생성형 AI 쇼호스트 영상 제작하기

상품 설명을 하는 <u>쇼호스트</u>와 시사 내용을 전달하는 앵커는 다른 역할을 하지만, 모두 정확한 정보 전달이라는 공통의 중요 임무를 가지고 있습니다. 그들의 목적은 소비자, 구매자, 독자들에게 신뢰할 수 있는 정보를 제공해 구매 결정을 돕거나 사회적, 경제적 이슈에 대한 이해를 높이는 것입니다. 이런 정보 전달을 위한 대본 작성은 일반인에게는 쉽지 않은 일입니다.

가상 앵커를 이용하면 이러한 문제를 해결할 수 있습니다. 사용자는 콘셉트에 맞는 가상 인물을 선택하고 챗 GPT를 활용하여 대본을 작성할 수 있습니다. 이후 영상이나 이미지를 추가하여 숏폼 이미지를 만들어 낼 수 있어 미디어 제작 과정을 간소화하고 효율적으로 만듭니다. 예제에서는 가상 앵커를 이용하여 건강 정보와 함께 상품을 홍보하는 숏폼 영상을 제작해 보겠습니다.

영상 콘텐츠에 맞는 가상 앵커를 설정하기 위해 앵커 스타일부터 자세, 의상, 보이스 톤까지 세밀하게 지정합니다. 전달하려는 내레이션은 챗GPT를 이용하여 프롬프트를 생성한 다음 가상 앵커의 내레이션 자료로 사용합니다. 배경 이미지는 별도로 이미지 파일로 준비하거나 이미지 생성형 AI를 이용하여 생성한 다음 배경 이미지로 불러옵니다. 영상 구성이 완성되면 사용 목적에 맞는 파일 형태로 저장합니다.

1. 가상 쇼호스트 설정과 내레이션 작성하기
메타휴먼 옵션에서 콘셉트에 맞는 앵커를 선택한 다음 의상과 자세, 숏폼 영상 제작을 위한 화면 사이즈, 대화 스타일을 독백형으로 설정합니다.

2. 챗GPT로 대본 작성하기
대본은 플랫폼 안에서 제공하는 챗GPT를 이용하여 정보를 바탕으로 한 답변을 얻어 스크립트를 작성합니다. 스크립트는 영상의 길이와 내용을 체크하여 수정 적용합니다.

3. 화면 배치와 배경 구성하여 완성하기
가상 앵커와 프롬프트가 작성되었다면 전체적인 화면 배치와 배경 이미지를 불러온 다음 영상 길이에 맞게 컷 편집을 합니다. 영상 소스와 배경 이미지 재생 길이가 맞도록 타임라인에서 컷 편집하여 제품 홍보 영상을 완성합니다.

SECTION 17.

가상 앵커 선택과
챗GPT로 대본 작성하기

플루닛 스튜디오 서비스를 사용하면 별도의 스튜디오 촬영이나 대본 작성 없이 주제만 정하면 실사 느낌의 숏폼 영상 제작이 가능합니다. 콘텐츠에 적합한 가상 앵커를 선택한 다음 챗GPT를 이용하여 대본을 작성하면 바로 프롬프트 입력창에 입력되어 가상 앵커가 자연스럽게 대본대로 말할 수 있도록 제작해 보겠습니다.

---

01 웹브라우저에서 'studio.ploonet. com'을 입력하여 플루닛 스튜디오 사이트에 접속합니다. 처음 사용자는 회원 가입을 위해 〈지금 가입〉을 클릭합니다.

TIP 플루닛 스튜니오는 가상의 앵커를 사용자가 선택한 다음 의상부터 자세, 음성, 배경 등을 세밀하게 조정이 가능하며, 챗GPT를 이용한 대본 작성까지 플랫폼 안에서 해결이 가능합니다.

---

02 회원가입을 하기 위해 '개인 회원'을 클릭합니다. 플루닛 회원 서비스 약관이 표시되면 동의하기 위해 〈동의하기〉를 클릭합니다.

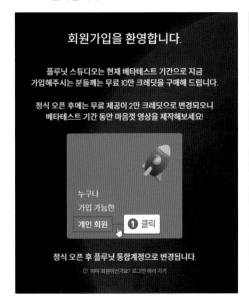

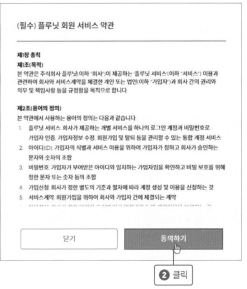

03 이용 약관에 동의하였다면 정보를 입력하여 가입하고 로그인합니다. 스튜디오를 시작하기 위해 〈스튜디오 시작하기〉를 클릭합니다.

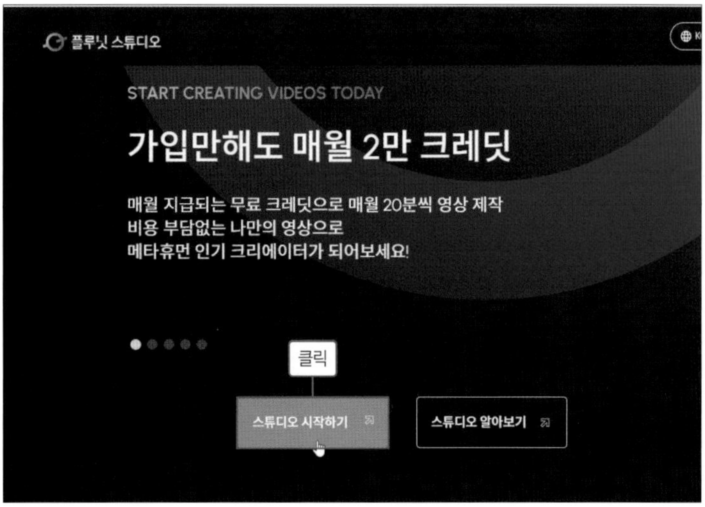

04 스튜디오 작업 화면이 표시되면 새로운 프로젝트 제작을 위해 〈새 프로젝트 만들기〉를 클릭합니다.

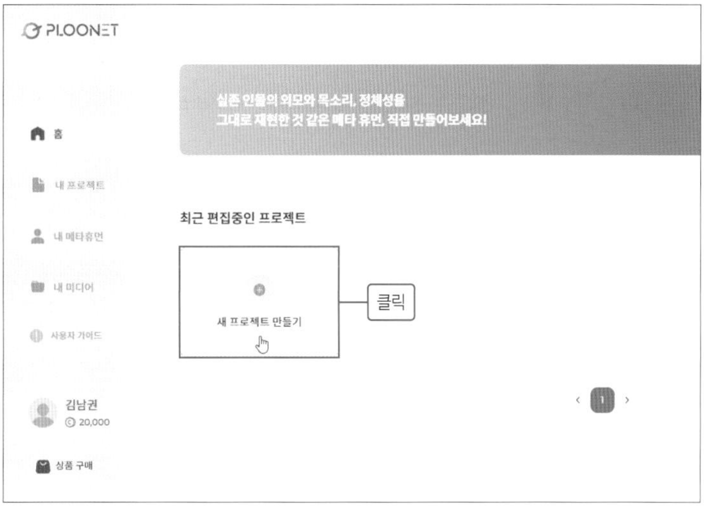

05 새 프로젝트 만들기 대화상자가 표시되면 프로젝트 이름을 입력하고 언어를 지정한 다음 〈다음〉을 클릭합니다. 예제에서는 프로젝트 이름을 '오늘의 신상! 러닝화'로 입력하고 언어를 '한국어'로 지정하였습니다.

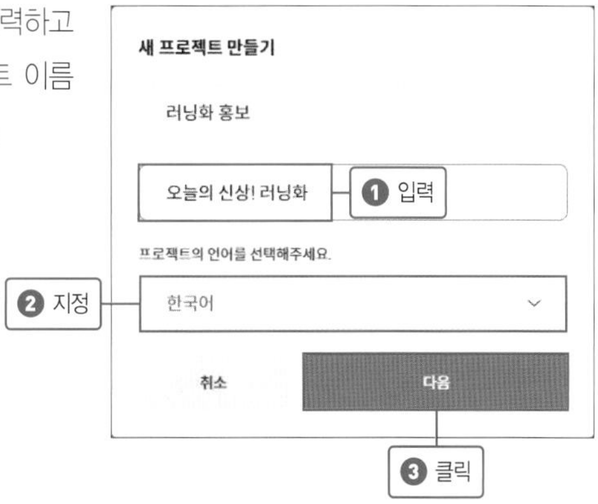

06 가상 앵커를 선택하는 화면이 표시되면 메타휴먼 선택 화면에서 콘셉트에 맞는 가상 앵커를 선택합니다.

07 메타휴먼 옵션이 표시되면 의상, 자세, 보이스를 콘셉트에 맞게 선택합니다. 예제에서는 스타일 선택을 '블라우스'로 선택하였습니다.

08 자세 선택 화면에서는 가상 앵커의 자세를 선택합니다. 예제에서는 '정자세'를 선택하였습니다. 가상 앵커의 옵션 선택을 모두 했다면 〈완료〉를 클릭합니다.

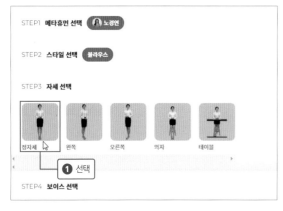

09 화면 크기를 선택하는 화면이 표시되면 숏폼 형태의 영상을 만들기 위해 'Instagram story (9:16)'로 지정하고 〈프로젝트 생성하기〉를 클릭합니다.

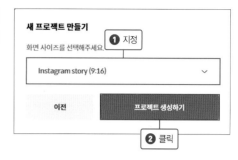

10 대화 유형을 선택하는 화면이 표시되면 [독백형]을 선택하고 〈다음〉을 클릭합니다.

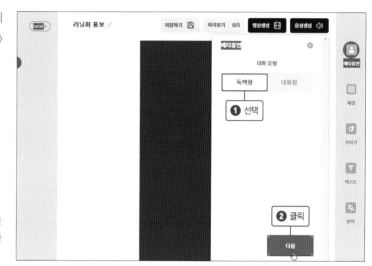

TIP 독백형은 한명의 앵커가 혼자 대화를 하는 형식이며, 대화형은 별도의 앵커를 추가하여 대화하는 유형입니다.

11 가상 앵커의 대본을 작성하기 위해 스크립트 작성 창에 직접 대본을 입력하거나 챗GPT를 이용하여 대본을 작성합니다. 예제에서는 챗GPT를 이용하여 작성하기 위해 〈ChatGPT〉를 클릭하였습니다.

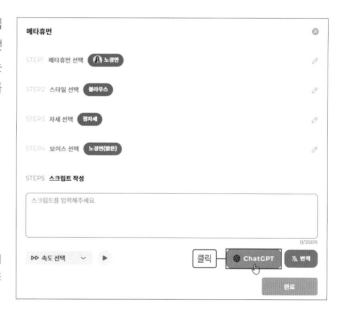

TIP 플루닛 스튜디오 플랫폼 안에서 챗GPT 사용이 가능하며, 작성된 스크립트는 앵커의 대본 음성으로 사용됩니다.

12 프롬프트 입력창에 '달리기 운동의 중
요성을 알려줘'라고 질문을 입력하고
〈입력〉을 클릭합니다.

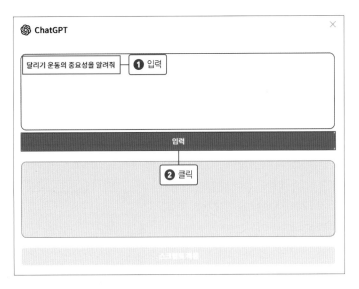

13 다음과 같이 챗GPT의 답변이 표시됩
니다. 해당 내용을 스크립트에 적용하
기 위해 〈스크립트 적용〉을 클릭합니다.

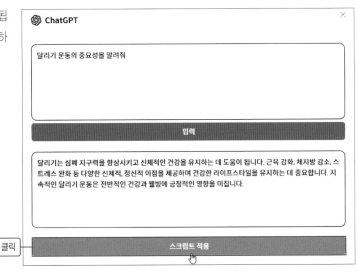

14 스크립트 창에 챗GPT가 답변한 내용이
입력되면 내용을 검토하고 추가하거나 삭
제하여 내용을 정리한 다음 〈완료〉를 클릭합니다.

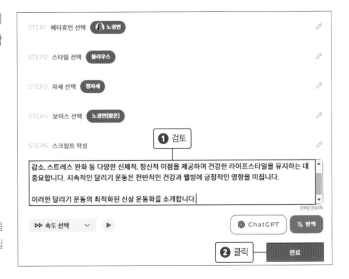

TIP 스크립트가 작성되었으면 음성 속도 옵션으로 음
성의 재생 속도를 조정할 수 있으며, 한글로 입력한 스크립
트를 영문으로 번역하여 영문으로 발음할 수도 있습니다.

S E C T I O N

18

이미지를 추가하고
숏폼 동영상 화면 구성하기

가상 앵커와 프롬프트 대본이 준비되었다면 숏폼에 맞는 화면 구성을 위해 준비한 배경 이미지를 대본의 길이에 맞게 조정한 다음 화면 구성이 완성되면 MP4 영상 파일로 다운로드하겠습니다.

01 작업 화면에 선택된 가상 앵커가 표시되며, 화면 하단에는 작성한 프롬프트 대본이 타임라인에 위치해 있습니다.

TIP 가상 앵커를 클릭하여 원하는 위치로 이동할 수 있고, 주변의 조절점을 드래그하여 크기를 조정하는 것도 가능합니다.

02 배경 이미지로 사용될 이미지 파일을 불러오기 위해 [배경] 메뉴에서 '이미지'를 선택하고 [업로드] 탭을 선택한 다음 '파일 업로드'를 클릭합니다.
열기 대화상자가 표시되면 05 폴더에서 '배경.jpg' 파일을 선택하고 〈열기〉를 클릭하여 불러옵니다. 불러온 이미지는 섬네일 형식으로 화면에 표시됩니다.

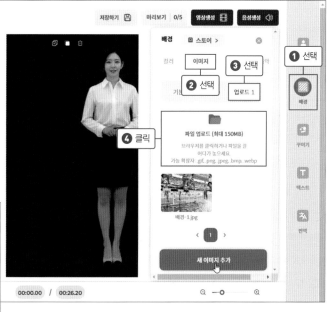

03 불러온 이미지를 배경으로 사용하기 위해 화면에 표시된 이미지를 클릭하면 그림과 같이 가상 앵커의 배경 이미지로 적용되는 것을 확인할 수 있습니다.

04 타임라인에 위치한 배경 이미지의 길이를 조정하기 위해 이미지 클립의 오른쪽 끝부분을 드래그하여 배경 이미지의 재생 길이를 조정합니다.

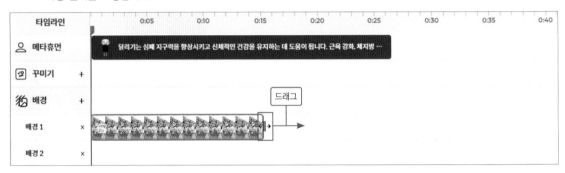

05 추가로 배경 이미지를 불러오기 위해 '파일 업로드'를 클릭하고 05 폴더에서 '운동화.jpg' 파일을 불러옵니다. 타임라인에 새 이미지를 추가하기 위해 〈새 이미지 추가〉를 클릭하고 업로드한 '운동화.jpg'를 선택하면 타임라인에 배치됩니다.
추가된 이미지 클립의 오른쪽 끝부분을 드래그하여 프롬프트 대본 클립의 끝부분과 일치시킵니다.

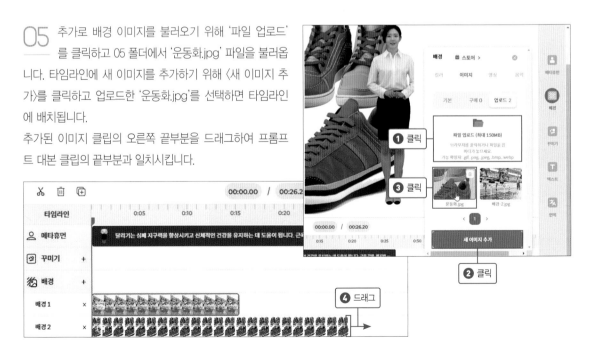

06 가상 앵커와 프롬프트 작성, 배경 이미지 배치 등으로 구성한 영상을 파일로 제작하기 위해 〈영상생성〉을 클릭합니다.

07 프롬프트 영상으로 내보낼지 묻는 메시지가 표시되면 〈확인〉을 클릭하고 확장자 선택을 'mp4'로 지정한 다음 〈다음〉을 클릭합니다. 화질 선택에서는 '1080p'로 지정하고 〈다음〉을 클릭한 다음 전체 재생시간 화면이 표시되면 차감되는 크레딧을 확인 후 〈다음〉을 클릭합니다.

08 영상이 파일로 변환이 완료되면 내 프로젝트에서 ' : ' 아이콘을 클릭하고 '다운받기'를 선택하여 지금까지 작업한 영상을 다운로드합니다.